乡村振兴的江苏路径研究

徐志明 张立冬 等 著

南京大学出版社

图书在版编目(CIP)数据

乡村振兴的江苏路径研究 / 徐志明等著. — 南京：南京大学出版社，2020.12
 ISBN 978-7-305-23965-6

Ⅰ. ①乡… Ⅱ. ①徐… Ⅲ. ①农村－社会主义建设－研究－江苏 Ⅳ. ①F327.53

中国版本图书馆 CIP 数据核字(2020)第 226326 号

出版发行	南京大学出版社
社　　址	南京市汉口路 22 号　　邮　编　210093
出 版 人	金鑫荣

书　　名　乡村振兴的江苏路径研究
著　　者　徐志明　等
责任编辑　沈　洁　　　　　　编辑热线　025-83593947
照　　排　南京南琳图文制作有限公司
印　　刷　江苏扬中印刷有限公司
开　　本　718×1000　1/16　印张 23.5　字数 300 千
版　　次　2020 年 12 月第 1 版　2020 年 12 月第 1 次印刷
ISBN　978-7-305-23965-6
定　　价　98.00 元

网址：http://www.njupco.com
官方微博：http://weibo.com/njupco
官方微信号：njupress
销售咨询热线：(025) 83594756

* 版权所有，侵权必究
* 凡购买南大版图书，如有印装质量问题，请与所购图书销售部门联系调换

前　言

在全面建成小康社会、实现第一个百年奋斗目标之后，我国将开启全面建设社会主义现代化国家新征程、向第二个百年目标进军。全面建设社会主义现代化国家，既要有城市现代化，也要有农业农村现代化。从世界各国现代化历程来看，农业农村现代化是国家现代化的关键支撑，没有农业农村的现代化，不是真正的现代化。习近平总书记强调，在现代化进程中，如何处理好工农关系、城乡关系，在一定程度上决定着现代化的成败。可以说，全面建设社会主义现代化国家，大头重头在"三农"，农业农村现代化进程，直接关系到社会主义现代化目标的进度和质量成色。为加快农业农村现代化步伐，党的十八大以来，以习近平同志为核心的党中央把解决好"三农"问题作为全党重中之重，部署实施乡村振兴战略，乡村振兴战略的制度框架和政策体系基本形成，农业农村发展取得了显著成效。然而，现阶段城乡发展不平衡、农村发展不充分仍是社会主要矛盾的主要体现，农业农村仍是社会主义现代化建设的突出短板。为此，党的十九届五中全会提出，走中国特色社会主义乡村振兴道路，全面实施乡村振兴战略，强化以工补农、以城带乡，推动形成工农互促、城乡互补、协调发展、共同富裕的新型城乡关系。此外，经过多年的努力，2020年底我国脱贫攻坚取得了决定性胜利，消除了绝对贫困和区域性整体贫困，解决了困扰我们国家几千年的贫困问题。在这个新的历史交汇点上，我国"十四五"及今后一个时期"三农"工作中心发生历史性转移,将由过去的集中资源支持脱贫攻坚向全面推进乡村振兴平稳过渡,加快农业农村现代化。

改革开放40多年来,江苏省全面贯彻落实中央关于"三农"工作的各项决策部署,坚持"四化同步"推进,扎实推进现代农业建设,持续改善农村民生,全面深化农村改革,农产品供给、农民生活、农村产业结构和农村经济体制实现了历史性跨越。江苏省是经济大省,同时也是全国的农业主产区和粮食主产省,对"三农"的长期重视使其具备了城乡、工农协调发展的鲜明特色,发展创造的许多经验在全国产生了积极影响。党中央对江苏农业农村现代化建设始终寄予厚望,习近平总书记2014年视察江苏时,对江苏提出:在农业农村发展上"带好头领好向"、率先实现农业现代化;2017年党的十九大后,习近平总书记考察江苏时对如何展现乡村振兴的江苏作为指明了方向;特别是党的十九届五中全会后视察江苏更进一步要求,江苏要着力在改革创新、推动高质量发展上争当表率,在服务全国构建新发展格局上争做示范,在率先实现社会主义现代化上走在前列。

在开启全面建设社会主义现代化国家新征程的新历史节点上,加大对江苏乡村振兴战略的研究具有重要的理论价值和现实意义。一方面,当前江苏经济社会发展中最明显的短板仍然在"三农",开启全面基本实现现代化新征程中最薄弱的环节仍然是农业农村。农业强不强、农村美不美、农民富不富,决定着江苏社会主义现代化的质量。本书从"产业兴旺、生态宜居、乡风文明、治理有效、生活富裕"等维度,客观分析了江苏实施乡村振兴战略的路径,能够为江苏加快实现农业农村现代化提供决策基础。另一方面,江苏是我国经济社会发展水平第一方阵的省份,但省内苏南、苏中、苏北三大区域经济社会发展存在明显的差异性,在农业农村现代化程度上也存在明显的梯度差异,能够在三大区域农业农村现代化建设中看到全国东中西等不同区域的影子,非常具有代表性。对江苏乡村振兴战略的研究,能够为全国其他地区提供可复制、可推广的经验、模式和举措。

　　本书主要包括一个前言、十一章研究内容和一个后记。其中,第一章为总论。重点阐述了乡村振兴战略的内涵与意义,总结了改革开放以来乡村振兴的历史演变,剖析了实施乡村振兴战略的主要问题,并提出了实施乡村振兴战略的主要思路。第二章为率先实现农业现代化。在详细介绍农业现代化理论渊源的基础上,客观总结了发达国家和地区农业现代化的模式和经验,立足江苏农业现代化的实践和探索,提出了率先实现农业现代化的思路与对策。第三章为大力发展乡村特色产业。该章从乡村特色产业发展的内涵出发,阐述乡村特色产业的发展在乡村振兴中的地位与作用,并介绍发达国家农业农村特色产业的发展经验;聚焦江苏的农业特色产业,在摸清现状、发掘问题的基础上给出了相应的对策建议。第四章为建设生态宜居的美丽乡村。客观总结了江苏美丽乡村建设的成效和经验,分析了乡村建设行动背景下存在的问题和面临的挑战,并最后提出了美丽乡村建设的思路与建议。第五章为繁荣发展乡村文化。本章指出乡村振兴,既要塑形,也要铸魂。江苏乡村文化建设要坚持主流核心价值观引领,完善公共文化服务体系,传承发扬江苏优秀传统文化,发动群众参与贡献集体智慧,发挥乡贤带头示范作用。第六章为完善现代乡村治理体系。本章在梳理乡村治理基本理论的基础上,利用第三次全国农业普查资料,总结江苏乡村治理的主要成效,分析新形势下江苏乡村治理面临的挑战和存在的问题,并在借鉴发达国家乡村治理经验的基础上,提出江苏乡村治理体制创新的对策建议。第七章为提升农村公共服务能力。本章立足江苏农村公共服务发展的水平与短板,提出应树立农村公共服务的高质量发展导向,建立多元化资金投入激励机制、完善公共服务项目的运营管理、加强项目监督法制规范、着力定向培养公共服务专业技术人才,在乡村振兴战略目标新要求下,推动江苏省农村公共服务事业高质量发展。第八章为增加农民收入与脱贫攻坚。改革开放40多年以来,江苏省农民收入水平发生了翻天覆地的变化,但农村相对贫困问题依然较为严重。因此,要积极拓展农民就业创业增收空间,促进农民更高质量和更充分地就业,持续推进脱贫致富奔小康工程,才能确保我省农民收入持续较快增长。第九章为构建城乡融合发展的制度体系。本章从理论层面阐述城乡融合发展的内涵和时代必然性,梳理分析江苏城乡融合发展的主要历程和当前面临的主要障碍,提出未来江苏城乡融合发展体制机制改革的主攻方向和重点,并就如何加快城乡融合发展制度体系建设提出相应的对策建议。第十章为乡村振兴典型案例分析与比较。本章选取以乡村工业带动的永联村、以文旅融合营建的东罗村、以文化助推的马庄村、以一产驱动的丁庄村、以集中居住牵引的高党村等典型,概述其发展历程,分析其成功实践经验,探索实现乡村振兴的关键路径。第十一章为发达国家乡村振兴典型经验与启示。本章主要介绍国外乡村振兴的典型经验,也讨论其挫折和教训,以期获得对我国的启示。

乡村振兴是实现中华民族伟大复兴的一项重大任务。解决发展不平衡不充分问题、缩小城乡区域发展差距、实现人的全面发展和全体人民共同富裕仍然任重道远。希望本书能够为推进农业农村高质量发展,加快实现"强富美高"新江苏,推进社会主义现代化国家建设贡献我们的绵薄之力。同时,也欢迎更多的读者从农业农村现代化的"旁观者",转变为农业农村现代化的参与者和"热心人"。征途漫漫,惟有奋斗。实施乡村振兴战略,需要社会各方面的广泛参与,让我们为实施乡村振兴战略,加快社会主义现代化国家建设共同努力吧!

目 录

第一章 总 论 ·· 1
第一节 乡村振兴战略的内涵与意义 ················ 1
第二节 乡村振兴的历史演变 ························ 6
第三节 实施乡村振兴战略的主要问题 ·············· 17
第四节 实施乡村振兴战略的主要思路 ·············· 23

第二章 率先实现农业现代化 ······················ 32
第一节 农业现代化的理论探源 ···················· 33
第二节 农业现代化的国际经验与启示 ············ 40
第三节 江苏农业现代化的实践与探索 ············ 45
第四节 江苏率先实现农业现代化的思路与对策 ··· 52

第三章 大力发展乡村特色产业 ···················· 62
第一节 乡村特色产业的内涵与意义 ·············· 63
第二节 聚焦农业特色产业 ························ 72
第三节 打造乡村旅游产业 ························ 83
第四节 壮大农村电子商务产业 ···················· 89

第四章 建设生态宜居的美丽乡村 ················ 96
第一节 美丽乡村建设的相关理论及内涵 ·········· 96
第二节 江苏美丽乡村建设的现状与基础 ········ 102

第三节　江苏美丽乡村建设的问题与挑战 …………………… 110
　　第四节　江苏美丽乡村建设的思路与建议 …………………… 118

第五章　繁荣发展乡村文化 ………………………………………… 128
　　第一节　繁荣发展乡村文化筑魂江苏乡村振兴 ……………… 128
　　第二节　江苏乡村文化建设的成就与经验 …………………… 131
　　第三节　江苏乡村文化建设的机遇与挑战 …………………… 144
　　第四节　繁荣发展江苏乡村文化的对策建议 ………………… 153

第六章　完善现代乡村治理体系 …………………………………… 159
　　第一节　乡村治理的理论基础 ………………………………… 159
　　第二节　江苏乡村治理的主要成效 …………………………… 163
　　第三节　江苏乡村治理面临的挑战 …………………………… 168
　　第四节　江苏乡村治理存在的主要问题 ……………………… 172
　　第五节　发达国家乡村治理的经验及启示 …………………… 178
　　第六节　江苏乡村治理体制创新的可行路径 ………………… 184

第七章　提升农村公共服务能力 …………………………………… 195
　　第一节　农村公共服务的内涵与意义 ………………………… 196
　　第二节　江苏农村公共服务发展的成效与经验 ……………… 201
　　第三节　江苏农村公共服务存在的问题及成因 ……………… 217
　　第四节　江苏农村公共服务高质量发展的对策 ……………… 225

第八章　增加农民收入与脱贫攻坚 ………………………………… 235
　　第一节　农民增收与脱贫攻坚主要理论 ……………………… 235
　　第二节　稳步提高农民收入水平 ……………………………… 238
　　第三节　坚决打赢脱贫攻坚战 ………………………………… 250

第九章　构建城乡融合发展的制度体系 …………………………… 265
　　第一节　城乡融合发展的内涵与现实意义 …………………… 266
　　第二节　江苏城乡融合发展的历程与成效 …………………… 270

第三节　江苏城乡融合发展面临的主要问题 …………………… 279
  第四节　江苏健全城乡融合发展制度体系的主攻方向 ………… 288
  第五节　江苏加快城乡融合发展制度体系建设的对策 ………… 293
第十章　乡村振兴典型案例分析与比较 ……………………………… 298
  第一节　模式相关理论与实践 …………………………………… 299
  第二节　乡村振兴典型案例剖析 ………………………………… 302
  第三节　乡村振兴模式比较与讨论 ……………………………… 321
  第四节　经验总结与未来走向 …………………………………… 327
第十一章　发达国家乡村振兴典型经验与启示 ……………………… 329
  第一节　发达国家乡村振兴的背景与历程 ……………………… 329
  第二节　发达国家乡村振兴的主要做法 ………………………… 334
  第三节　发达国家对乡村振兴的多元支撑 ……………………… 350
  第四节　发达国家乡村振兴对我国的启示 ……………………… 357
后　记 …………………………………………………………………… 364

第一章 总 论

乡村振兴战略是中共"十九大"提出的七大战略之一,是决胜全面建成小康社会、全面建设社会主义现代化强国的一项重大战略任务,对江苏率先实现现代化具有重大意义。改革开放以来,江苏粮食产量持续增长,农村经济社会快速发展,农民收入大幅提高,实施乡村振兴战略具备独特优势。

第一节 乡村振兴战略的内涵与意义

乡村振兴战略内涵丰富,其产生有着深刻的历史背景。乡村振兴战略的实施对江苏农业农村现代化、城乡一体化,以及高质量发展都具有十分深远的意义。

一、乡村振兴战略的丰富内涵

乡村振兴战略的总要求是"产业兴旺、生态宜居、乡风文明、治理有效、生活富裕",涉及农村经济建设、政治建设、文化建设、社会建设、生态文明建设等多个方面,是习近平总书记"五位一体"总体布局思想在农业农村工作中的具体体现。与新农村建设相比,乡村振兴战略不仅要求更高,而且内涵也更丰富。"产业兴旺"相比"生产发展",更加要求拓展农业的多种功能,实现农村一二三产业融合发展。"生态宜居"相比"村容整洁",更强调了生态引领,要求做到人与自然的和谐统一。"治理有效"相比"管理民主",更好地体现了建设自治、法治、德治相结合的现代治理体系的基本方略。"生活富裕"相比"生活宽裕",更加要求持续促进农民增收、促进农民消费升级、提高农村民生保障水平。

产业兴旺是乡村振兴的根本。经济发展是社会和文化发展的基础。"十九大"报告把产业兴旺摆到乡村振兴的首要位置,提出"构建现代农业产业体系""培育新型农业经营主体",都是强调发展乡村产业的重要性。产业兴旺要求以现代农业为基础,利用农业的多种功能,适应消费升级的需要,推动农业向二三产业延伸,大力发展休闲农业、乡村旅游、农村电商、现代食品产业等新产业新业态,着力构建现代农业产业体系、生产体系、经营体系,不断提高农业效益和竞争力。

生态宜居是乡村振兴的关键。乡村要摒弃传统经济发展先污染、后治理的老路,将田园风光融入乡村发展体系,实现乡村生态环境优美。生态宜居不仅对村庄的生态环境有更高要求,而且也要求整个农业走绿色发展道路、整个农村的生态环境有明显改善,建设人与自然和谐共生的农业农村现代化。不能经济发展了,环境却污染了。努力将以前的乡怨、乡忧,变成现在的乡愁、乡约。

乡风文明是乡村振兴的基础。乡风文明既是乡村建设的重要内容,也是中国社会文明建设的重要基础;乡风文明不仅反映农民对美好生活的需要,也是构建和谐社会和实现强国梦的重要条件。乡风文明要求深入挖掘乡村优秀传统文化蕴含的思想观念、人文精神、道德规范,结合新时代要求继承创新,让乡村文化展现出永久魅力和时代风采。乡风文明要求提高农民的思想觉悟、道德水准、文明素养,普及科学知识,抵制腐朽落后文化侵蚀。

治理有效是乡村振兴的保障。乡村治理有效才能为村民提供高效的公共服务,贯彻落实国家相关政策法规,保持乡村实现稳定可持续的发展。治理有效要求健全自治、法治、德治相结合的现代治理体系,建立"多元治理、农民主体"的治理体制,在完善村党组织领导的村民自治制度的基础上,加强农村基层基础工作,根据农村社会结构的新变化,实现治理体系和治理能力现代化。

生活富裕是乡村振兴的目标。人民对美好生活的向往是中国共产党的奋斗目标,也是乡村振兴追求的最终目标。这里的富裕包括物质富裕和精神富裕两个层面,物质富裕就是让老百姓的腰包鼓起来,精神富裕则是让老百姓享受到公平正义和丰富的精神产品。生活富裕要求持续促进农民增收、促进农民消费升级、提高农村民生保障水平,提升在医疗、教育、养老、职业培训等公共服务领域的供给水平,最终实现农民收入水平与城市居民收入水平大致相当。

二、乡村振兴战略的深刻背景

进入21世纪以来,党中央遵循农业农村现代化发展规律,审时度势,先后提出城乡统筹、新农村建设、城乡一体化、城乡融合、乡村振兴等一系列新的发展战略,其根本目的都是为转变城乡发展不平等、不均衡状况,推动农业农村加快发展,为全面实现小康社会和基本实现现代化奠定基础。

从国际看,欧、美、日、韩等发达国家在20世纪大多经历了工业化和城市化先行、乡村发展一度滞后的历程。随后,各国以"乡村改进""新镇村建设""乡村更新""新农村建设""新村运动"等名义实施了乡村振兴的共同方略。美国从20世纪30年代开始,放弃此前自由放任的农业政策,对农业实施一系列大规模改造和干预政策,农业农村进入现代化起步阶段。日本从20世纪60年代开展新农村建设,韩国于20世纪70年代开展"新村运动"。政府通过加大投入、改善农村基础设施、加大对农业的资助等,在一二三产业融合发展、生态环境建设、乡村文化建设、乡村社会治理、提高农民收入等方面取得巨大成就,基本实现了乡村振兴和城乡一体化。

从国内看,2002年11月召开的党的十六大提出"统筹城乡经济社会发展",其本质是使农村居民与当地城市居民享有平等的权利、均等化的公共服务、同质化的生活条件,侧重城乡居民公共服务和基本权利的一致性。主要对策是加强农业的基础地位、加大对农业农村的投入和支持、促进农业富余劳动力向非农产业和城镇转移,逐步提高城镇化水平。

2005年10月党的十六届五中全会通过了《中共中央关于制定国民经济和社会发展第十一个五年规划的建议》,提出"要按照生产发展、生活宽裕、乡风文明、村容整洁、管理民主的要求,坚持从各地实际出发,尊重农民意愿,扎实稳步新农村建设。"社会主义新农村建设的提出,标志着中国工农关系、城乡关系的调整进入了一个新的阶段。随着经济实力的增强,国家具备了工业反哺农业、城市支持农村的条件。

2012年11月党的十八大把"推进城乡发展一体化"作为推动农业农村工作的总方针,指出"城乡一体化是解决'三农'问题的根本途径",具体措施是"要加大统筹城乡发展力度,增强农村发展活力,逐步缩小城乡差距,促进城乡共同繁荣"。城乡一体化是使城乡人口、技术、资本、资源等要素相互融合、互为资源、互为市场、互相服务,侧重城乡市场和要素的自由流动。

2017年10月党的十九大提出"建立健全城乡融合发展体制机制和政策体系",即通过体制机制的建立和政策体系的构建,促进城乡之间水乳交融,互为发展条件。城乡融合发展包括要素融合、产业融合、区域融合、生活方式融合等方面。城乡融合必然要求乡村振兴,加快农业农村发展,乡村振兴也要求建立城乡融合的体制机制和政策体系。

纵观21世纪以来,党中央关于农业农村问题的一系列重大战略,其主要特征都强调农业农村的重要性,强调农业农村现代化是国家现代化的基础,在对策上更强调城乡统筹发展和城乡融合发展。其深刻背景在于,国民经济在经过长时间高速增长以后,国民收入进入中等发达国家行列,已经具备了工业反哺农业、城市支持农村的条件。乡村振兴战略思想就是在充分吸收前代中国共产党人农村发展思想的基础上,融入"共同富裕"和"强起来"的理念而形成的新农村发展战略思想[①]。

三、乡村振兴战略的现实意义

乡村振兴战略是党的十九大提出的七大战略之一,是决胜全面建成小康社会、全面建设社会主义现代化强国的一项重大战略任务,是以习近平同志为核心的党中央对"三农"工作做出的一个新的战略部署、提出的一个新的要求,对江苏率先实现现代化具有重大意义。

1. 实施乡村振兴战略是解决"三农"问题的现实选择

长期以来,农业竞争力不强、农村相对落后、农民收入较低已成为江苏经济社会发展的突出问题。乡村振兴战略的实施,就是为了从根本上解决"三农"问题。产业兴旺、生态宜居、乡风文明、治理有效、生活富裕,分别从经济、生态、文化、社会治理以及生活条件五个方面确立了乡村振兴战略的现实目标,同样也为未来乡村发展指明了方向。乡村振兴战略的适时提出,也为乡村发展奠定政策基础。通过贯彻落实农业农村优先发展方针,采取一系列切实有效的政策手段,使乡村在生产、生活、生态、文化等方面获得全面发展,实现农业强、农民富、农村美、社会文明程度高的宏伟目标。

2. 实施乡村振兴战略是解决城乡不平衡发展的重要途径

随着江苏经济社会的深入发展,乡村过疏化、乡村人口老龄化、乡村公共服务落后等一系列乡村发展问题纷纷涌现。然而,经济发展不能让

---

① 张海鹏、郄亮亮、闫坤:《乡村振兴战略思想的理论渊源、主要创新和实现路径》,《中国农村经济》2018年第11期。

乡村的衰落成为一种普遍的趋势。乡村不能、也不应成为经济发展的贫弱地区,社会治理的薄弱环节,生态保护的脆弱区域和文化传承的衰弱一极。虽然江苏目前城镇化率已达70%,但仍有几千万人生活在乡村。乡村振兴战略的提出,是把乡村放在了与城市平等的地位上,把乡村作为一个有机整体,更加充分地立足于乡村的产业、生态、文化等资源,更加注重发挥乡村的主动性,来激发乡村发展活力,建立更加可持续的内生增长机制。这是一种思路的根本转变,确立了全新的城乡关系,乡村也从过去的被动接收反哺,到今天的主动作为、实现振兴,进而实现城乡融合发展。

3. 实施乡村振兴战略是江苏率先实现现代化的必然要求

江苏农业、农村与世界发达国家差距依然较大,部分农村地区发展滞后,相对贫困问题较为突出,发展中的不平衡与不充分问题成为农业农村现代化的重要瓶颈。江苏提出到2035年基本实现现代化,到2050年全面实现现代化。农业农村农民的现代化是江苏现代化的重要组成部分,没有农业农村的现代化,就没有江苏的现代化。乡村振兴战略不仅要求农业现代化,也要求农村现代化,更广义地说还包括人的现代化、农民的现代化,也即农业、农村和农民的"三农"现代化。通过实施乡村振兴战略实现农村农业现代化,是推进江苏现代化的重要举措。

第二节 乡村振兴的历史演变

中国的改革开放从农村发端,并由此推动国民经济进入40多年的持续高速增长阶段。改革开放以来,江苏从自身实际出发,走出了一条以工业化致富农民、以城市化带动农村、以产业化提升农业的农业农村快速发展道路。

一、以改革为主要动力推进农村快速发展阶段(1978—1984)

1978年江苏农村改革全面启动,乡镇企业起步,农村经济进入快速发展阶段。"无农不稳、无工不富、无商不活""以工补农、以工建农",是江苏农民根据亲身经验做出的生动总结,也是江苏农村经济发展的真实写照。

1. 全面推行家庭联产承包制

1978年12月,党的十一届三中全会召开,开始推行农村家庭联产承包责任制。应该说,家庭联产承包责任制是中央在总结各地成功做法后提出的一项重大制度创新。1978年9月,泗洪县上塘公社垫湖大队就实行分田到户,定产、定额承包①,1980年上塘公社开始大规模搞包产到户,1982年宜兴县推行农业包干到户生产责任制,探索了经济发达地区、高产地区也可以包产到户。1983年上半年江苏全面实行包产到户、包干到户。与此同时,国家大幅提高农副产品的收购价格,1979年至1984年6年,农产品收购价格平均提高了45.6%,其中粮价提高了56.6%。农村经营体制等重大改革,极大地解放了农村生产力,农民生产积极性空前高涨,农村经济迅猛发展,农民收入大幅增长。1978—1984年,江苏粮食总产量由2 400.65万吨增长到3 353.50万吨,年均增长6.75%;农民人均纯收入由155元增长到448元,年均增长达19.35%。

2. 乡镇企业逐步兴起

江苏是乡镇企业的发源地。乡镇企业不仅起步早、发展快,而且经济总量领先于全国各省市。建立在农村副业、手工业基础上的江苏乡镇企业,萌芽于农业合作化时期,兴起于人民公社时期,异军突起于改革开放时期。1956年无锡县东亭镇创办第一个社队企业,1970年初无锡农民首次提出"围绕农业办工业、办好工业促农业"和"以副养农、以工补农",乡镇企业从此起步。1980年江苏成为全国社队工业产值第一个超百亿元省

---

① 王孔诚、周昭先:《春到上塘》,《人民日报》1981年3月4日。

份。乡镇企业的兴起和发展,初步走出了一条具有江苏特色的农村工业化道路。1984年,全省乡镇工业总产值比上年增长44.67%,涌现15个工业产值超亿元乡镇[①]。

二、以工业化、城镇化为主要动力推进农村快速发展阶段(1985—2001)

江苏农村改革继续深化,大力推进工业化、城镇化,农村经济进入全面发展阶段。江苏省在全国率先推进的农村城镇化建设,开创了新型的"三农"发展道路,是江苏新农村建设的重要组成部分。江苏的实践说明,走农村城镇化道路,符合中国国情,能够有效改变城乡二元对立结构,促进新农村建设。

1. 合理调整农业生产结构

20世纪80年代中期,全国实施农产品流通体制改革,农业生产逐步迈向市场化。1985年中共中央发出1号文件,制定了十项经济政策,重点是改革农产品统派购制度,粮食、棉花取消统购,实行合同定购和市场收购双轨制,水产品、水果、茶叶等农产品价格逐步放开,农民开始进入流通领域。1993年江苏油料定购任务全部取消,苏南5市和南通市取消夏粮定购任务,放开价格。1994年全省全面开放粮油价格和经营,普遍推行购销合同制。1995年,确立了"米袋子"省长负责制新体制,明确定购任务,并实行粮食收购价外补贴政策。流通体制改革,有力地推进了农村集贸市场和批发市场发展。在粮食生产得到稳步发展的同时,江苏多种经营开始迅猛发展。针对1984年后农业生产波动徘徊的局面,江苏坚持贯彻"决不放松粮食生产,积极发展多种经营"的方针,合理调整农业生产结构,由单一的种植业向农林牧副渔全面发展、工商建运服综合经营方向转变。1985—2001年,按当年价格计算的农业产值增长了5.66倍,而同期林业产值、牧业产值、渔业产值则分别增长了6.64倍、6.74倍、21.52倍。

---

① 徐元明主编:《江苏省志·乡镇工业志》,方志出版社,2000年,第7页。

2. 加快发展乡镇企业

1984年4号文件《中共中央、国务院转发农牧渔业部〈关于开创社队企业新局面的报告〉的通知》，高度评价了社队企业的地位与作用，对社队企业的方针、任务和政策作了详尽的规定，江苏乡镇企业进入加速发展期。江苏非农产业蓬勃兴起，先后涌现出以苏锡常地区为代表的由发展集体经济为主体发展乡镇企业的"苏南模式"和苏北地区以户办、联户办、村办、乡办等四个轮子一齐转，发展农村商品经济的"耿车模式"。为缩小务农人员与务工人员收入差距，有效地调动广大农民从事农业生产的积极性，苏南的一些县（市）开始集中使用乡村工业上缴的管理费和按一定比例提取的企业利润，采取"以工补农""以工建农"的形式和制度，实现粮、棉、油等主要农产品在较长时期内的稳产高产。这是在当时特定的历史条件下，农村经济内部实行工业反哺农业的率先尝试。1988年，江苏乡镇企业的发展速度曾因治理整顿方针受到一定影响，1992年小平同志南方谈话后，乡镇企业再次出现高速增长。20世纪90年代中期开始，在全国经济实行两个根本转变的新形势下，以集体经济为主的乡镇企业面临许多新情况、新问题，1996年、1997年出现负增长，并导致随后的乡镇企业产权制度改革。

3. 大力推进城镇化

乡镇企业的发展，极大地改变了全省农村经济社会面貌，大批工厂建立起来，一大批农民成为了工人，促进了农村商业的繁荣，农村市场空前活跃；非农产业的发展和城乡商品交换的扩大，促进了农村社会事业的发展，农村中的交通、邮电、通讯、文教、卫生事业全面振兴。乡镇企业的发展与相对集中，有力地促进了小城镇建设。乡镇工业所形成的工厂集群，特别是一批规模型乡镇企业集团的形成，以及由此引发的农村第三产业大发展，大大增加了小城镇聚居人口。各地的乡镇企业承担了所在镇几乎全部基础设施建设投资，是小城镇建设的重要物质基础。1997年江苏开始对户籍管理制度进行改革,城镇化由此进入加速发展阶段。在建设新农村的过程中,江苏传统的城镇布局得到了合理调整,小城镇群体规模不断扩大,基础设施日臻完善,公用事业日益发展,居民数量增加,居住条件改善,环境质量不断提高。小城镇功能也日益多样,由原来单一的行政中心功能,逐步向区域范围内的经济、政治、文化中心功能转移;由原来单一低层次的交换中心功能逐步向集生产、交换、服务、消费、旅游为一体的综合功能转化。江苏省城镇化率由1985年底的17.7%,快速上升至2001年底的42.6%。

三、以城乡一体化为主要动力推进农村快速发展阶段(2002—2012)

2002年,党的十六大提出"全面繁荣农村经济,加快发展城镇化进程",首次把"全面繁荣农村经济"和"加快发展城镇化进程"并列,并要求"消除不利于城镇化发展的体制和政策障碍,引导农村劳动力合理有序流动"。2005年10月,党的十六届五中全会提出"建设社会主义新农村"的重要论断,引起了社会各界的广泛关注。2007年10月,中共十七大提出,要"走中国特色农业现代化道路,建立以工促农、以城带乡长效机制,形成城乡经济社会发展一体化新格局"。

1. 大力推进"三集中"

为加快建设现代化新农村,江苏省积极实施农村"三个"集中,即农田向适度规模经营和现代都市农业规划区集中,推动农村土地集约开发;乡镇工业向开发园区和工业集中区集中,推动农村产业集聚发展;农民向城镇和农村新型社区集中,推动农村人口集中居住。在功能划分上,要求地处工业和城镇规划区的行政村,以现代服务业为主要发展方向,加快融入城市化进程;工业基础较强、人口较多的行政村,以新型工业化为主要发展方向,加快就地城镇化步伐;地处农业规划区、保护区的行政村,以现代农业为主要发展方向,推动一次产业与二、三次产业融合发展,加快农业现代化步伐。"三集中"提高了土地集约化程度,优化了资源配置,提高了要素生产率。

2. 大力推行"三大合作"

进入新世纪,江苏先后出台了多个富民强村的政策性文件,基本构建了农民持续增收的政策制度框架。这些文件,明确提出了以农村社区股份合作、土地股份合作、农民专业生产合作等"三大合作"为抓手构建富民强村机制。至2011年底,江苏省农民专业合作社已达到4.8万家,入社农户749万户。江苏农民专业合作社工商登记成员数、出资额、农户入社率、社均成员数均位列全国第一。全省多种形式的农业适度规模经营面积占耕地面积比重达43%。高效农业面积中,大多数是由农村合作组织直接经营的,农村合作经济组织在农民增收中发挥了不可替代的作用。"三大合作"转变了耕地小规模经营产生的弊端,也提高了农民的经营性收入和财产性收入水平。江苏农村人均纯收入位于全国前列,是城乡居民收入差距最小的地区之一。

3. 大力推进"三项建设"

江苏以社区服务中心、城乡基础设施和农村保障体系建设为抓手,推进城乡公共服务均等化。一是推进农村社区服务中心建设。坚持把农村社区服务中心作为促进城乡公共服务均等化的重要载体,作为广大农民参与政治经济文化活动的重要场所,作为提供社区教育和加强人际交往的重要阵地,引导农民转变传统意识和观念,学习掌握现代生产技术和经营理念,转变生产生活方式,提高生活质量和水平。二是推进城乡基础设施建设。重视和加强撤并乡镇的资源整合、环境治理、改造提升工作;持续推进城乡道路、供电、供水、通信等基础设施建设;加强财政、税收、规费减免和用地用电优惠、税费地方留成等额奖励以及"绿色通道"等方面的支持。三是推进农村保障体系建设。大力提高农村社会保障水平,进一步健全完善农村养老、医疗、低保政策,把在非农产业就业的农村劳动力和被征地农民纳入城保体系,农村合作医疗保险向居民基本医疗保险过渡,建立实施城乡统一的最低生活保障制度。

4. 加快农村税费改革

免征延续了2 000多年的农业税是实施以工补农、以城带乡战略的标志性事件。江苏农村税费改革从2000年开始试点,2001年在全国率先全面推开,农民负担逐年减轻。2002年和2003年逐年降低"两工"和以资代劳费,取消农业特产税,农民负担人均只有83元。2004年降低农业税税率3个百分点。2005年比全国早一年免征农业税,当年免除农业税超32亿元。同时,江苏还不断加大强农惠农政策力度。从2004年开始实行粮食直补、良种补贴、农机补贴、农资综合补贴等政策,同年还开展了政策性农业保险试点。

四、以城乡融合发展为主要动力推进农村快速发展阶段(2012—   )

党的十八大以来,江苏进入了农业现代化不断推进、农村改革取得重要进展、农民收入持续较快增长的新阶段。江苏以城乡融合发展推进农村发展,成功地开辟了一条具有江苏特色的农村发展道路。

1. 不断推进农业现代化

2012年以来,江苏坚持以市场为导向,积极推进农业供给侧结构性改革,加快发展现代农业,有效地促进了现代农业快速增长,绿色优质农产品持续健康发展,农产品质量和农业经济效益明显提高。一是大力推行适度规模经营。2013年中央1号文件提出扶持发展家庭农场,省委连续三年在1号文件中对发展家庭农场作出部署,通过设立省级家庭农场扶持专项资金、分级建立示范家庭农场、引导农村土地向家庭农场流转等政策举措,推动家庭农场蓬勃发展。截至2018年底,全省累计认定家庭农场4.89万家,其中省级示范家庭农场1 406个。农业规模经营再次解放了农村劳动力,提高农业劳动生产率。二是不断提升农业科技水平。江苏围绕农业重大科技需求和农业重大技术推广计划"两个导向",以现代农业科技综合示范基地和农业科技服务云为平台,着力打造现代农业产业技术体系。2018年农业科技进步贡献率达68%,名列全国各省区第一。三是积极发展外向型农业。加大政策支持力度,努力拓展海外市场,扩大江苏农产品知名度。特别是"一带一路"发展倡议的实施,给江苏开放型农业发展提供了重大机遇,农业走出国门加快推进,全省开放型农业健康发展,农产品国际贸易再创新高。2018年全省农产品进出口总额196.55亿美元,比2007年增长1.7倍,年均增长9.5%,再创历史新高。四是加快推进一二三产业融合发展。江苏牢固树立创新、协调、绿色、开放、共享的新发展理念,着力推进农业与二三产业交叉融合发展,促进农业增效、农民增收和农村繁荣。全省各地积极发挥政府引导作用,通过加大政策扶持,强化工作推进,大力支持农村电商发展,拓展农产品销售渠道,促进传统农业转型升级,江苏农村电商综合发展水平位居全国前列。成功打造了一批像睢宁县"沙集模式"等在全国有影响力的农村电商典型。

2. 高质量推进城镇化

2013年以来,江苏省城镇化水平在高水平基础上仍保持较快速度发展,加快推进以人为核心的新型城镇化。2013年至2018年,全省城镇化率由64.10%提高到69.61%,上升5.51个百分点,平均每年提高1.1个百分点。目前,江苏的城镇化率已接近70%的纳瑟姆曲线的第二个拐点,进入城镇化成熟阶段,即由数量增长阶段进入质量提升阶段。横向比较看,2013年、2016年江苏省城镇化率分别超越浙江省、辽宁省,列居全国第五,并保持至今;与广东省的差距也由2013年的3.66个百分点缩小到2018年的1.09个百分点。2018年末,在全国各省(市、区)中,江苏省城镇化率位列三个直辖市上海市(88.1%)、北京市(86.50%)、天津市(83.15%)和广东省(70.7%)之后,位列浙江省(68.9%)和辽宁省

(68.1%)之前,居第五位①。

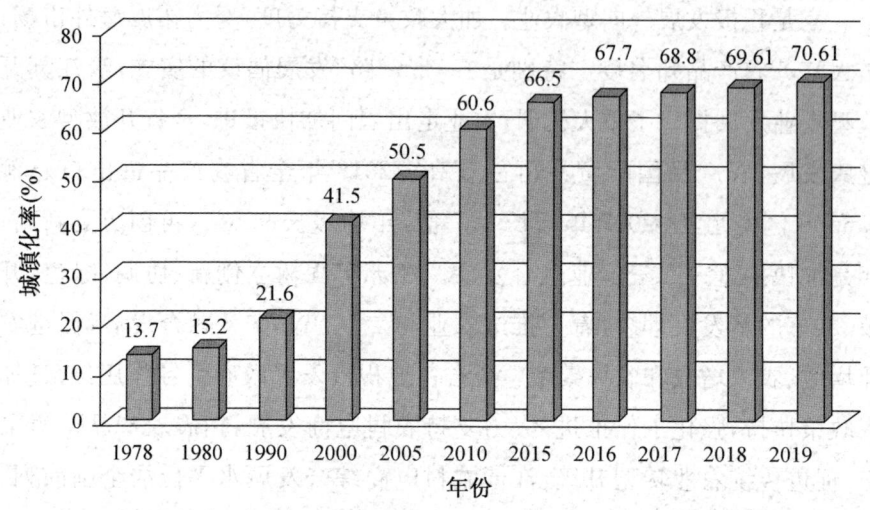

图 1.1 改革开放以来江苏城镇化率

3. 不断提高农民收入

通过扶持农民就业创业、明晰集体资产产权、加大政府转移支付等途径,不断提高农民收入水平。一是把富裕农民作为富民的首要任务,采取一系列支农、惠农、强农政策。对粮食等主要农作物种植实行直补,对农民发展现代农业、农机购置、返乡创业等进行补贴,把小麦、水稻、生猪等主要农产品纳入政策性保险,发展农民专业合作社等农村合作经济组织,培育造就一批懂市场、懂技术、会经营的新时代的职业农民和农村致富带头人。加大扶贫开发力度,实施精准扶贫政策,农村大量贫困户脱贫致富;大力实施农村五件实事和新五件实事等惠民工程,大力推进社会主义新农村、美丽乡村和绿色江苏建设。二是加大劳动力培训转移力度,提高农民工资性收入。有力地推动创业富民、就业富民、保障惠民;加大农村

---

① 江苏省统计局人口和就业统计处:《江苏省城镇化水平居全国第五位》,江苏省统计局网站,http://tj.jiangsu.gov.cn/art/2019/3/11/art_4027_8258551.html。

劳动力培训力度和转移力度，不断拓宽农民增收渠道，保障农民从改革发展中得到利益、获得实惠。2018年农村居民人均可支配收入中，工资性收入达到10 222元，占农村居民人均可支配收入的49%。三是加快农村集体产权制度改革，增加农民财产性收入。集体经济发达是江苏农村经济的一大特色，也是江苏农民收入的重要来源。截至2017年底，全省村级资产总额2 687亿元，村均1 519万元，其中经营性净资产1 173亿元，村均663万元；村级集体经营性收入310亿元，村均170万元。完成农村集体产权制度改革的村7 110个，量化集体经营性资产710亿元，年分红总额超过100亿元。

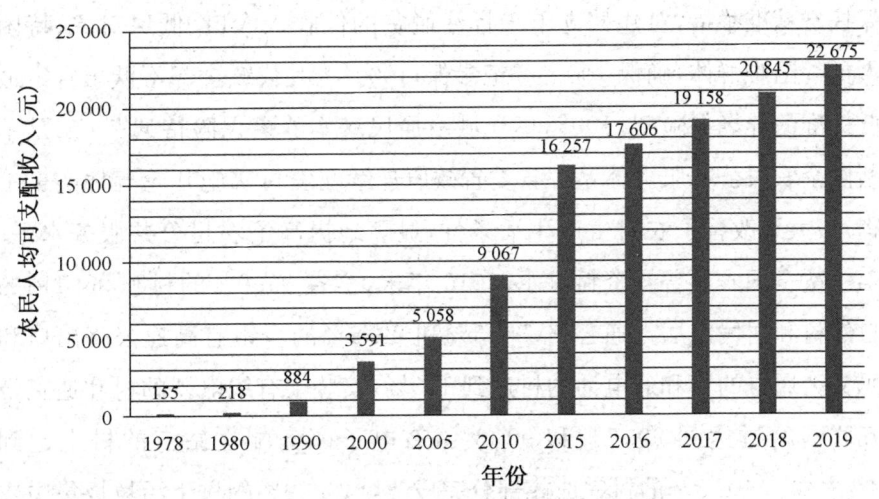

图1.2　改革开放以来江苏农民人均可支配收入

4. 加快推进城乡公共服务均等化

江苏坚持把"三农"工作作为重中之重，贯彻"多予少取放活"的方针，实行工业反哺农业、城市支持农村，促进城乡共同繁荣，围绕促进资源要素在城乡间有序流动和优化配置，加快建立城乡统筹发展的机制，努力实现城市和农村的共同繁荣。一是建立健全农村社会保障体系。2005年和2009年分别全面建立了农村最低生活保障制度、新型农村合作医疗制度和农村居民养老保险制度,至2018年全省农村最低生活保障实现应保尽保,农村居民养老和医疗保险实现全覆盖,并正逐步实现城乡保障水平一体化。2018年底,全省农村纳入低保对象共75万人,平均保障标准为每人每月670元。新型农村合作医疗在2015年已基本实现全覆盖,居全国各省之首,并于2016年开始建立统一的城乡居民基本医疗保障制度,农村养老保险制度也由新农保过渡到城乡居民保险。2018年底,全省基本医疗保险参保7 721.7万人,其中城乡居民基本医疗保险参保4 969.1万人,全省基本实现城乡居民医保应保尽保;城乡居民养老保险参保总数达2 300.31万人,基础养老金发放率保持100%;在全省实施"三个100%"社保扶贫精准举措,对建档立卡未标注脱贫的低收入人口、低保对象、特困人员等困难群体,确保100%登记参保,100%为其代缴全部不低于省定最低标准的养老保险费,100%享受城乡居民基本养老保险待遇[①]。二是不断健全农村公共服务体系。省委省政府连续在农村实施几轮五件实事工程,极大地改善了农村生产生活条件,显著地提高了农村公共服务水平。第三次全国农业普查资料显示,2016年末,全省99.9%的村和96.1%的自然村和居民定居点通公路,30.3%和20.9%的乡镇有高速公路出口和码头。通电的村和通电话的村达到100%,安装了有线电视的村和通宽带互联网的村达到99.7%和99.3%,有电子商务配送站点的村也达到37.4%。有94.5%的村完成或部分完成改厕,98.9%的村生活垃圾集中或部分集中处理,36.5%的村生活污水集中或部分集中处理。36%的村有幼儿园、托儿所,79.3%的村有体育健身场所,47.7%的村有农民业余文化组织,73.9%的村有50平方米以上的综合商店或超市,88.9%和79.3%的村有卫生室和执业(助理)医师。2016年平均每个乡镇拥有学校

---

① 江苏省统计局农村统计处:《70年风雨历程 "三农"发展铸辉煌》,江苏省统计局网站2019年9月5日。

6.6个、医疗卫生机构18.3个,社会福利收养性单位1.8个①。

改革开放40多年来,江苏农业现代化快速推进,农村经济社会快速发展,农民收入快速提高。2018年,虽然农业在GDP中的比重已经下降到4.5%,但农业的基础作用并没有下降。2019年江苏农民人均可支配收入22 675元,城乡居民收入比进一步下降为2.25∶1,是全国城乡居民收入差距最小的省份之一。2018年江苏常住人口城镇化率为69.61%,比全国高10.03个百分点。江苏农业农村所取得的成绩,为全省经济社会发展大局提供了有力支撑,也为江苏实施乡村振兴战略奠定了坚实基础。

第三节 实施乡村振兴战略的主要问题

改革开放以来,江苏农业农村现代化走在了全国前列。但在工业化、城市化过程中,农业经济效益较低,农村资源环境制约日趋明显,农民收入持续快速增长动力不足,城乡要素平等交换、公共资源均衡配置的体制尚未形成,城乡二元结构仍然明显存在。

一、农业经济效益较低

江苏农业既面临与全国一样的问题,也有一些自身特有的问题。突出地表现在劳动者素质低,小规模经营,资源环境制约明显,农业效益低,竞争力较弱。

1. 小规模分散经营仍然存在

土地、劳力等生产要素不断向城市流动,而"户户都种田、家家小而全"的小农经济模式很难在短期内得到改变,且新型农业经营主体层次

---

① 《江苏省第三次全国农业普查主要数据公报(第三号)农村基础设施建设和基本社会服务》。

低、经营难问题突出。至 2018 年末，江苏仍有 1 247 万户农户，户均经营耕地仅 4 亩，小规模分散农户超过 40%，户均经营规模不仅远低于土地资源丰富的美、法等国家，也远低于资源禀赋相似的日本。

2. 农业经济效益较低

土地租金、农业生产资料价格不断上涨，加上农业经营规模过小，导致江苏农业经济效益处于较低水平。2007—2017 年，江苏粮食、油料、棉花、蔬菜等农产品的生产成本均增长了 2 倍多，而其单产仅分别增长了 9.00%、14.35%、15.33%、22.8%。其中，土地流转租金高是推力之一，不少地方种植粮食的耕地流转租金达 1 000 元/亩，不仅高于粮食的每亩纯收益，甚至也高于粮食的每亩物化成本。价格"天花板"封顶和生产成本"地板"抬升，势必造成农业较低的经济效益，常规农业一亩收益不足千元。农业效益低加剧劳动力、资金、人才、土地等关键生产要素的外流。

3. 农业国际竞争力较弱

江苏农业高投入特征明显，2018 年平均每千公顷耕地上拖拉机使用量为美国、法国的 7.59 倍和 3.34 倍，收割机的使用量分别为美国、法国的 17.34 倍和 8.94 倍；每千公顷耕地化肥施用量分别是美、日、法的 5.9 倍、2.7 倍和 5.2 倍，每公顷土地劳动力投入也高于美、日、法。与高投入相比，江苏省稻谷、小麦、玉米等主要粮食作物产出水平并不占有绝对优势。2018 年，江苏省稻谷单产与美国相当，略显优势，小麦单产低于法国，玉米单产则明显低于发达国家水平。这使得江苏农业缺乏国际竞争力，主要农产品的市场价格已超过国外农产品配额内的进口到岸价，农业生产遭遇价格"天花板"的封顶。农村一二三产业融合发展的态势尚未形成，高科技、高附加值的农产品精细加工比重偏低；农产品品牌建设薄弱，且乡村现代服务业和新业态发展相对缓慢。

二、农村发展相对落后

相对于发达的城市，江苏农村仍显得较为落后。资源能源消耗较大、约束加剧,环境和生态问题较为突出,乡村治理效率不足,成为制约江苏乡村振兴的瓶颈。

1. 资源环境压力加大

近年来,经多方努力,我省农村生态环境得到了很大改善,但与群众期盼的生态宜居还存在不小的差距。究其原因在于农村生态资源长期被高度索取、农村绿色生产体系尚未成型、农村居民绿色生活习惯有待培育。一是耕地资源不足。耕地资源不足是制约江苏农业未来可持续发展的一个重要因素。江苏是典型人多地少的省份,人均耕地0.86亩,不足全国平均水平6成,接近联合国提出的0.8亩粮食安全警戒线。随着工业化、城镇化的推进,耕地数量呈现进一步下降的趋势,保持口粮自给的压力不断加大。二是农村绿色生产体系尚未成型。由于绿色生产技术准备不足,农业生产经营方式落后等原因,农业生产高投入、高污染的状态依旧存在。2018年,江苏化肥使用量为42.53公斤/亩,而实际利用率只有40%~56%,远低于国际水平;农药使用量为1.01公斤/亩,已经超过发达国家安全施用量上限的2倍多。同时,设施农业带来的塑料污染不断增加,农用塑料薄膜使用量达11.61万吨,而连续使用5年地膜,作物减产可高达24.70%。在农村二三产业领域,由于环保限制不够,监管不足,农村工业污染物超排偷排现象时有发生。在江苏的矿区和苏南工业发达地区,由企业搬迁后遗留的土壤受重金属和难降解有机物的污染严重;苏北一些地方片面追求经济发展,承接了部分长三角地区"腾笼换鸟"的高污染、高能耗企业,造成了严重的水污染和土壤污染。三是农村居民绿色生活模式尚未形成。农村经济社会快速发展也带来了严重的环境问题,既有农业、工业生产污染,也有大量的生活污染。在村居环境整治方面,由于经费不足、人手不够、设施落后、管护机制不健全等原因,村居环境管理处于低水平维护阶段。生活污水、垃圾随意排放和丢弃的现象依旧普遍。

2. 乡风文明建设滞后

江苏农村经济社会发展水平领先全国,但乡村精神文明建设载体缺失,手段匮乏,乡村文明建设滞后于农村经济社会发展。一是认识上存在误区。不少基层干部错误地认为只要农村经济发展了,乡风自然就会文明,忽视乡风文明建设。加之对村级基层干部考核中,偏向于经济发展等硬指标,而乡风文明建设这类"软指标"重视不足,基层干部缺乏工作动力。二是乡风文明建设的载体缺乏。由于村集体经济薄弱,多数乡村文体设施落后,功能不全,人员队伍严重不足,活动经费短缺,乡风文明建设工作难以落到实处。三是乡风文明建设的手段匮乏。目前江苏村级乡风文明建设手段相对单一,一些地方乡风建设都还停留在墙上画画、嘴上说说,徒有其表不见实效。在日常建设管理中主要还是以应付上级任务为主,缺乏稳定长效的宣传、教育、管理、监督机制。

3. 乡村治理效率不足

江苏作为经济发达地区,乡村治理水平显著高于全国平均水平,但从全省范围来看,自治、法治、德治相结合的乡村治理体系有待完善。一是乡村治理理念和手段落后。部分农村基层干部存在"求稳怕乱"的思想,对乡村治理的理解依旧停留在"严管控""严管治"的阶段,不善用法治、经济、民主、协商等新型手段和方法来解决矛盾和问题。二是乡村治理体制机制创新滞后。江苏村级治理出现行政化倾向,部分农村基层党组织人员老化严重、组织功能欠缺、工作动力不足、缺乏凝聚力,未能起到战斗堡垒作用。村级自治组织承担过多的行政性事务,村民自治参与度明显不足。乡村治理普遍存在着"重管控、轻制度"的现象,缺乏从善治的角度建立机制解决新困难和问题,造成乡村社区治理制度缺位。三是自治能力不足。农村优质要素流失导致农村"空心化"现象加剧,表现在村庄的荒芜、人口老龄化、农村社会服务空心化等多个方面,这种现象在苏北欠发达农村表现得尤其明显。农村人才大量流失,村民参与自治的意愿和能力明显衰退,农村文化出现衰落。由于农村文化娱乐生活匮乏,加之新风气新风尚宣传教育不够,农村地区封建迷信、陈规旧俗、大操大办等不良风气依然存在。

三、农民增收长效机制缺乏

劳动密集型产业向中西部地区和其他发展中国家转移,江苏农民的转移就业空间收窄,受农业成本上升和价格"天花板"挤压,促进农民持续增收的任务艰巨,城乡居民收入的绝对差距仍然较大。

1. 城乡居民收入差距较大

进入21世纪以来,虽然江苏农村居民收入快速增长,城乡收入比由2005年的2.33下降至2018年为2.26∶1,但仍高于1.58∶1的世界平均水平。2018年江苏农业增加值比重为4.5%,而农业劳动力比重高达16.1%,为发达国家平均水平的4～11倍,这是造成江苏城乡收入差距的重要原因。城乡劳动力、土地等要素市场的分割导致城乡居民的工资性收入和财产性收入差异。城乡劳动力市场的分割主要指由于受教育程度、职业技能以及地域歧视造成的城乡劳动力在就业机会、职业类型、薪资水平上的不平等,这些最终都体现为工资性收入的差异。2018年城乡居民的人均工资性收入分别为28 136元和10 222元,后者仅为前者的36.33%。城乡土地市场的分割主要是指城乡土地在性质、用途、使用方式等方面的不同,导致土地租金和收益等的差异。由于农村居民拥有的财产有限,能够产生收益的财产更少,土地就是其中之一。但农村土地的用途限定较为严格,抵押、担保、贷款等功能又尚在探索之中,直接影响了农村土地给农村居民带来的收益。

2. 农民收入增长压力较大

经济下行的压力和产业结构调整,导致农民收入增长放缓。总体经济增速的放缓,直接影响农村居民的增收。且近年来,江苏产业结构进一步优化,在保证农业生产基本稳定的基础上,农业现代化不断推进,工业转型升级明显,高新技术产业增长速度加快,服务业继续保持较快增长。产业结构转型升级对劳动力的就业能力提出了更高的要求,而农村劳动力一般都是文化程度和职业技能较低、自我就业能力较差的群体,在产业升级中比较容易被优先淘汰。据统计,江苏省农村劳动力中,小学及以下文化程度者占56%,仅有0.5%的农民接受过大学教育,而中国台湾95%以上的农民具有初中及以上学历,德国53%的农民受过两年以上的职业培训。

3. 相对贫困问题较为突出

江苏反贫困成绩巨大,省定贫困标准要远高于国定贫困标准,绝对贫困已经消除,但相对贫困问题依然突出。截至2018年底,江苏还有60多万年收入6 000元以下的低收入人口。还有100多个集体经济年收入低于18万元的经济薄弱村,以及丰县湖西老区、涟沭结合部、泗洪西南岗地区、成子湖周边地区、连云港石梁河库区、灌溉总渠以北地区等6个重点帮扶片区。

四、城乡发展差距依然较大

城乡基础设施和基本公共服务差距仍然较大,城乡之间要素双向合理流动机制还不健全,农业农村发展仍面临着要素净流出困境,农村精英不回乡、城市资源不下乡,资本、技术、人才等各类要素向乡村流动还面临不少障碍。

1. 大量农村土地被征用

工业化、城镇化快速推进,大量农村土地被占用,耕地大量减少。1978—2018年,江苏共减少耕地958.32千公顷,平均每年减少23.96千公顷,其中最多的2004年减少达85.67千公顷。在新修订的《土地管理法》于2020年1月1日正式实施前,征地补偿都是按照土地年产值倍数法执行,农民征地补偿普遍较低。圈占农民集体土地过多、农转非土地征用费过低、给农民补偿过少、侵害农民权益过分的状况成为普遍现象。

2. 大量农村资本流向城市

改革开放40多年来,农村资本通过银行、邮政储蓄、资本市场等各种渠道源源不断地流向城市,但城市资本流向农村的却很少。1978—1984年江苏农业支出占一般预算支出的均值为13.5%,2018年农林水事务占财政公共预算支出的比重下降为8.55%。工商资本可以为现代农业的发展注入活力和现代要素,但江苏对工商资本投入农业领域尚缺乏较为具体的支持政策。由于农业收益较低、缺少抵押物,银行等金融机构对农业的投入也较少,2018年江苏省农、林、牧、渔业贷款余额仅占年末金融机构贷款余额的1.51%,远低于农业在国民生产总值中的比重,农村资金供需矛盾突出。

3. 大量农村优质劳力流向城市

工业化和城镇化的推进,大量年轻及文化素质高的农村劳动力向城镇流动,农村老人、妇女和儿童等留守群体持续扩大,农村老龄化现象加剧。据第三次全国农业普查,2016年全省行政村户籍户数1 649.22万户,户籍人口5 603.63万人;全家外出户数102.79万户,占户籍户数的6.23%,其中全家外出3年及以上户数43.07万户,占外出户数的41.90%,全家外出人口325.79万人,占户籍人口的5.81%,其中全家外出3年及以上人数135.70万人,占外出人口的40.32%。行政村常住户数1 691.60万户,常住人口5 716.18万人,其中外来人口646.50万人,占常住人口的比重达11.31%。至2018年,全省务农劳力平均年龄接近54.2岁。

第四节 实施乡村振兴战略的主要思路

党的十九大提出乡村振兴战略后,党中央、国务院和江苏省委、省政府进行了一系列战略部署。2018年初江苏省委、省政府出台1号文件《中

共江苏省委　江苏省人民政府关于贯彻落实乡村振兴战略的实施意见》，同年11月出台《江苏乡村振兴规划（2018—2022）》，按照"产业兴旺、生态宜居、乡风文明、治理有效、生活富裕"的总要求，对实施乡村振兴战略作出阶段性谋划，明确目标任务，细化工作重点，部署重大工程，强化政策保障，引领乡村振兴战略在江苏全面实施。

一、科学谋划乡村振兴目标任务

率先实现农业现代化，是习近平总书记对江苏的明确要求。推动农业农村高质量发展，努力率先实现农业农村现代化，推动乡村振兴走在全国前列，既是党中央对江苏的要求，也是江苏省委、省政府从自身实际出发提出的明确目标。江苏具备良好的经济社会基础，有条件走在全国乡村振兴的前列。

1. 分阶段有序推进乡村振兴

《江苏乡村振兴规划（2018—2022）》明确到2050年江苏乡村振兴分四步走。

第一步，到2020年，乡村振兴取得实质性进展，建立健全乡村振兴的工作机制，制度框架和政策体系初步形成，各地区、各部门乡村振兴的思路、举措得以明确，新一轮脱贫致富奔小康任务全面完成，以县为单位实现高水平全面建成小康社会的目标，重大风险防范化解和环境污染防治取得重要进展。2020年是一个重要的时间节点，中国共产党即将迎来建党100周年，也是江苏实现高水平全面建成小康社会宏伟目标之年。

第二步，到2022年，乡村振兴的制度框架和政策体系基本健全，各地各部门合力推进乡村振兴的格局全面形成。2022年是实施乡村振兴规划的第一个5年，也是打基础的5年。

第三步，到2035年，乡村振兴目标基本实现，农业农村现代化展现现实模样。2035年也是一个重要时间节点，党的十九大把从2020年到21世纪中叶按照两个阶段来安排，第一阶段从2020年到2035年，在全面建成小康社会的基础上,再奋斗15年,基本实现社会主义现代化。

第四步,到2050年,在基本实现农业农村现代化的基础上,乡村全面振兴,农业强、农民富、农村美全面实现,全体农民共同富裕高标准实现、享有幸福安康的生活,美丽宜居乡村成为"强富美高"新江苏的鲜明底色。2050年是"两个一百年"的第二个100年,即中华人民共和国成立刚好超过100年。党的十九大提出,第二个阶段从2035年到21世纪中叶,在基本实现现代化的基础上,再奋斗15年,把我国建成富强民主文明和谐美丽的社会主义现代化强国。

综上所述,江苏乡村振兴规划近期目标具体、中期目标原则、远期目标展望,三个目标形成一个有机整体,与国家现代化发展总体布局高度一致。

2. 有条件为全国乡村振兴探路

江苏自古就是鱼米之乡,较早探索农村工业化,整体经济发展比较快,乡村发展也比较快,涌现出一大批有实力、有特色的乡村。江苏是城镇化进程较快、城乡居民收入差距比较小的地区之一,也是促进乡村复兴、推进城乡发展一体化条件最为成熟的地区之一。到2018年底,江苏省常住人口城镇化率达到69.61%,根据国际上的一般规律,城镇化率达到70%以后,城镇化发展速度会趋于平稳,进入城乡融合发展的更高阶段。近年来,江苏先后组织开展了村庄环境整治、美丽乡村建设等行动,不断推进城乡基本公共服务标准化,城乡融合发展的态势更趋明显。实施乡村振兴战略,不论是在实践层面上,还是在工作层面上,江苏都已经具备良好的基础和条件,也应该有这样的担当和作为。

从各地已经发布的乡村振兴规划看,江苏与浙江、广东、山东等沿海发达省份乡村振兴处于全国领先水平。若以乡村全面振兴实现的时间看,浙江提出到2035年乡村全面振兴,率先实现农业农村现代化,这一目标较全国提前了15年。江苏、山东都是2050年乡村全面振兴,农业强、农民富、农村美全面实现。

表 1.1　江苏与沿海发达省份乡村振兴目标任务比较表

省份	2020	2022	2035	2050
全国	乡村振兴取得重要进展,制度框架和政策体系基本形成		乡村振兴取得决定性进展,农业农村现代化基本实现	乡村全面振兴,农业强、农村美、农民富全面实现
江苏	乡村振兴取得实质性进展,制度框架和政策体系初步形成	乡村振兴的制度框架和政策体系基本健全,合力推进乡村振兴的格局全面形成	乡村振兴目标基本实现,农业农村现代化展现现实模样	乡村全面振兴,农业强、农民富、农村美全面实现
浙江	乡村振兴示范省建设扎实推进,乡村振兴制度框架和政策体系初步健全	高质量完成乡村振兴示范省建设任务,新时代美丽乡村基本建成	乡村全面振兴,率先实现农业农村现代化	更高水平推进农业农村现代化,达到荷兰等农业发达国家先进水平
广东	乡村振兴取得重大进展,乡村振兴的制度框架和政策体系基本形成	乡村振兴见到显著成效,乡村振兴的制度框架和政策体系初步健全	乡村振兴取得战略性成果,农村落后面貌实现根本改变(2027年)	
山东	乡村振兴取得重要进展,建成一整套齐鲁样板政策体系、制度体系、标准体系和考核体系	乡村振兴取得重大突破,全省30%的村基本实现农业农村现代化	乡村振兴取得决定性进展,基本实现农业农村现代化	乡村全面振兴,农业强、农村美、农民富全面实现

注:资料来源于全国和各省《乡村振兴规划》。

二、大胆创新乡村振兴实施路径

江苏在资源禀赋、发展水平、经济结构等方面有其自身的特点,应围绕中央和省委作出的乡村振兴总体部署,统筹兼顾经济建设、政治建设、文化建设、社会建设、生态文明建设等各个方面,走出一条具有江苏特色的乡村振兴新道路。

1. 坚持农业农村优先发展

江苏经济社会中最大的发展不平衡,是城乡发展不平衡;最大的发展不充分,是农村发展不充分。基本省情要求农业农村优先发展。在要素配置上优先满足,在资源条件上优先保障,在公共服务上优先安排,加快农业农村经济发展,加快补齐农村公共服务、基础设施和信息流通等方面短板,显著缩小城乡差距。一方面,加快农业农村建设,激发农民群众主体精神,实现农村经济发展、社会稳定、农民安居乐业;另一方面,逐步推动城乡在建设规划、产业布局、公共服务、生态保护、社会管理等方面统筹融合,加快形成以工促农、以城带乡、城乡互补、共同繁荣的新型工农、城乡关系。让农业成为有奔头的产业,让农民成为有吸引力的职业,让农村成为安居乐业的家园。

2. 坚持农村三产融合发展

产业兴旺是乡村振兴的基础,没有产业的发展,乡村振兴就是空话。产业兴旺,就是要跳出单一的农业,实现农村一二三产业融合发展,让农业成为有钱可赚的产业,由此带动农民收入稳定增长。农业已经不再是简单的种和养,而是被赋予了生态、休闲、文化传承等更多功能和期待。要加强农村生产设施建设,提高科技水平,培育经营主体,鼓励采用先进生产方式、组织形式,推进农村一二三产业融合发展,加快培育新业态、新动能。城乡产业要分工合理,将资源型产品开发、农业初级产品加工和一些劳动密集型产业更多地布局到广大农村,从而降低生产成本、增加农村就业机会,活跃农村经济。

3. 坚持乡村绿色发展

坚持人与自然和谐共生发展方略,树立"绿水青山就是金山银山"的发展理念。推进特色田园乡村建设,发挥乡村独特禀赋,实现田园生产、田园生活、田园生态的有机结合,促进乡村经济社会的整体进步,努力走上一条乡村复兴之路,让城镇化成为记得住乡愁的城镇化,让现代化成为有根的现代化。要以绿色发展引领生态振兴,加强农村突出环境问题综合治理。要保护好绿水青山和清新清净的田园风光。要建立市场化多元化生态补偿机制,增加农业生态产品和服务供给,实现百姓富、生态美的统一。

4. 坚持城乡融合发展

坚持城乡融合发展,不仅做到城乡规划融合、产业融合,也要做到城乡基础设施和公共服务的融合。要统筹城乡建设规划,加快推进城乡"多规合一",调整优化空间布局,推动公共资源在城乡合理均衡配置。要切实把基础设施建设的重点放到农村,加强特色村镇和产业园区基础设施建设,补齐农业农村基础设施建设短板。要统筹城乡基础设施运营管护,形成运营管护长效机制。要把特色村镇和现代农业产业园等作为就地就近城镇化的主要载体,建成区域性公共服务中心,实现产城融合。不缩小城乡基本公共服务差距,农村就很难留住人才、吸引人才,乡村振兴就缺少可以依靠的主体。平等享有公共服务,是农民的基本权利,也是乡村振兴的重要标志。应按照"完善制度、提高水平、逐步并轨"的总体原则,加快完善农村社会保障制度。加快推进城乡居民养老保险全覆盖,完善农村低保制度。加快完善城乡统一的基本医疗保险和大病保险制度。加快发展农村教育事业,统筹配置城乡师资,吸引更多优秀教师到农村任教。加强农村公共文化建设,推动公共文化资源向农村倾斜,提供更多农民喜闻乐见的文化产品和服务。

5. 坚持因地制宜发展

江苏各地自然资源禀赋、经济社会发展水平巨大,乡村振兴的道路各不相同。从区域层面而言,苏南、苏中、苏北不仅自然条件不同,经济发展差距同样巨大。2018年,苏南、苏中、苏北人均地区生产总值分别为16.07

万元、11.54万元、7.04万元,苏南是苏北的2.29倍;农民人均可支配收入分别为29 030元、21 815元、17 982元,苏南是苏北的1.61倍。就村级层面而言,江苏既有像江阴市华西村、张家港市永联村、常熟市蒋巷村这样的村集体经营性收入达几亿甚至几十亿的强村,也有一批村集体经营性收入还不到18万元的经济薄弱村。在农村发展中要不断培育特色农业致富、工业致富、旅游业致富、电商致富等多种乡村振兴模式。不可否认的是,乡村振兴并不是每个村都要振兴,一些规模较小的行政村将会被兼并,一些比较偏远的自然村落将会被整体搬迁。

三、积极培育乡村振兴新动能

实施乡村振兴战略既需要调动乡村建设的积极性,也迫切需要各级政府、社会各界从外部输入新的动能。新动能是指新一轮科技革命和产业变革中形成的经济社会发展新动力,新技术、新产业、新业态、新模式都属于新动能。培育新动能其实质是要在农村不断引入新人才、新技术、新资本和新机制,为乡村振兴注入新的活力。

1. 加快推进"人才进乡"

人才是乡村振兴的关键。凡事必先有人气,才有生机。乡村振兴需要大量的爱农业、爱农村、爱农民的农业科技、教学、医疗、文化以及经营管理人才。乡村人才既需要内部培养,也需要从外部引进。顺应城乡人才融合大趋势,引导有意愿的农民工返乡、从农村走出来的大学生回乡、在城市中成长的各类人才下乡;打通各类人才向农村、向基层一线流动的通道,激励城乡各类人才在农村广阔天地里磨炼成长,在回馈乡里、致富乡村中实现人生价值。

2. 加快推进"技术进乡"

科学技术是第一生产力。农业农村现代化需要科技创新与体制创新双轮驱动。发挥科技引领作用,可以实现农村发展的弯道超车效应,迅速提高乡村发展水平,缩小城乡差距。落实高等院校、科研院所等事业单位专业技术人员到农民专业合作社、家庭农场及企业挂职、兼职和离岗创新创业制度,保障其在职称评定、工资福利、社会保障等方面的权益。同时,鼓励科技人员以技术、资金、信息入股等形式,与农民合作社、家庭农场、企业结成经济利益共同体。鼓励大专院校、科研院所下乡传授农业新信息、新技术,开展科技服务和实用技术培训,打通农技服务的"最后一公里"。在信息化时代,尤其要推动互联网、大数据、人工智能在农村经济社会中的运用,促进创新,加快农业农村经济发展质量变革、效率变革、动力变革。

3. 加快推进"资本进乡"

资本是经济发展的"血液",乡村振兴需要大量的资金。乡村振兴要靠公共财政加大投入,但财政"一条腿走路"不行,金融资本、工商资本、社会资本也须同向发力。因此,财政资金做好"整合""撬动""激活"三篇文章至关重要。无论是现代农业、农产品加工业、农村电子商务、乡村旅游等农村产业的发展,还是农村基础设施建设,仅仅靠农业农村自身的积累很难完成,都要大力吸引工商资本。多年以来,国家政策鼓励资本下乡,加上在乡村也认为"广阔空间,大有可为",社会资本对乡村的投资热度也在逐步提升。尤其借助休闲农业、乡村旅游、特色小镇等领域或契机,很多乡村沉淀的资源得以变成资产,也带动了农村产业的多元化发展。

4. 加快推进体制创新

要建立健全城乡融合发展的体制机制。加快建设城乡一体的建设用地市场,唤醒农村的沉睡土地、闲置农房等经营性资产,让资本源头活水潮涌乡野,让更多的民间资本、工商资本在乡村舞台上大有作为,使乡村振兴获得更为充沛的新动能。构建现代农业经营体系,培育新型农业经营主体。深化农村集体产权改革,保障农民财产权益。全面激活市场、要素和主体,激发参与乡村振兴的各类主体的活力,推动农民创业创新,让广大农民最大程度地分享改革红利。推动乡村治理机制创新,健全自治、法治、德治相结合的乡村治理体系,建立党委领导、政府负责、社会协同、公众参与、法治保障的现代乡村社会治理体制,加强农村基层党组织建设,打造共建、共治、共享的社会治理新格局,确保乡村社会充满活力、和谐有序。

参考文献

[1] 江苏省委、省政府.江苏省乡村振兴战略实施规划(2018—2022年)[EB/OL].江苏省委新闻网,[2019 - 02 - 01]. http://www.zgjssw.gov.cn/fabuting/shengweiwen jian/201902/t20190201_6053968.shtml.

[2] 陈锡文.乡村振兴战略的来龙去脉[J].农村·农业·农民,2019(1B).

[3] 陈志钢,周云逸,樊胜根.全球视角下的乡村振兴思考[J].农业经济问题,2020(2).

[4] 姜长云,等.乡村振兴战略:理论、政策和规划研究[M].北京:中国财政经济出版社,2018:13 - 28。

[5] 孔祥智,等.乡村振兴的九个维度[M].广州:广东人民出版社,2018:1 - 46.

[6] 孙景淼,等.乡村振兴战略[M].杭州:浙江人民出版社,2018:31 - 50.

[7] 张海鹏,郜亮亮,闫坤.乡村振兴战略思想的理论渊源、主要创新和实现路径[J].中国农村经济,2018(11).

[8] 周建群.我国新型工业化、城镇化和农业现代化"三化"协同发展理论与实证研究[J].科学社会主义,2013(2).

第二章 率先实现农业现代化

农为邦本,农业现代化是国家现代化的基础和支撑,它在全面现代化进程中相对滞后,却是现代化最根本的标志。实现农业现代化,既是中国经济社会发展的内在要求,也是我国农业发展的必然趋势。中华人民共和国成立后,党和政府一直高度重视农业现代化问题。在1954年的第一届全国人大上就提出包含建设现代化农业的四个现代化,1964年的政府工作报告首次把实现农业现代化作为基本国策。进入21世纪以来,2002—2019年连续17年"中央一号文件"聚焦"三农",并且2014—2016年连续三年专门聚焦农业现代化。十八大报告也进一步明确强调,要坚持走中国特色新型工业化、信息化、城镇化、农业现代化道路。党的十九大提出乡村振兴战略,提出要坚持农业农村优先发展,加快推进农业农村现代化。作为东部发达地区,虽然江苏农业现代化建设处于全国第一方阵,但是与快速推进的工业化、城镇化相比,农业农村发展步伐还跟不上,农业农村仍是现代化的突出短板。当前江苏将全面开启建设社会主义现代化新征程,按照总书记赋予江苏"争当表率、争做示范、走在前列"的新使命新要求,加快推进现代农业迈上新台阶率先实现农业现代化十分重要。

第一节　农业现代化的理论探源

在现代化理论的基础上,国内外大量学者立足于发达国家和部分发展中国家农业现代化的实践,从不同的角度对传统农业、现代农业以及传统农业向现代农业的转变进行了探索,既分析了农业现代化的内涵和特征,还论述了关于农业现代化的实现路径。在对传统农业向现代农业转变过程中的规律进行系统总结的基础上,形成了如改造传统农业理论、诱致性技术创新理论、农业发展阶段理论、"二元"结构理论等诸多农业现代化理论。

一、农业现代化的内涵与特征

谈到农业现代化首先必须要了解现代化的一般含义。从学术界关于现代化的定义来看,一个统一的共识是指使某一事物的发展水平达到当时世界的前列,其实质是社会由"传统"向"现代"转变的过程。农业现代化则是现代化在农业领域的延伸,刻画的是农业由"传统"走向"现代",由低级向高级不断发展的过程。由于农业现代化发展是一个动态的过程,不但与该国或地区的经济、社会、文化等密切相关,而且随着经济社会的发展其内涵也将不断丰富和完善,所以对农业现代化的理解需要从多个维度系统分析。

从农业现代化发展的全球维度来看,整体上农业现代化可以分为三个阶段。**第一阶段:以机械化和商品化为特征**。最早对农业现代化的理解更多地表现为机械化、电气化、化学化、水利化和良种化,后来被称之为"石油农业",也就是工业革命在农业领域的渗透。这是农业现代化的第一阶段,同时在社会发展领域,工业革命后的商品化浪潮也对农业领域产生了深远影响,以商品交换为目的的农业生产逐步取代传统的以自给自足为目的的农业生产。可以说,第一阶段的农业现代化可以概括为机械化和商品化。**第二阶段:以倡导生态农业和可持续发展为特征**。随着经济社会不断升级、先进要素的不断引进,以及人们对环境保护的关注等,人们对农业现代化的认识有了新的理解。其中,最为关键的是对第一阶段农业现代化带来弊端的反思。虽然第一阶段的农业现代化大大提高了农产品的供给,让人们从食物短缺时代走了出来,但是它的负面影响也越来越突出并受到人们的关注。一方面是因为大量化肥农药的应用和过度的开垦破坏了土壤结构、污染了环境;另一方面是因为对美好生活的需要让人们的需求开始从"吃得饱"向"吃得好"转变,人们日益关注农产品的质量,而化肥农药的过量必然对人类身体健康产生威胁。在此背景下,倡导人与自然和谐发展的理念迅速发展并被认可,在农业现代化过程中要保持和提高环境质量,表现为开始推进有机农业、生态农业、可持续发展农业的理念,更多关注农业多功能性的生态效益和社会效益。在推进这一理念中,政府开始实施农业绿色发展行动,推进无公害、绿色、有机等品牌创建,实施农业化肥减量化行动,推进畜禽粪污无害化利用等;同时,休闲农业、景观农业、水美乡村、特色田园乡村、农业综合体等也得到显著发展。**第三阶段:以知识经济为特点**。进入21世纪,知识成为影响世界经济的最重要因素,其对农业的影响也日益显著。农业已从1.0、2.0、3.0时代开始向3.0和4.0并存的时代转变,这一时代知识对农业全产业链的影响越发突出。如农业生产力的发展中知识和技术应用的重要性不断提高,农业生产环节信息化程度更高,遥感技术、物联网等开始得到应用;流通环节中以"互联网+"为特征的趋势更加明显,农民开始从网上获取农产品供求信息并进行交易,农村电子商务蓬勃发展;农民需要具备较高的科学文化素质;等等。

具体到我国而言,农业现代化的内涵既有前述不同发展阶段的一般性规律,也有我国不同发展阶段的自身特征。整体上来看也可以分为三

个阶段:

1.第一阶段:以发展生产力为核心的农业现代化阶段(1949—1984年)

新中国成立时,我国粮食播种面积 16.5 亿亩,单位面积产量 68.62 公斤/亩,粮食总产量 1.13 亿吨,而全国人口总数为 5.4 亿,人均粮食占有量为 208.9 公斤,比联合国粮农组织公布的温饱线——280 公斤低了 70 多公斤。提高粮食产量,成为当时的必然选择[①]。以毛泽东同志为代表的中国共产党开始了国内农业现代化的探索,毛泽东同志认为:"我们必须按照社会主义的原则来逐步改造我国的农业,使我国的农业由规模狭小的落后的个体农业进到规模巨大的先进的集体农业,在农业中采用拖拉机和其他农业机器,采用化学原料和科学耕作法,采用机器进行灌溉和发展水利事业。"(中共党史参考资料,1980)。为此,在全面推进土地改革,大规模开展农田水利基本建设,推进农业技术应用的基础上,对我国农业进行了社会主义改造。然而,在逐步加强合作社退出权限制的背景下,集体化的农业生产过程中,过高的监督成本使得在农业生产过程中无法有效防止农民的搭便车(偷懒)行为,降低了我国农业劳动生产率,中国农业现代化的发展没有得到改观。直到 1978 年十八届三中全会,提出以经济建设为中心,把全党工作重点转移到社会主义现代化建设上来,并强调必须大力恢复和加快发展农业生产,逐步实现农业现代化。随后全面实行家庭联产承包责任制,我国农业生产力得到极大释放,自此新中国农业现代化建设进入全面推进时期。如 1984 年粮食总产量为 4.07 亿吨,比 1949 年增加了 2.94 亿吨;亩产量 240.55 公斤,比 1949 年增加了 172 公斤;人均粮食占有量 392.84 公斤,是 1949 年的 188.05%。农业劳动生产率由 1952 年的 266.21 元/人,上升至 1984 年的 1 041.25 元/人,提高了 2.9 倍;我国农用化肥产量从 1950 年的 7 万吨增加到了 1984 年的

---

① 臧云鹏:《农业现代化的发展历程与未来方向》,《国家治理》2019 年第 9 期。

1 482万吨。

2. 第二阶段：效率优先、兼顾环保的生态农业示范阶段（1985—2011年）

20世纪80年代，我国开始了基于本国国情的中国式农业现代化道路，邓小平同志明确指出：中国式的农业现代化必须是适合中国国情的道路，不能照抄照搬其他国家模式和方法。在考虑到我国农民多、耕地有限以及底子薄的现实情况，在完成废除人民公社实行家庭联产承包责任制这第一个飞跃的基础上，提出发展适度规模经营和发展集体经济的第二个飞跃。在这一期间，我国农业现代化进程明显加快，但同样也涌现出大量新问题、新情况。具体表现就是当时的农业现代化进行的是粗放经营方式，虽然短期内农业增产增收明显，但是带来了大量的农业资源浪费和生态环境破坏。如全国化肥产量由1985年的1 322.2万吨升至2011年的6 419.39万吨；亩均化肥施用量由1985年的8.24公斤，提升至2011年的23.79公斤。农药产量由1991年的76.53万吨，提高到2011年的178.7万吨，农药亩均施用量由0.34公斤提高到0.75公斤[①]。为此，1985年，国务院环境保护委员会发文提出发展生态农业，可以说，我国农业的现代化是要推进可持续发展的现代化。为此，我国开始在部分地区推进生态农业示范县建设，并在全国起到了较大的带动作用，在生态农业建设方面进行了探索和实践。

3. 第三阶段：高效、优质、节约、友好的现代化农业阶段（2012年—　　）

虽然推进可持续发展的现代农业已经开始在部分地区得到示范和推广，但上一阶段整体上农业还是以效率优先、兼顾环保为主要特征，而其所带来的负面效应则持续发酵。一方面，2005年之后，我国相继出现了"苏丹红事件""三聚氰胺事件""瘦肉精事件""湖南毒大米事件"等食品安

---

① 臧云鹏：《农业现代化的发展历程与未来方向》，《国家治理》2019年第9期。

全事件;另一方面,农业的内源性污染问题的解决迫在眉睫,尤其是畜禽粪污综合利用率偏低导致畜禽粪便成为新的污染源。再加上农民增收问题,以及由于成本高涨、收储制度改革滞后和国际粮价、油价下跌等"地板"与"天花板"导致的粮食困境,这些新情况、新变化,使得我国农业现代化的内涵也进一步扩大。2012年党的十八大提出生态文明建设并将其纳入"五位一体"的中国特色社会主义总体布局;2015年农业部出台了《关于打好农业面源污染防治攻坚战的实施意见》,明确提出确保到2020年实现"一控两减三基本"的目标[①];2018年中央一号文件出台了《中共中央国务院关于实施乡村振兴战略的意见》,提出了"产业兴旺、生态宜居、乡风文明、治理有效、生活富裕"的总要求,并对农业农村现代化的长期目标和短期任务作出部署。可以说,自2012年以后,我国农业现代化的内涵已逐步扩展为高效、优质、节约、友好等多方面诉求的农业现代化。

二、农业现代化的理论回顾

农业现代化问题一直是"三农"研究中的热点问题,国内外学术界在不同时期、不同阶段都从不同侧面对其展开研究探讨,形成了诸多理论成果。

1. 改造传统农业理论

20世纪50年代初期,工业化成为中心的发展战略,经济学家也普遍认为只有通过工业化才能实现经济发展,而农业是停滞的,农民是愚昧的,农业对经济发展的贡献非常有限,更多的是为工业发展提供劳动力、市场和资金。此时,一些有识之士对过度重视工业化的战略提出了疑问,西奥多·舒尔茨(Theodore W. Schultz)是其中的典型代表。舒尔茨反对轻视农业的看法,他认为发展中国家的传统农业(完全以农民世代使用的

---

① 即严格控制农业用水总量,减少化肥和农药使用量,畜禽粪便、农作物秸秆、农膜基本资源化利用。

各种生产要素为基础的农业可以称之为传统农业[①],不能对经济发展作贡献,只有现代化的农业才能,而关键问题在于如何把传统农业改造为现代农业[②]。研究发现,传统农业无法成为经济增长源泉的根本原因在于其生产要素和技术状况长期保持不变,而且生产要素的供求在高价格水平上保持均衡,这既导致对原有生产要素增加投资的收益率低,也无法对吸引储蓄和增加投资产生足够的经济刺激,自然也就无法打破长期均衡的状态。因此,舒尔茨认为,改造传统农业的出路在于引入新的、更廉价的生产要素,尤其是要注重引进先进的技术,还要加大对农民的人力资本投资。

2. 诱致性技术创新理论

该理论萌芽于20世纪30年代,直到希克斯-速水、拉坦-宾斯旺格假说提出之后才得到广泛采用。要素稀缺性诱致性技术创新理论主要强调由资源稀缺变化所引起的要素相对价格变化对技术变革的诱致性作用,解释了技术创新背后的重要动力,即节省那些变得相对昂贵的生产要素。具体到农业技术变革和农业发展来看,该理论认为若市场未被扭曲,那么要素价格能够反映要素的相对稀缺性水平和变化,农民的经济理性选择会诱致去寻找能够节约日益稀缺而变得昂贵的生产要素的技术。该理论对于解释和有效指导发展中国家农业技术创新和农业发展,乃至不同国家农业现代化道路的选择都具有强大的解释力,为农业现代化的演进提供了重要理论认识与支撑。

3. 农业发展阶段理论

作为国民经济的基础部门,农业的发展具有明显的阶段性特征,基于此,国内外学者的研究形成了农业发展阶段理论。主要代表性的有:一是

---

① 舒尔茨:《改造传统农业》,商务印书馆,1987年。
② 姜松:《西部农业现代化演进过程及机理研究》,西南大学博士论文,2014年。

梅勒(Mellor,1966)农业发展三阶段理论。梅勒[1]通过对发展中国家的考察,总结出农业发展阶段包括传统农业阶段、"低资本"技术阶段和"高资本"技术阶段。其中,传统农业阶段农业的发展主要取决于生产要素供给的增加,技术基本是停滞的;"低资本"阶段主要以节约资本的技术为主,重点是提高土地生产率;"高资本"阶段则农业生产能力得到显著增强。二是韦茨(Wertz,1971)农业发展三阶段理论。韦茨[2]基于美国农业的实际情况,将农业发展阶段分为维持生存阶段、混合农业阶段和商品农业阶段。其中,维持生存阶段以"自给自足"为主要特征,混合农业阶段则强调多种经营以增加农民收入,商品农业阶段是以专业化生产为主要特征。三是速水·佑次郎、弗农·拉坦[3]提出的农业发展三阶段论。两位学者结合日本农业发展的实践,提出了增加生产和市场粮食供给的发展阶段、抑制农村贫困的发展阶段以及调整和优化结构的发展阶段。对于我国而言,2000年农业部软科学委员会课题组[4]立足中国实际,提出了我国农业发展的数量发展阶段、优化发展阶段和现代农业发展阶段这一三阶段论。

4. "二元"结构理论

城乡关系是社会生产力发展和社会大分工的产物,伴随着机械大工业的发展和城市的产生,城乡二元分化现象日益突出,城乡也随之产生,有关城乡关系的研究逐步进入学者们的视野。最早将"二元结构"概念运用分析人类社会经济现象的是荷兰经济学家和社会学家伯克,而最开始产生较大影响的则是刘易斯在《劳动力无限供给下的经济发展》一文中提

---

[1] Mellor J W:《The Economics of Agricultural Development》,Ithaca, N. Y.: Cornell University Press, 1966.

[2] Wertz J R:《A Newtonian Big-bang Hierarchical Cosmological Model 》,《The Astrophysical Journal》1971, 164-227.

[3] 速水·佑次郎,弗农·拉坦:《农业发展的国际分析》,中国社会科学出版社,2000。

[4] 农业部软科学委员会课题组:《中国农业发展新阶段》,北京,中国农业出版社,2000。

出的"二元经济"理论。该理论认为发展中国家的经济由具有完全不同再生产规律的传统农业部门和现代工业部门组成,是一个"二元"经济结构,传统农业部门存在隐蔽性失业,二元经济发展的核心问题是传统部门的剩余劳动力向现代部门转移的问题。此后,很多学者不断完善和发展刘易斯的二元结构模型。代表性的有:费景汉-拉尼斯(Fei and Ranis,1961)提出二元经济向成熟经济转变的过程中存在两个关键转折点,即"粮食短缺点"和"商业化点",农业部门不仅为现代部门的发展提供劳动力,而且还为其提供剩余,农业的现代化是二元经济结构变化、农村剩余劳动力顺利转移过程中避免粮食短缺出现的必要条件。可以说,费景汉-拉尼斯二元经济论认为,工业化过程中必须保持农业生产率的同步提高,以此来增加农业剩余和释放农业劳动力,工业和农业两个部门平衡增长对避免经济增长趋于停滞是很重要的,需要同步推进工业化和农业现代化。

第二节 农业现代化的国际经验与启示

从世界范围来看,当前很多发达国家和地区都对传统农业进行了全面技术改造,成功实现了从传统农业向现代农业的转变,同时一些新兴工业化国家也取得了不菲成绩。从各个国家农业现代化情况来看,根据其自然条件、经济发展水平、社会制度、文化历史背景以及现代化发生的时空等方面的实际情况,不同国家选择了不同的农业现代化道路和模式。客观总结发达国家和地区农业现代化的模式和经验,对于推进我国农业现代化具有十分重要的参考意义。

一、农业现代化的主要模式

从世界各国农业现代化的模式来看,总体上主要包括"劳动力节约型"的美国模式、"土地节约型"的日本模式和"中间道路型"的西欧模式三种模式。

1. "劳动力节约型"的美国模式

美国国土面积为937.6万平方公里,幅员辽阔,耕地面积达到19 745万公顷,占国土利用面积的20.5%,占世界耕地面积的13.15%,是世界上耕地面积最大的国家。可以说,美国是一个典型的耕地面积大而人口少的国家,农业人口人均耕地多,而且采取的是以家庭农场为主体的农业生产经营制度。劳动力相对稀缺,价格相对较高,家庭农场的经营规模普遍比较大。相对而言,美国具备发达工业的有利条件,农业机械价格相对较低,故而美国选择了农业机械替代人力和畜力的农业现代化道路。因此,美国一方面加大对农业机械的投入并不断对农业机械进行技术改进,将科技成果应用到农业生产过程中,其不仅农业机具数量居世界前列,性能也不断提高,而且覆盖了几乎所有的农业生产领域。另一方面,重视对农业劳动者素质的提高,加大对农业教育、科研和技术推广的投入,不断提高劳动者运用科技的能力,同时加大对农业社会化服务体系的建设。

2. "土地节约型"的日本模式

与美国截然不同,日本国土面积为37.78万平方公里,其中平原仅占25%,耕地面积十分有限。但在土地条件的先天限制下,通过提高土地的利用率走出了一条以小农经营体制为主的农业现代化新道路,拓展了由传统农业向现代农业转变的路径。耕地资源的匮乏,日本农业现代化采取的是以提高土地产出率为主要特征的"土地节约型"模式,农业现代化早期主要以加大劳动力和肥料等投入,大力推进土地改良、良种化和化肥化,不断提高土地生产力。随后,考虑到国土以山地丘陵为主的地形,以及小农经营的体制,日本选择了以小型机械为主的农业机械化道路,并加大对生物农药和生物化肥的开发利用,实现农业生产率的提高与环境保护和可持续发展的紧密结合。此外,日本的农民组织和农业协会组织等对其农业现代化起到了非常重要的作用。

3. "中间道路型"的西欧模式

一些国家或地区人地比率居中,既不像美国耕地资源丰富而农业人口较少,也不像日本那样土地资源匮乏,其农业现代化道路则是在土地资源和劳动力供给相对均衡的情况下,选择出介于"劳动节约型"和"土地节约型"两种模式之间的一种模式。西欧国家中的法国、德国、英国、丹麦等采取的就是"中间道路型"农业现代化模式,且具有人-地比率相对均衡、农业生产条件比较优越和土地生产率居中间水平的特征。如典型的法国,其农户或农场规模介于美国和日本两国规模中间,农业机械、耕作方式兼具美、日两国的特点,将机械化与生物化并重实现了土地利用效率和劳动生产率的同步提升。

二、农业现代化的经验与启示

环顾当今世界,那些经济发达的国家,农业现代化水平也高,而那些农业落后、农民贫困的国家,没有一个真正实现了现代化[①]。因此,总结和借鉴发达国家和地区在推进农业现代化建设方面的成功经验,对于我国加快推进农业现代化具有重要的启示。

1. 农业现代化模式的选择要基于区域农业资源禀赋

从世界各国农业现代化模式来看,主要分为劳动力节约型、土地节约型和中间道路型三种模式。至于选择哪种农业现代化模式,从已实现农业现代化的发达国家和地区的实践来看,基于自身农业资源禀赋并选择采用相对充裕的要素来对稀缺的要素加以替代,是各国推进农业现代化建设中政策制定、技术选择等方面的核心关键。典型的如美国根据其耕地面积广、地势平坦和资源丰富的特点,形成了科技含量高、市场化程度高、以劳动生产率为主和土地生产率为辅的规模化、机械化、高投入现代农业发展模式。日本地少人多,资源贫乏,所以选择了资源节约型和技术

---

① 李克强:《以改革创新为动力 加快推进农业现代化》,《求是》2015年第4期。

密集型的现代农业发展模式。法国人地比例关系均衡,进而选择了介于技术集约和劳动集约之间的发展模式①。因此,我国农业现代化模式的选择一定要基于自身基本条件选择符合国情的发展模式。从我国总体的人地资源禀赋来看,决定了不能整体走美国式的农业现代化道路,日本式的技术与劳动密集型的道路更加符合现实条件;而我国土地资源的丰富多样和差异性,也决定了在少部分地区如东北可以推行机械化生产实现规模经营。

2. 完善的农业科技创新和推广服务体系以及高素质的农民是推进农业现代化发展的根本动力来源

纵观世界农业现代化的历程,构建完善的农业科技与推广体系,加大对高素质、高技能农民的培育以提高其应用新技术的能力,是很多国家实现农业现代化建设的制胜法宝。例如,以色列不但人多地少,而且还极度缺水,但通过推进科研单位与农业合作组织紧密合作,构建集科研、推广与管理一体的农业现代化科技服务体系,保障农业科技技术顺畅地推广应用到农业领域,使以色列成功地走出一条资源节约型的农业现代化道路。此外,科技成果应用转化到农业的环节需要高素质的农业经营主体,如美国的农场主大多是大学毕业生,荷兰是典型的通过提高人力资源的投入发展农业现代化的国家。根据统计,荷兰的教育与研究经费占到了国家预算的五分之一,而且只要从事与农业相关的工作必须要进行系统的职业教育,由专门的老师带领农民进行农业生产教学,当农民具备知识和资格后才能从事农业生产。可以说,高素质与高技能的农民为荷兰的农业现代化提供了最有力的支撑。

3. 农业合作组织是实现农户与现代农业有机衔接的关键载体

很多国家在农业现代化的过程中认识到,单个农户的竞争力较弱,只

---

① 李航:《湖南农业现代化建设模式与路径研究》,湖南农业大学博士论文,2013年。

有通过农业合作组织将众多农户结合起来才能使其在农业现代化建设中占有一席之地,从而避免在现代农业发展中被边缘化。因此,发达国家和地区都十分重视对农业经济合作组织的培育。如日本的不以营利为目的的服务型组织——农协,它具有健全和完善的社会化服务体系,在农户农业生产的产前、产中、产后各环节都发挥了重要作用,极大地提高了农户抵抗自然风险和市场风险的能力。如荷兰的合作社种类基本涵盖了整个农业产业链,帮助农户解决生产和生活中的一系列问题,对帮助农户有效对接市场,加快农业生产技术应用和提高农产品附加值作用显著。对于美国而言,农业合作组织在其农业现代化体系中起到了重要的纽带作用,它已成为农业现代化的中坚力量。可见,无论选择何种农业现代化模式,都需要建立功能完善的农业合作组织。

4. 政府的宏观调控和支持对农业现代化建设具有重要作用

农业现代化的建设离不开完善的市场体系,发达国家和地区农业市场化程度都较高,如美国、日本、欧盟等农业商品率一般在90%以上[1],而且市场机制的发挥对于引导农业资源配置、提高农民收入和提升农业竞争力具有基础性的作用。但这并不意味着作为发挥资源配置作用的另一只手,政府在农业现代化的建设中作用不大,而客观事实恰恰相反,无论哪一个国家农业现代化建设都离不开政府的宏观调控和支持。例如,美国每隔五年便出台一项针对农业科研、培训、推广的"农业法案"[2],从而加快农业技术的成果转化和应用。日本为了促进农业现代化,从财政、税收等多方面对农协进行支持,而且农协也充分发挥支撑,有效地贯彻了政府的政策,从而实现了分散的小农经济能迅速融入到现代化的轨道。荷兰为提高农业的国际竞争力和促进农业可持续发展,政府制定了加强农业

---

[1] 曹俊杰,刘国华:《发展现代农业:国际经验与中国模式》,《世界经济与政治论坛》2004年第7期。
[2] 叶前林,何伦志:《美国推进农业现代化发展的做法和启示》,《经济纵横》2014年第4期。

化肥使用量控制,以及发挥地势平坦的优势发展畜牧业和园林作物提高农产品附加值的政策。以色列也同样,在建国初期就结合本国实际情况制定了发展资源节约型和出口导向型的农业现代化发展战略,政府制定了一系列如《水法》《量水法》等法律法规,并通过宏观政策规划与服务保障农业现代化战略得到有效落实。综合发达国家和地区的经验,总体看来,政府在法律法规等制度支持、基础设施建设、财政与金融支持、农业技术研发与推广、农业补贴以及农业经营者人力资本提升等方面能够发挥非常重要的支持作用。

第三节 江苏农业现代化的实践与探索

作为经济大省和农业大省,江苏根据自身经济社会发展基础,在2003年就提出要率先全面建成小康社会,率先基本实现现代化"两个率先"的奋斗目标。2011年胡锦涛总书记提出江苏要"力争在全国率先实现农业现代化"的要求,为此江苏省委、省政府提出"到2015年苏南等有条件的地区率先基本实现农业现代化,到2020年在全国率先基本实现农业现代化"的发展目标。2014年习近平总书记视察江苏时,指出江苏要在农业现代化建设上"带好头,领好向",要"推动现代农业建设迈上新台阶"。党的十九届五中全会后,习近平总书记第一次到地方考察就来到江苏,并对江苏提出要"争当表率、争做示范、走在前列"的要求。可以说,加快推进农业现代化,既是江苏自身现代化建设的内在要求,也是作为经济发达地区进行农业现代化路径先行探索的重要任务。

一、现状与成就

中华人民共和国成立以来,尤其是以党的十一届三中全会为标志,经过70年的努力,江苏省通过农业农村领域的不断改革,农村生产力极大解放,现代农业建设取得显著成效。

1. 粮食安全保障能力不断提升

1949年全省粮食总产量为748.50万吨,虽然在1995—2005年期间粮食总产量略有下降,但是在2010年粮食产量已基本恢复到1995年的水平。虽然人均粮食产量没有恢复到1990—1995年间的水平,但是2010年后江苏粮食产量和人均粮食产量总体上均呈现出不断上升的趋势,2018年全省粮食总产量为3 660.30万吨,是1949年粮食产量748.50万吨的4.9倍,年均增长2.3%,亩产高达455.30公斤。持续保持口粮自给,有力地保证了全省粮食的充分供给,江苏8 000万人民的饭碗牢牢端在自己手里。

表2.1 江苏粮食总产量及人均粮食产量

年份	粮食产量(万吨)	人均粮食产量(千克/人)
1949	748.50	N.A.
1978	2 400.65	414.00
1990	3 264.15	486.00
1995	3 286.30	466.60
2000	3 106.63	427.30
2005	2 834.59	380.30
2010	3 284.99	421.30
2011	3 357.10	425.80
2012	3 431.55	433.90
2013	3 440.82	433.90
2014	3 523.04	443.20
2015	3 594.71	451.10
2016	3 542.44	443.50
2017	3 610.80	450.60
2018	3 660.28	455.30

数据来源:江苏省统计年鉴2019。

2. 农业结构不断优化

以市场消费需求为导向,在粮食产量稳步提升的同时,随着新品种、新技术的推广应用,全省蔬菜、水果、畜禽类产品供应明显提升,极大地丰富了城乡居民菜篮子。2018 年蔬菜种植面积达到 1 424.99 公顷,比 1978 年增长 14.6 倍,蔬菜产量达到 5 625.88 万吨,人均蔬菜占有量达到 700 公斤;畜牧业取得长足发展,肉蛋奶供应丰富。2018 年全省肉类总产量达到 328.5 万吨,比 1985 年增长 1.1 倍;禽蛋产量 180.6 万吨,比 1983 年增长 4.6 倍;牛奶产量 49.9 万吨,比 1978 年增长 29.3 倍。2018 年肉、蛋、奶的人均占有量分别达到 41 公斤、22 公斤和 6 公斤,高于全国平均水平;2018 年全省水产养殖面积已达到 649 千公顷,水产品总产量达到 494.8 万吨,居全国前列,比 1949 年增长 74 倍。全省人均占有水产品产量 62 公斤,比 1949 年增长 42.2 倍[①]。

3. 科技兴农和农业生产条件明显改观

2018 年,农业科技进步贡献率提高到 68%,农业机械化水平超过 84%,处于全国领先水平。1949—2018 年全省农机总动力呈现不断增长态势,2018 年达到 5 042.3 万千瓦,较 1949 年增长 1 130 倍,年均增长 10.7%。平均每百亩耕地 73.2 千瓦,较 1949 年增长 1 358 倍,年均增长 11%。机耕、机播、机电灌溉、机械植保、机收面积占农作物总播种面积比重分别达到 82.4%、60.9%、51.5%、72.4% 和 67.6%,其中小麦和水稻的占比均高达 95% 以上[①]。耕地有效灌溉面积达到 4 179.8 千公顷,是 1949 年的 2.3 倍,有效灌溉面积比重由 1949 年的 33% 提高至 2018 年的 92%;旱涝保收田面积已达 3 832 千公顷,占耕地面积 84%,居全国前列。高效设施农业面积累计达到 901.5 千公顷,占耕地面积 19.6%。

---

① 江苏省统计局:《数说江苏 70 年:70 年风雨历程 "三农"发展铸辉煌》,2019 年。http://tj.jiangsu.gov.cn/art/2019/9/5/art_4031_8703275.html。

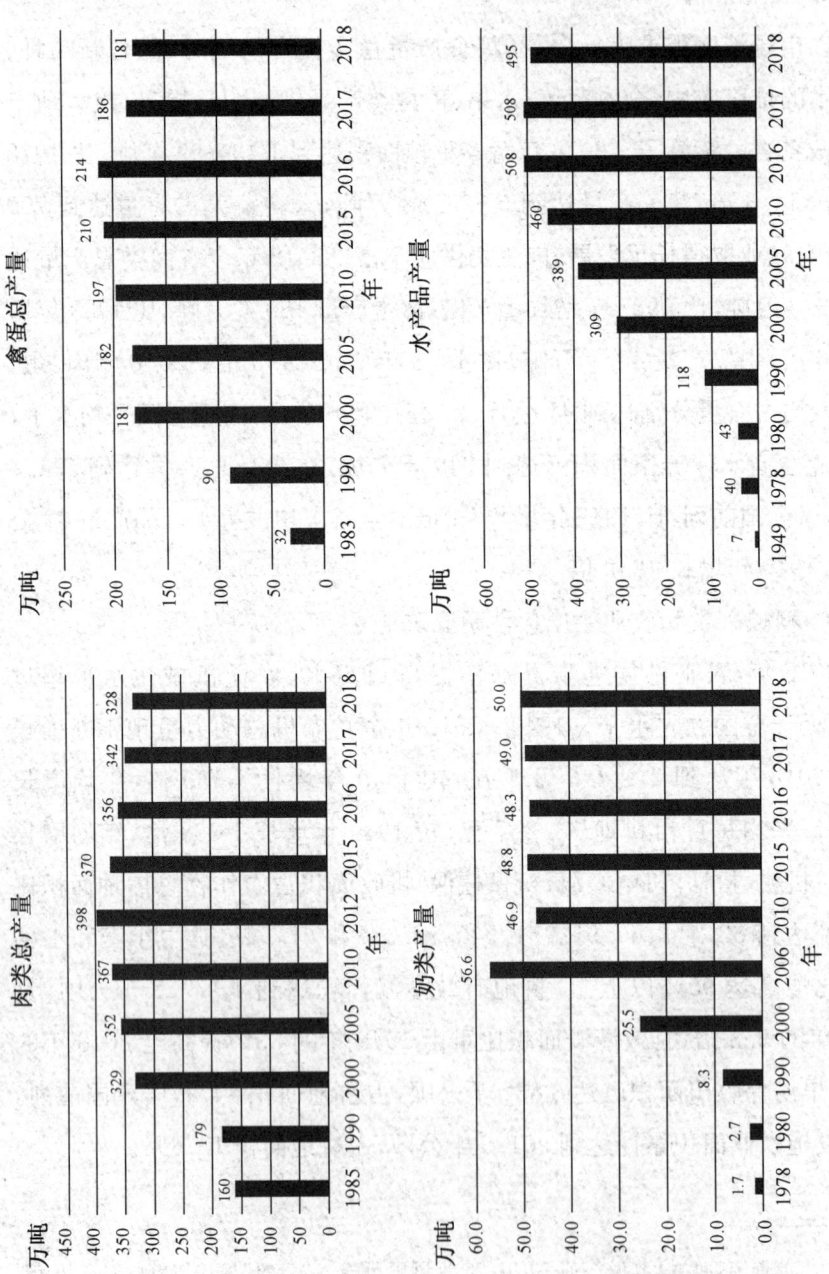

图 2.1 江苏省肉类、禽蛋类、蛋类及水产品产量图

图 2.2　江苏省农业机械总动力(万千瓦)

4. 农业经营体系逐步健全

农业经营主体从兼业化小农户逐步向家庭农场、龙头企业、专业合作组织等主体转变,农业小生产与大市场不协调的矛盾得到不断缓解。2008年以来,积极推进现代农业园区建设,先后认定112个省级现代农(渔)业产业园区,实现农业县(市、区)全覆盖。2013年起按照中央一号文件要求积极推动家庭农场发展,2018年底全省累计认定家庭农场4.89万家,其中省级示范家庭农场1 406个。大力推进农业龙头企业和农民专业合作社发挥作用,农业企业化经营、产业化合作经营等新方式不断涌现。2018年底,全省省级以上农业产业化龙头企业总数达到836家,农民合作社达到9.9万家,新组建各级农业产业化联合体259家。

5. 农业生态和农产品质量提升取得明显进步

一方面,随着生活水平的提高,人民逐步从"吃得饱"向"吃得好"转变,对农产品质量和食品安全日益关注。绿色优质农产品比重持续提升,全省绿色优质农产品比重达到57.8%,名特优水产品养殖面积占比高达77%。通过农产品品牌创建,打造了一批"苏"字号绿色品牌,优质稻米、阳澄湖大闸蟹、盱眙龙虾等一系列品牌开发快速提升,年销售额超5亿元的农产品区域公用品牌已达 15 个。另一方面,农业面源污染防治稳步推进。大力推行可持续生产方式,化肥使用总量及单位使用强度继续呈现"双减"态势,与 2010 年相比,2018 年江苏省化肥使用强度削减 10% 以上,农药使用强度削减 18% 以上;2018 年畜禽粪污资源化利用率达 82%,秸秆综合利用率达 93%,农膜回收利用率达 73%。

二、矛盾与困难

实施乡村振兴战略,推进农业现代化建设,江苏还面临着一些发展瓶颈和难题,需要高度重视、认真研究、着力破解。

1. 资源环境压力较大

一方面,土地矛盾突出。江苏人多地少,全省耕地面积 6 874 万亩,人均耕地面积只有 0.86 亩,仅为全国平均水平的 60% 左右,而且可开发的后备土地资源少。虽然不断加大土地流转力度,新型农业经营主体经营土地规模有所提高,但是在部分地区仍存在土地细碎、经营分散的情况。另一方面,环境压力较大,农业面源污染现象依然存在。农民用肥、用药缺乏科学性和指导性,部分地区过量使用还较为普遍。2017 年,江苏省每千公顷耕地化肥施用量为 662.85 吨,分别是日、韩、美、法的 2.75 倍、1.66 倍、4.82 倍和 4.38 倍,也高于全国的平均水平(434.4 吨/千公顷)。此外,小型分散养殖废弃物难收集、难处理,成为畜禽污染的重要来源;农作物秸秆、农膜资源化利用率还有待提升。

2. 劳动生产效率偏低

核心问题在于农业生产效率偏低,而不是土地产出率。从具体数据来看,2018 年江苏农业增加值占国内生产总值的比重为 4.5%,农业现代化发达国家和地区的占比基本为 1%~2%,江苏的这一占比与其经济社会尤其是农业现代化发展水平基本相当;然而,江苏省农业劳动力占全社会从业人员比重为 16.1%,这一占比与农业现代化发达国家和地区相比相差甚远,分别是日本、韩国、美国、法国同类指标的 4.6 倍、3.3 倍、9.5

倍和5.6倍,这意味着单位农业劳动力的产出效率要明显低于上述农业现代化发达国家。

3. 农业比较效益低的矛盾日益突出

农业生产成本持续上涨与农产品价格弱势运行并存,农业比较效益持续走低,给农业持续发展带来双重挤压。具体表现为:一是土地机会成本较高。当前省内土地流转地租基本在800~1 000元区间,这相当于在每斤粮食上面增加了0.4~0.5元的成本。二是劳动机会成本提高。随着城镇化、工业化的快速发展,以及新业态的蓬勃发展,近年来劳动力工资上升速度较快,这导致农业劳动的机会成本明显提升。三是化肥、农药、农膜等农资价格近年来居高不下,抬高了农业生产成本。另外,近期中美贸易第一阶段协议签署,在2020—2021年期间我国要增加购买320亿美元农产品,覆盖乳品、禽肉、牛肉、猪肉、加工肉类、水产品、大米、水果、饲料和宠物食品等双边农业合作重点领域,而且可以预计从美国进口增加的趋势将在2022—2025年继续保持,这将对国内农产品价格产生持续压力。

4. 农业结构性矛盾突出

许多优质农产品往往市场供不应求,而大众农产品则处于阶段性供过于求;效益较高的经济作物面积比重较低,畜牧业占农业总产值比重远低于欧洲国家的70%。虽然比较注重"三品"建设,但大多数处于满足农产品质量建设的需要,有机、绿色蔬菜认证量偏少,且在全国市场具有明显的辨别标志和一定的市场认知度的大品牌仍偏少。

5. 农业科技支撑仍不足

一方面,江苏省农业仍呈现"高投入"特征,资源利用率水平不高。农业科研成果向现实生产力转化率低,在部分领域生产技术相对落后,种业仍是短板且良种供给率较低;全程机械化水平不平衡,特别是农机与农艺融合不够,而且农业机械核心技术和关键零部件的"瓶颈"制约明显。另一方面,农业信息化发展滞后。农业信息服务平台少、质量不高且存在统筹利用的覆盖面不足。生产流通环节农业信息开发利用度低,对新型农业经营主体信息服务的针对性和有效性亟待加强。

6. 农业基础设施以及小农户与现代农业的有机衔接需要提升

一方面,虽然2018年全省高标准农田面积占比已提高至61%,但是仍有一定比例的中低产田,且部分农田设施、灌溉设施老化,靠天吃饭的局面还没有根本改变,适应规模经营的农田基础设施还不完全配套。另一方面,虽然新型农业经营主体大量涌现,但是在短期内仍无法改变大量小规模甚至超小规模农户存在的格局,既做产业工业又兼做农民的现象普遍存在。当前农民适应生产力发展和市场竞争的能力不足,小农户与大市场的矛盾仍然存在,且生产性服务组织发展依然薄弱,合作经济组织在农业生产的产前、产中、产后各环节方面的作用,尤其是提高农户抵抗自然风险和市场风险的能力方面的作用有待提高。

第四节 江苏率先实现农业现代化的思路与对策

"乡村振兴战略"是我国社会主义发展进入新时代、农业农村发展进入新阶段之际,党中央对"三农"工作提出的新的更高要求,为指导我国新时代"三农"工作提供了行动指南。落实好乡村振兴战略,也是贯彻落实习近平总书记对江苏农业农村发展提出的"带好头、领好向""力争在全国率先实现农业现代化""争当表率、争做示范、走在前列"的总抓手,对加快江苏率先基本实现现代化、建设"强富美高"新江苏步伐具有重要意义。

一、江苏率先实现农业现代化的思路

在全国乡村振兴战略推进农业现代化总体框架下,立足江苏经济社会发展的特点和实际,结合自身农业现代化发展的阶段性,借鉴农业现代化发达国家和地区的成功经验,准确把握未来农业现代化的方向与重点。

1. 坚持优先发展的方针

党中央对新时期"三农"工作方针是"多予少取放活",党的十九大报告提出要坚持农业农村优先发展,通过实施乡村振兴战略从根本上解决当前存在的农业不发达、农村不兴旺、农民不富裕的"三农"问题。推进农业现代化一定要落实好坚持农业农村优先发展的方针,把推进农业现代化作为党委政府工作的重点,树立起农业农村优先发展的政策导向,在资金投入、要素配置、公共服务、干部配备等方面切实向农业农村倾斜,彻底避免部分地区因路径依赖和工作惯性而出现的"说起来重要、干起来次要、忙起来不要"的现象,从而让农民成为有吸引力的职业,农业成为真正有奔头的产业。

2. 坚持"四化同步"发展

新型工业化、信息化、城镇化和农业现代化相互关联,不可分割。比较而言,当前江苏农业现代化虽然处于全国前列,但其发展仍然滞后于工业化、城镇化和信息化,很大程度上影响了"四化"的均衡发展,这与江苏是经济大省、农业大省的地位不相称。这就要求江苏在推进农业现代化的过程中,按照"四化同步"发展的要求,在充分发挥信息化的核心引领作用,坚持新型工业化的主导地位,不断完善城镇化的载体和平台功能的同时,更加突出农业现代化的基础作用,切实让农业发展完全融入到整个"四化"发展产业链条中,补齐农业现代化"短板",让农业现代化在"四化"发展中迎头赶上、协同发展。

3. 秉持因地制宜的原则

农业现代化路径的选择要基于区域农业资源禀赋。对于江苏而言,苏南苏中苏北经济社会发展程度差异大,各地有各自的特点和优势,对农业现代化的定位和取向也存在差异性。因此,江苏要秉持因地制宜的原则,在尊重自然规律和市场机制的基础上,准确把握自身农业现代化的重点和推进路径。从全省整体农业现代化发展阶段而言,要注重推进农业主体功能区建设,确定重点发展区、优化发展区、适度发展区、保护发展区,实行宜粮则粮、宜经则经、宜林则林、宜渔则渔;要推动"旅游＋""生态＋""互联网＋"等与现代农业相融合,推动传统种养产业转型升级。对于城市远郊区及经济发展程度相对滞后的苏北地区而言,农业现代化需要在粮食安全、产业效益、新型市场培育、资源要素合理配置、生态环境保护等方面更加侧重;对于城市近郊区以及经济发展程度高的苏南地区而言,现代农业的建设更应向生态环境保护、观光旅游休闲和文化传承科普等非生产功能加快拓展,实现农业从生产向生态生活、从物质向精神文化功能延伸。

4. 完善政府、市场、农民主体三方动力机制

农民和新型农业经营主体是现代农业建设的主体,但从现代农业发达国家和地区的经验来看,农业现代化的建设既离不开完善的市场体系,更离不开政府的宏观调控和支持,必须要使政府、市场、农民等各方力量联合参与、有机结合、互相作用。一要坚持市场"无形之手"决定作用。发挥市场在农业资源要素配置中起决定性作用,以市场需求为导向,推动农业规范化、标准化、产业化发展,促进农业提质、农民增收和农村繁荣,不断提升农业综合效益和竞争力。二要更好发挥好政府"有形之手"作用。要健全多元投入保障机制,通过政策导向推动各项资源向农业农村倾斜,加快农民合作组织建设,培育新型农业经营主体,完善农业支持保护政策,加大农业基础设施建设,推动农村产权制度改革,完善农业法律法规等制度支持,加强农业技术研发与推广等。三要充分尊重和调动农民主体地位。既要尊重广大新型农业经营主体和农民的意愿,更要维护好各现代农业主体的根本利益,围绕不断提高农业竞争力,充分调动各经营主体在现代农业建设中的积极性、主动性和创造性。

5. 健全城市资源要素流向农业农村的体制机制

正如舒尔茨所说,改造传统农业推进农业现代化建设关键在于引入

新的、更廉价的生产要素。在实施乡村振兴战略的大背景下,推进现代农业建设必须要放在城乡融合发展的进程中,不断推动科技、资金、人才流向农业农村。这既要进一步打破城乡二元结构,破除影响要素城乡流动、平等交换体制机制的障碍,积极推动引导城市资源要素向农业农村"回流",逐步形成"城里人往乡下跑,农民工返乡,企业家进村"的良好局面;也要大力推动公共资源向农业农村倾斜,改善农村交通、水电、网络、教育、医疗等基础设施,改善各项资源流入农业农村的成本,让城市资源要素"下得去"和"留得住";还要建立外来资源与农民的利益共享机制,外来资源要与农村生产资料和劳动力相结合,让农民手中的产业要素能够参与并获得合理的利益分配,充分带动农户并调动农户积极性形成优势互补的利益格局,避免农户在农业现代化建设进程中被边缘化。

二、江苏率先实现农业现代化的对策

立足江苏农业现代化的实践与探索,在充分借鉴国内外农业现代化建设经验的基础上,按照前述思路与路径,为加快推进江苏农业现代化建设进程提出如下措施与建议。

1. 进一步补齐现代农业设施短板

结合与"1+3"重点功能区发展战略相配套的农业区域布局,秉持粮食生产与农业结构调整相协调的原则,首先是抓好高标准农田建设。重点加大全省骨干水利工程和小型农田水利设施建设力度,加强防洪排涝和水资源配套工程建设,提升农业抵抗水旱灾害能力;加强农田灌排设施建设,积极推广高效节水灌溉等。其次是进一步推动农业机械化转型升级。以构建适合江苏不同区域农业主导产业的农业机械化生产体系为重点,对照国际水平,以智能化、绿色化、高效化为导向,农机与农艺相结合、实用高效和重视原始创新,着力加强研发先进适用、智能高效的农机装备,率先实现整地、育秧、插秧、田间管理、收获以及烘干各个环节的全程机械化。最后要结合农村一二三产业融合发展的趋势加快推动仓储保鲜冷链物流设施建设工程,尤其是要加强对家庭农场、农民合作社、供销合作社、邮政快递企业、产业化龙头企业建设产地分拣包装、冷藏保鲜、仓储运输、初加工等设施的支持力度。

2. 提升江苏农业科技和信息化水平与现实生产力的融合度

在农业科技方面,要按照农业供给侧结构性改革的要求,加大对薄软环节的农业科技研发,尤其是补齐种业存在的短板,发挥"种业强省"的先导作用。要按照农业一二三产业融合发展等各种新业态、新模式的技术要求,以市场需求为导向,解决我省在产前、产中和产后全产业链部分环节存在的技术短板,尤其是要加大对农产品加工业的技术攻关;要按照江苏农业生产力布局,针对性地设立农产品加工研发中心,如连云港、盐城等地应以海水捕捞,养殖鱼虾、贝类、海水植物等,及其产品精深加工为重点,徐州等地的研发中心则应以蔬菜等加工为主,同时要加强农业院校、科研院所等对农产品加工领域企业的技术转化和技术信息咨询服务等。在农业信息化方面要实施数字乡村战略,一方面要加大对通信(信息)网络基础设施建设,依托通信资源建设农业农村大数据中心,尤其要推进重要农产品全产业链大数据建设,加快物联网、大数据、区块链、人工智能、第五代移动通信网络、智慧气象等现代信息技术在农业领域的应用,实施农产品出村进城工程;另一方面,要加强农业信息技术培训,向有意愿参加学习的农民提供技术培训,尤其是互联网技术的培训。要加强农业信息和服务公益性机构建设,为家庭农场、专业大户和专业合作组织等新型农业经济组织提供农业技术信息。

3. 完善适应现代农业建设和江苏实际的现代农业经营体系

一要加大新型农业经营主体培育。重点培育家庭农场、农民合作社等新型农业经营主体,解决好新型农业经营主体的人才诉求、用地诉求、财政支持诉求、营销诉求和培训诉求,不断提高新型农业经营主体发展质量。以提高合作社运行质量和发展水平为前提,鼓励发展多种形式的农村合作经济,积极开展综合合作社试点,尤其要借鉴先进的发展模式,探索推进建立集生产、加工、销售、信贷、保险、科技等功能于一体的综合性农民合作社①。鼓励农业合作组织在行业管理、行业自律、市场调查、供求预测、规模控制、技术培训、金融支持以及社会化服务等方面发挥更大作用。二要引导不同地区因地制宜推进适度规模经营。围绕土地产出最大化、农业效益最大化和农民收入最大化的导向,立足各地劳动力转移情况、城市化进程和经济社会发展水平,推进符合当地实际情况的适度规模经营。如在兼业化和纯农户较多的地区,应将发展统一服务型规模经营作为重点;在劳动力大量转移且就业创业较为稳定的地区,应鼓励发展以家庭农场和专业大户为主的规模经营;而对于就业转移较为充分且集体经济较为发达的地区,应考虑探索土地经营权入股实现合作共赢。三要引导各类农业经营主体在各自适合领域发挥优势作用。家庭农场、专业大户等经营主体应主要在种植生产环节,专业合作社应主要集中在产前和产后环节,尤其是聚焦农资、加工、储藏、销售、信贷等家庭农场、专业大户和小农户较为弱势的环节,成为合作生产的组织者、专业化服务的发起者和农民利益的保护者。农业龙头企业则应发挥其在资本、技术和市场上的优势,成为现代生产要素的集成者和小农户紧密利益联结体。四要促进小农户与现代农业有机衔接。要鼓励各地发展农业生产性服务业,帮助小农户解决自身解决不了、解决不好或难以经济合理地解决的难题,促进小农户节本增效和降低风险的同时提升农业质量、效益和竞争力。要创新工商资本、龙头企业等经营主体对小农户的带动,通过订单农业、入股分红、托管服务等方式,将小农户融入农业产业链。要增强小农户与现代农业发展有机衔接的能力,大力培育新型职业农民,制定全省新型职

---

① 吴沛良:《以深化改革为动力 开创农业现代化新局面——对江苏农业农村改革发展的若干思考》,《农民日报》2013年12月17日。

业农民发展规划和培育计划,建立新的农业职业教育模式和职业农民认证制度;系统开展科技、市场、互联网、法律等现代化知识的教育培训,全面提升务农人员素质;引导小农户参与合作社,发展农业保险等。

4. 完善农产品质量安全控制体系和农业标准化建设体系

一要实施农产品品牌战略。要推进农产品供给向中高端迈进,培育江苏特色优质农产品品牌,尤其是要打响一批有影响的"苏"字号区域公用品牌、知名企业品牌和名特优农产品品牌。鼓励各地立足资源禀赋选择1~2个发展重点,打造县域优势特色农产品,强化农产品地理标志和商标保护,开展形式多样的农产品品牌推介,支持农业龙头企业参加境内外农产品展销,"走出去"拓展国际市场。二要健全农业标准体系。以主导产业为重点,加强农产品生产加工环节标准的制(修)订与推广,健全完善符合江苏现代农业发展要求的相关农业地方标准,推动江苏农业龙头企业参与或主导制定农业行业标准、国家标准,提高农业生产的标准化水平。三要完善农产品质量安全控制体系。推广安全优质农产品生产、绿色防控等技术,严格管制乱用、滥用农业投入品,促进化肥减量增效,继续开展农药使用零增长行动,形成统配统供、统防统治的农业投入品使用模式,可探索建立农业投入品电子追溯制度。各地方可建立生产精细化管理与产品品质控制体系,建立健全追溯体系,强化全过程农产品质量安全和食品安全监管制度,加强县乡一级食品、农产品质量安全监测体系和监管能力建设。

5. 加大对现代农业建设的政策扶持力度

重点是从符合我省农业现代化发展阶段和绿箱政策的规定出发,以完善补贴政策和提高农业风险抵抗能力为重点,加大对我省农业现代化建设的扶持力度。一要完善农业补贴政策。以绿色生态为导向,增强农业补贴政策效能,完善粮食主产区利益补偿机制,确保全省种粮主体利益不受损或者少受损。建立明确目标群体的特惠型扶持政策体系,由"大水漫灌"转向"精准滴灌",注重对绿色农业发展机具、高性能机具以及保证粮食等主要农产品生产机具实行敞开补贴,实施绿色生产技术标准推广补贴计划。二要提高农业风险抵御能力。一方面,要完善农业风险管理和灾害预警体系,实现农业、水利和气象等相关部门的信息共享,优化对新型农业经营主体和小农户的信息服务。另一方面,要完善农业保险扶持政策。首先要扩大农业保险补贴范围,大力发展经济作物、养殖项目以及高效农业保险,增加农业保费补贴品种,加大主要农产品保费补贴,提高保障水平。其次,在支持保险机构开展特色优势农产品保险、农机具保险、渔业养殖政策保险的同时,鼓励保险机构探索农产品成本价格保险、区域产量保险、收入保险、天气指数保险等创新型农业保险险种。再次,要完善商业保险、再保险和政府巨灾保险准备金相结合的大灾风险防范机制,提升农业保险规范化、精细化、专业化管理水平。

6. 完善社会资本和人才流向现代农业的体制机制

将传统农业改造为现代农业,关键要有先进的生产要素投入农业。尤其是在江苏当前推进现代农业迈上新台阶,加快率先实现农业现代化的关键时期,完善社会资本、技术、人才流向农业的体制机制非常关键。首先,要通过制定扶持政策,如建设用地、奖补力度、金融支持和用水征收水资源费减免等优惠政策,引导资本、技术和人才流向农业。其次,要引导要素流向农业的生产环节领域。从国际经验来看,社会资本投入农业的领域应充分发挥其在资金、技术、发展理念、农场规模和产业链一体化等方面的比较优势,在逐利性的诱导下应更多地将触角伸向季节性影响较弱、现代科技较为可控、附加价值较高的农产品经营领域;以及将触角伸向家庭农场等新型农业经营主体或小农户难以有效发挥作用的领域,如乡村生产性服务业、乡村旅游业、乡村生活服务业等。相对而言,社会资本等要素在上述领域更有能力和实力发挥在产业链、供应链协调整合方面的优势,取得规模经济、范围经济和分工协作效应。再次,要规范社会资本流向农业的边界,鼓励社会资本大部分进入其更具优势的产业链后端等领域,同时要发挥将小农户融入到现代农业中去的作用;设立政策防火墙,避免出现发生侵犯农民利益,防止耕地非农化等问题。最后,要营造良好的软环境。要系统性地看待社会资本、科技和人才与现代农业建设的关系,引导上述先进要素流向农业,最关键的是要将先进要素留在农业农村。为此,要加大农村医疗、就学、就业、服务等配套建设,通过给予荣誉、机会、激励和保障吸引和留住先进要素,并且要提升乡村有效治理水平改善各类先进要素资源下乡的软环境,提升农业农村对社会资本、技术和人才的吸引力。

参考文献

[1] MELLOR J W. The Economics of Agricultural Development[M]. Ithaca, N. Y.: Cornell University Press, 1966.

[2] WERTZ J R. A Newtonian Big-Bang Hierarchical Cosmological Model[J]. The Astrophysical Journal, 1971: 164-227.

[3] 包宗顺. 江苏农业供给侧结构性改革:挑战、任务与对策[J]. 经济动态与评论, 2017(1).

[4] 曹俊杰, 刘国华. 发展现代农业:国际经验与中国模式[J]. 世界经济与政治论坛, 2004(7).

[5] 江苏省统计局. 数说江苏70年:70年风雨历程 "三农"发展铸辉煌[EB/OL]. http://tj.jiangsu.gov.cn/art/2019/9/5/art_4031_8703275.html.

[6] 姜松. 西部农业现代化演进过程及机理研究[D]. 西南大学博士论文, 2014.

[7] 姜长云,张立冬.美国公司农场的发展与启示[J].世界农业,2014(4).

[8] 姜长云.龙头企业与农民合作社、家庭农场发展关系研究[J].社会科学战线,2018(2).

[9] 李航.湖南农业现代化建设模式与路径研究[D].湖南农业大学博士论文,2013.

[10] 李克强.以改革创新为动力　加快推进农业现代化[J].求是,2015(4).

[11] 宁新田.我国农业现代化路径研究[D].中共中央党校博士论文,2013.

[12] 农业部软科学委员会课题组.中国农业发展新阶段[M].北京:中国农业出版社,2000.

[13] 舒尔茨.改造传统农业[M].北京:商务印书馆,1987.

[14] 速水·佑次郎,弗农·拉坦.农业发展的国际分析[M].北京:中国社会科学出版社,2000.

[15] 孙纲.黑龙江县域农业现代化路径选择研究[D].东北林业大学博士论文,2016.

[16] 吴沛良.以深化改革为动力　开创农业现代化新局面——对江苏农业农村改革发展的若干思考[J].农民日报,2013.

[17] 叶前林,何伦志.美国推进农业现代化发展的做法和启示[J].经济纵横,2014(4).

[18] 臧云鹏.农业现代化的发展历程与未来方向[J].国家治理,2019(9).

[19] 张治会.西南山区农业现代化研究——以四川省攀枝花市为例[D].中国农业科学院博士论文,2017.

[20] 周尤正.中国特色农业现代化道路论[D].武汉大学博士论文,2014.

第三章　大力发展乡村特色产业

产业旺,则乡村兴;而产业兴旺的核心则是乡村特色产业的发展。2019年4月,江苏省农业农村厅根据中央和省委一号文件精神,对照《江苏省乡村振兴十项重点工程实施方案(2018—2022年)》,特别出台了《现代农业提质增效工程千亿元级特色产业发展规划和专项行动方案》,研究制定了全省包括优质稻米等在内的8个千亿级乡村优势特色产业发展规划,由此足见其重要性。本章从概念和理论出发,结合江苏的发展实践,讨论乡村特色产业该如何发展。第一部分是关于乡村特色产业的理论基础,从内涵出发,阐述乡村特色产业的发展在乡村振兴中的地位与作用,并介绍发达国家的发展经验;第二部分聚焦江苏的农业特色产业;第三部分和第四部分则拓展到农业以外,重点研究近年来兴起的江苏乡村非农特色产业——乡村旅游和农村电子商务,以江苏乡村的特色产业发展现状为基础,发掘其中尚存的问题,最终基于问题给出对策建议。

第一节 乡村特色产业的内涵与意义

近年来,随着三农问题广受关注,乡村振兴战略全面实施,乡村产业特别是乡村特色产业成为被频繁讨论的词条。讨论乡村特色产业,首先要厘清其具体内涵,明确其发展意义。其次,通过梳理其他发达国家和地区乡村特色产业的发展历程,也有助于加深对乡村特色产业的理解,获得经验和启示。

一、乡村特色产业发展的内涵

从最直观的理解来说,乡村特色产业就是乡村地域范围内特色行业的集聚。然而,要仔细辨析什么是乡村特色产业,必须弄清楚以下几个问题:什么是"特色产业"和"乡村特色",这些特色的成因是什么。

1. 特色产业

首先来看特色,顾名思义,就是不同于别处的特点。这个特点可以是各个方面的,特点的突出程度也有大有小。广义来说,只要在某一方面略显突出,即可称之为特色,包括特色的品种、特色的生产方式等等,甚至产业规模大也可以称为特色。狭义的特色就涉及到具体情况、具体要求。本章谈到的所有现实中的乡村特色产业,均不超过实践中人们约定俗成的认知范围。此外,这里还包含了一个隐藏的范围限定:既然特色是通过与别处对比而体现的,那么特色产业或者乡村特色产业必须在一定的区域范围内得到体现。这个区域范围可以是省、市、县、镇村等不同等级的,在这一区域的一些产业,与别的同等级的区域相比,呈现出一定的特点,那么这些产业就可以称为这一区域的特色产业。因此,有省级和市级的特色产业,也有镇村级别的特色产业,如许多规划里提到的"一镇一品""一村一品"等。江苏省的乡村特色产业主要包含优质稻米、绿色蔬菜等8

个,而徐州市的乡村特色产业就主要包含大蒜、食用菌等8个。需要进一步明确的是,特色产业的特色是体现在产业层面上的,也就是说这一特色必须是区域范围内产业整体都具备的特点,或者由组成产业的各个主体联合呈现,而不仅是一个或者部分经营主体具备的特点。换句话说,特色产业必须在区域范围内达到一定的规模和强度。一些地区开始探索绿色循环种养殖业的发展,但仅有1~2家农业企业进行,没有大规模带动其他经营主体,也就不能称之为特色产业。

2. 乡村特色产业

乡村特色产业都是和特定区域范围的乡村相联系的。特色产业之所以和乡村产生联系,大致包括以下三种情况。第一,和农业相关的乡村特色产业。农业是乡村地区特有的产业类型,和农业相关的乡村特色产业是最自然也是最容易形成的。大多数乡村特色产业都属于这一类型,如苏北地区的优质稻米,高淳的大闸蟹。第二,和乡村社会、文化、历史等相关的乡村特色产业。除了乡村经济形态,能产生产业特色的还可能与乡村的社会形态相关,这些社会形态包括乡村特有的生态环境、生活状态、历史和文化等。在此基础上产生的特色产业可能是手工制造业,也可能是休闲养生旅游业等服务业。如徐州马庄的香包产业,再如南京江宁的乡村旅游产业。第三,就是虽然位于乡村,但和农业以及乡村社会形态都没有关系的产业。这类产业能成为乡村特色产业但不利用任何乡村特色资源,乍看是矛盾的,然而近十年来日渐兴起的网络技术、电子商务以及物流产业使之成为可能。这类产业经常以电子商务和网络营销为基础,由区域范围内少数的人首先发起,再带动周边劳动力和经营者加入,产生学习和集聚效应,最终形成独具特色的乡村产业。这些产业的产品通常技术含量不高、能够通过网络平台销售,可以充分利用乡村地区劳动力充沛、价格低廉,或者生产场所成本较低等优势。如灌云县东王集镇的情趣内衣产业,沭阳县的家具加工产业等。

3. 乡村特色产业的成因

通过上面的分类可以看出,乡村特色产业的成因无外乎拥有具备竞争优势的资源或者生产要素。资源或者生产要素的竞争优势往往体现在两个方面:独特或价格低廉。独特的资源和生产要素往往和第一类和第二类乡村特色产业有关,即农业农村相关的乡村特色产业。这些独特的资源往往包括,独特的种质资源如苏州湖羊,独特的地理气候环境如阳澄湖大闸蟹,独特的区位条件如江宁区乡村旅游产业,独特的人文历史文化如马庄香包,等等。这些独特的资源使得这些区域的乡村特色产业生产出的产品品质较高,与市场竞品形成一定的差异,且竞争对手短期内难以复制,为产业的聚集打下了良好的基础。而低价的生产要素则和上文所述的第三类乡村特色产业相关,也就是近年来随着电子商务的兴起在乡村地区广泛出现的小型劳动力密集型加工制造业。因为乡村地区在劳动力价格、经营场所租金等方面具有显著的竞争优势,吸引小型加工制造业转移,再凭借低廉的成本和价格迅速在行业市场生存扎根,形成另一种竞争优势。当最初的生产经营者摸索出一套较为稳定的生产经营方式,产品或服务得到市场的认可以后,区域内开始出现模仿者和追随者,随着同行业的企业或者生产经营主体数量越来越多,就集聚形成了乡村特色产业。相关产业的形成,产生规模效应,带来物流和营销等成本的降低,形成良性循环,进一步促进了产业本身的发展。

4. 乡村特色产业的内涵

综上所述,乡村特色产业的涵义如下:在一定的区域范围内,因为具备独特的资源或者低价的生产要素,而形成的具备一定规模的特定产业或者行业集聚;这些产业大多与农业、农村有关,但也可以无关;生产出的产品或服务或品质较高,或与市场中其他竞品存在一定的差异,或成本较低,因此具备一定的竞争优势。

二、发展乡村特色产业的意义

发展乡村特色产业的重要意义主要集中在两个维度上：一是"发展"的维度，二是"保护"的维度。发展主要考虑特色产业给乡村的经济、社会、居民带来的收益，聚焦于对外部区域环境的正面影响——往往是经济方面的影响，并由此引发带动社会、文化等方面的连锁积极反应。保护则更多地聚焦于乡村特色产业本身或者产业背后所代表的特有资源，这些特色产业曾经兴旺，但可能随着时代的变迁，市场需求的变换，产生衰退或者有此迹象。换句话说，这些乡村特色产业的经济价值下降，但仍存在着一定的文化和历史价值。当市场不再选择这些产业，则需要由公共部门提供保护。需要特别指出，这些产业的经济价值下降并非意味着永远如此，随着科技进步和市场新需求的开发，有些特有产业和特有资源可能会重新焕发活力，这就更需要保护好这些乡村特色产业、特色资源、特色工艺。可以想见，发展和保护不是对立的关系。从某种意义上来说，发展即最好的保护，而保护也是为了更好的发展。

1. 有利于推动乡村经济的发展

乡村特色产业是乡村产业中最具特色、活力以及竞争优势的一部分，是推动乡村产业兴旺、经济发展的主引擎。发展乡村特色产业，是对乡村本身特有的资源和丰沛生产要素的充分利用，是从实际出发的资源优化配置。而独特的资源或廉价生产要素，又帮助乡村特色产业形成天然的竞争优势，为创新创意带来优渥的环境，有利于产业长久保持活力，持续带动地区乡村经济健康发展。此外乡村特色产业的发展，又会带动周边相关生产性服务行业的发展，如物流、电子商务、科技服务等，形成辐射区域的产业集群。

2. 有利于缓解乡村社会中存在的矛盾

乡村特色产业的发展能够创造大量的就业岗位，提高乡村居民就地就业的水平，有利于缓解或者解决乡村社会中存在的部分矛盾。一方面，乡村特色产业的发展直接为一些居民提供了就近就业的机会。对于一部分因为种种原因无法离乡离土的低收入农户而言,乡村特色产业为他们提供了就近的就业机会,这对其脱贫致富有巨大的帮助。对于一些需要照料老人和儿童,或者病人残疾人的农户来说,乡村特色产业的发展也提供了另一种收入更高、离家更近的就业选择,能够有效减少留守儿童、留守老人的数量。同时离家更近意味着其各方面的保障强度更高,保障成本更低,生活幸福感更强。另一方面,乡村特色产业的发展有利于提高当地居民的收入,实现生活富裕。产业化的经营意味着分工、专业化、规模化,各项成本的降低。在农业发展中,这种产业化的经营比起小农户的传统经营模式必然效率更高,从农户选择角度而言,可以获得更多土地和劳动力的回报。在利润比农业更高的加工业、服务业中,更是将农户变成工人或者服务人员灵活获取劳动报酬。这些都有利于进一步提高农村居民收入,缩小城乡收入差距。

3. 有利于保护乡村自然环境和人文历史文化资源

乡村作为民族文化和地域文化的载体,有着大量、丰富的特色资源。随着工业化、城镇化进程的加速,这些属于乡村独有的景观和人文特色资源也日渐被忽视,慢慢消失。发展即保护,对这些乡村特有资源的价值再开发,有利于让式微的乡村特色重新进入社会视野,发挥其新功效,留住乡村特有的美。近年来各地蓬勃发展的乡村旅游产业就是这样一种挖掘乡村特色新价值的产业。此外,一些基于农业发展的乡村特色产业,完全从当地的特有资源、自然条件等出发,通常有着悠久的发展历史,生产效率高的同时,也能完全融合进生态大环境,往往是被实践证明能与当地生态环境协同可持续发展的产业。

三、国外乡村特色产业发展案例

世界上许多国家和地区,都基于自己的资源和优势,形成了较为成熟的乡村特色产业。这里选取美国加州葡萄酒产业和荷兰的花卉产业作为案例,介绍国外乡村特色产业的发展状况。

1. 美国加州葡萄酒产业

过去三十年以来,美国加州的葡萄酒产业异军突起,打破了由欧洲老牌葡萄酒产地法国、意大利等国统治业内的局面,成为全球葡萄酒的重要产地。加州的葡萄酒在品质和稳定性上已经达到了甚至超过了世界上其他葡萄酒产区。

加州是美国第一的农业大省,同时食品加工业也很发达。Dole, Campbell Soup, Frito-Lay, Sun Maid Raisins 等食品加工的龙头企业以及合作社都位于加州。同时加州的餐饮业、旅游业等也声名在外,加州的旅游业每年营业收入可达到600亿美元,带动就业67万人左右。

加州的葡萄种植和葡萄酒酿造源于西班牙殖民者的传入,但产业的兴旺发达则是历史的偶然。18世纪以来,西班牙殖民者开始在加州种植葡萄和酿造祭祀用葡萄酒。19世纪三四十年代随着加州淘金和圈地热潮的兴起,移民大量涌入,商业酒庄开始出现,包括鼎鼎有名的纳帕谷(Napa Valley)。1860年左右,葡萄根瘤蚜摧毁了大部分欧洲酒庄的葡萄园,这种病虫虽然是从美国东海岸输出的,但美国土生土长的葡萄根却对其免疫。于是,欧洲殖民者将欧洲葡萄的品种嫁接到美国葡萄的植株上,有效避免了加州葡萄酒庄的病虫灾,这使得加州葡萄酒产业逆风而兴,成为了美国葡萄酒的第一生产大州。

随着时间的推移,这一产业在加州逐步发展强盛,最终成为了领先世界的农业特色产业,主要原因包括以下几个。

第一,科学技术的强劲支撑。首先相关科技的发展消除了加州葡萄酒与欧洲竞品之间的质量差距,使得加州葡萄酒的品质更佳且更稳定,传统欧洲酿酒依靠的是酿酒师的感觉和长期积攒的实践经验。而20世纪六七十年代起,加州的酿酒师已经开始使用定量分析和新技术。加州葡萄种植和葡萄酒酿造的研发和创新采用了私人酿酒商和公立大学双线并行的模式。一般的大型酿酒商设立内部研究机构和研究室,也通过学徒制来培训新的酿酒师。加州大学戴维斯分校也在加州葡萄种植、葡萄酒酿造的科技进步和推广中扮演了重要的角色。19世纪70年代,葡萄根瘤蚜虫灾抵达加州,戴维斯分校开办了葡萄栽培和酿造系,在葡萄的病虫害防治、机械化采摘、滴灌、嫁接技术等方面作出了不可忽视的贡献。如为了方便机械采摘,达到葡萄种植的最大产能,20世纪20年代,戴维斯分校就努力推广了8×12空间耕作法,即葡萄植株纵向间隔12英尺,横向间隔8英尺种植,每英亩能种454棵葡萄。同时,戴维斯分校还负责培训葡萄种植专家和酿酒专家,提供专门的科研项目和培训课程。

第二,产业链的延伸和集聚。虽然加州的葡萄酒产业并非以葡萄种植为基础,但加州结合本地的产业基础,以酿酒为中心向上下游延伸,发展出了种植、酿造、包装和贴标、运输、出口等一整条高度集成的葡萄酒产业链,并向乡村旅游、餐饮业辐射,形成了极为亮眼的区域特色产业。整个加州约有4 000个葡萄种植主体,虽然葡萄酒庄也直接种植酿酒葡萄,但85%的酿酒葡萄仍然来自个体种植户的种植。一方面,酒庄自己种植葡萄用于酿造优质葡萄酒。另一方面,酒庄向个体种植户采购酿造优质酒的葡萄,为了品质的稳定,一般签订3~7年的长期合同;酿造大众酒(Jug wine)的葡萄,合同则是一年一签。他们成立了加州酿酒葡萄种植协会(CAWG)代表酒庄和个体种植农户,对外向州政府和联邦政府游说和争取利益,对内加强技术推广、提升葡萄质量,促进加州酿酒葡萄种植业的发展。加州有超过740家的葡萄酒庄,其中10家最大的酒庄产量超过全州产量的80%,这其中包括全世界最大的葡萄酒庄E&J Gallo。这些酒庄也成立了葡萄酒学会,代表行业进行政策和福利的争取。葡萄酒的生产,也带动了葡萄酒包装产业的兴旺,加州葡萄酒瓶玻璃产业的年产值超过了10亿美元。

第三,对酿酒葡萄和葡萄酒的信息透明化管理。农产品交易通常存在着信息不对称,而葡萄酒对葡萄的品质和稳定性要求很高。因此加州的法律在酿酒葡萄采购,和葡萄酒贴标分销两个环节,对葡萄和葡萄酒的信息进行了公开透明化的管理,使得买卖双方清晰知晓葡萄和葡萄酒的品质信息,交易更加公平透明。在酿酒葡萄采购的环节,葡萄的价格、重量、含糖量必须按照法规报送给州政府,再由州政府根据葡萄的品种、种植区域公开;葡萄种植者也可以自愿出具独立报告,分品种、区域公开自己的葡萄种植面积。在葡萄酒分销的环节,按照联邦出具的指南,葡萄的来源、收获年份、品种等信息都要标注于外包装的标签中。美国烟酒和枪支管理局对葡萄酒标签上的原产地标识做出了详细的规定:带有"加州原产"标识的葡萄酒,酿酒葡萄必须100%来自加州;带有具体的葡萄种植地区标识的葡萄酒,至少85%的酿酒葡萄必须来自其标识的地区;带有具体酿酒葡萄收获年份标识的葡萄酒,至少95%的葡萄必须来自标识年份;带有品种葡萄酿制标识的葡萄酒,至少75%的葡萄必须是其标识的葡萄品种。

2. 荷兰花卉产业

荷兰有着悠久的国际贸易历史,交通运输和物流系统发达,人口受教育水平高,金融市场发达,税率低,营商环境佳。从产业结构来看,服务业占全国GDP的73%,农业作为基础产业仅占荷兰GDP的2%,然而农产品的出口却占了17%(2008)。花卉产业,包括鲜切花、盆栽植物、培植材料等,是荷兰的农业特色产业,占农业总产值的27%,占出口农产品的35%,带动了近50万就业。

荷兰的花卉产业从郁金香的种植和培育开始。1570年左右,郁金香首次从土耳其进口到荷兰,最开始因为研究需要而种植。荷兰沿海的沙土很适合郁金香生长,随着培植数量的增多,变异的品种出现,花朵的观赏性进一步增强。郁金香在荷兰大受欢迎,甚至成为了一种"硬通货"。19世纪,荷兰开始商业化的花卉种植,到了20世纪,随着科技的不断进步,种植设施逐步升级,从最初的温室到后来的玻璃花房和天然气取暖,花卉的产量、质量不断提高,新品种也不断出现。20世纪初,为了更好地维护种植者利益,对抗中间商,花卉交易组织和拍卖所也开始出现,形成了现今荷兰花卉拍卖交易的雏形。随着荷兰花卉贸易从欧洲扩展到世界各地,水陆空相结合的物流链也逐步建立起来。同时,设立起植物进出口的检验检疫,以及园艺产业发展的环保标准,以保障产业的可持续发展。

除了广为人知的拍卖交易机制以外,先进的特殊农资供应系统,健全的物流和分销体系,以及持续的科研创新驱动,都是花卉产业发展成为荷兰独领风骚的农业特色产业的重要原因。

第一,先进的特殊农资供应系统。花卉的种植不同于一般的农作物,除了生产环节的种植、培育,对育种、温室建造、农机等上游环节均有特殊的要求。品种是花卉种植培育的核心,荷兰的种业处于世界领先水平,花卉新品种的培育和繁殖一般也在专门的机构或公司进行。育种公司通常通过欧盟的社区植物品种管理办公室(CPVO)对新品种进行注册,以保护花卉品种的知识产权。温室也是花卉种植生长的必要基础设施,在荷兰大约有20家左右专门从事温室建造的公司,占领了80%气候温和地区的温室建造市场。在政府的资助和税收优惠支持下,温室技术不断完善,往更加节能环保的方向发展。因为荷兰的劳动力价格较高,因此花卉的生产需要使用特殊的农业机械来代替人工的投入,应用于剪切、除叶、打包等特殊环节。而对花卉生产机械化的金融支持,主要通过一家专业的农业合作银行Rabobank来完成。

第二,健全的物流和分销体系。荷兰不仅是花卉和园艺植物的产地,同时也是世界花卉和园艺植物的集散中心。2008年荷兰大约有693家公司从事花卉的出口,152家公司专门从事花卉的进口,路上行驶的卡车十分之一都是用来运输花卉的。近距离的花卉运输都通过冷链卡车,或者火车以及短途海运来完成，一般最晚第二天早晨就能到达。远距离的运输则通过飞机空运来完成，一般在第二天也能够到达。冷链卡车先将花卉从产地或者拍卖地运送到机场，机场的真空冷藏设施对花卉进行上飞机之前的降温和短暂储存。专门运输花卉的飞机上也设计建设了冷藏仓库，用来保障运输过程中的保鲜。

第三，持续的科研创新驱动。著名的瓦赫宁根大学国际植物研究中心专门对鲜切花生产和贸易的方方面面展开研究，包括除草剂的使用，生物育种，蜜蜂的作用，温室园艺的最优组合，作物保护，增产，供应链管理，花卉质量管理，等等。位于 Lisse 的私人研究机构花朵研究中心（The Flower Bulb Research Center）则对花卉种植的生理基础，环境影响等展开研究，并且对植物病展开诊断、分析和给出建议。莱顿大学的植物花园则负责收集和保存花卉品种，保持生物的多样性。同时荷兰还有 6 个农业教育机构，7 个地区教育中心，负责对从事园艺工作的学生开展培训。大学里也设置了相关专业，提供高等级的教育。

第二节 聚焦农业特色产业

江苏地处长江中下游平原，水源丰沛，土壤肥沃，气候适宜，自然条件优越，种植物种类繁多，农业发展的历史悠久，经济和社会发展水平也处于全国的前列。在这样的背景下，江苏农业特色产业的历史也由来已久，并且随着时代和社会的变迁，农业特色产业的结构、生产组织方式也在不断更新调整，为乡村的产业兴旺、社会振兴提供了强大的助力。本节将对江苏的农业特色产业进行介绍，并分析当前存在的问题，提出未来发展对策建议。

一、江苏农业特色产业发展现状

江苏的农业特色产业起步早,转型快,经过多年的努力,已然初具规模。当前江苏农业特色产业结构清晰,规划明确;产业集群化发展迅速,组织程度较高;科技创新发力,品牌效应初显,网络营销遍地开花。

1. 农业特色产业结构清晰,发展规划明确

近年来,在发达的传统农业基础上,江苏的农业现代化进程持续推进,省、市、县各级依据自身的传统、优势以及市场需求,形成了一套结构清晰、特色鲜明、又有活力的农业特色产业体系,并有针对性地作出了明确的发展规划。《现代农业提质增效工程千亿元级特色产业发展规划和专项行动方案》中提到的优质稻米、绿色蔬菜、特色水产、规模畜禽、现代种业、林木种苗和林下经济六大产业均属于农业特色产业。这些产业在江苏有着悠久的历史,属于传统农业特色产业,在规模、产量、质量等各方面已有较为扎实的基础。省级的规划则充分尊重了产业基础,并对各项农业特色产业提出了更加现代化的发展目标。以稻米产业为例,全省水稻常年种植面积3 300万亩左右,稻谷总产380多亿斤、居全国第四,亩产1 100斤左右、居全国水稻主产省第一,粳稻占全省水稻的90%以上。2017年全省优良食味水稻种植、面积约700万亩,产值约400亿元。在此基础上,省级规划提出要通过加强品种创制、加强绿色高效生态技术集成示范、加强产业融合发展、加强品牌培育、加强产业推介,做强优质稻米产业,打造新时代的"鱼米之乡"。除省级规划以外,各市、县也均制定了明晰的农业特色产业规划布局,如徐州市提出做精大蒜、食用菌、花卉、银杏、板材、肉羊、奶牛、观赏鱼八大特色产业,新沂市提出培育有机稻麦、优质粮油、绿色果蔬、花卉苗木、健康养殖五大优势特色产业,等等。

2. 农业特色产业集群化发展迅速,组织程度提高

在形成农业特色产业的基础上,各级政府积极引导各类生产要素向区域空间集聚,延长产业链,优化配套生产性服务和公共服务,加强经营

主体间的交流合作,促进分工,扩大规模效应,提升生产效率,在全省各地形成了各类农业特色产业集群,强化了区域农业特色产业的竞争优势。其中,较具代表性的包括丰县果品、沭阳苗木、阜宁生猪、宝应莲藕、阳澄湖大闸蟹等。以宝应的莲藕产业为例,莲藕种植是宝应县的传统特色产业,进入21世纪以来,在莲藕种植的基础上,形成了集种植、加工、批发流通、品牌营销为一体的产业集群模式。宝应的莲藕产业集群以荷仙、五琼浆等近50家加工企业为核心,生产保鲜、盐渍、水煮等八大系列的莲藕加工商品,通过全县200多个合作社以及其他流通服务组织,连接2 500多名种植户及其他相关从业人员,种植规模达到20万亩,商品藕的年产量超过30万吨,产值达到10.6亿元,创汇3 500万美元①。龙头企业起到了核心驱动的作用,集聚相关行业的相关要素,提高了产业内的组织化程度;种植、流通以及其他环节的经营主体又受到外部环境的影响,通过合作社、家庭农场等方式扩大规模,提高了环节内的组织程度,最终从总体上提升了区域内部产业的效率和竞争力。

3. 科技创新发力,品牌效应初显,网络营销遍地开花

进入"十三五"以来,社会整体经济和技术都在经历一个转型升级的质变过程,在这样的背景下,农业特色产业同样产生了适应性的转变提升。其中,农业科技、品牌和网络的影响尤为显著。

首先,科技创新在江苏农业特色产业发展中的作用逐步提高。随着社会经济的发展,农产品的市场需求也在不断地发生变化,对高品质、绿色农产品的需求越来越大;同时,农村本身的社会和经济环境也在改变,青壮年劳动力数量下降,各项基础设施建设水平提高,社会化生产性服务的供给加强。产品市场和要素市场的双重变化亟需生产经营方式转变,

---

① 林大燕、严昊:《江苏特色产业集群发展研究》,《南京理工大学学报(社会科学版)》2018年4月第31卷第2期,第50—54页。

在这一转变中农业科技创新起到了举足轻重的作用。顺应产品市场端的需求,科技创新为农业特色产业带来了更优的种质和更先进的生产技术;顺应要素市场端的需求,科技创新为农业特色产业带来了提高劳动效率、替代劳动力投入的机械设备,等等。句容市茅山镇丁庄村的葡萄产业,就是一个不断将新技术纳入产业发展,发生脱胎换骨式飞跃的案例。为了提高葡萄的品质,丁庄的葡萄种植户从统一种植技术保证统一品质的标准化种植开始,进入了丁庄葡萄产业发展的1.0时代;大棚种植、避雨栽培技术被全面纳入丁庄葡萄种植的2.0时代;在葡萄种植的3.0时代,丁庄村80后的"葡二代"作为新一代的技术骨干,前往日本学习优质葡萄的种植技术,经过模仿、改进、试验,如今的丁庄葡萄外观、糖分、品质均达到了高端标准,获得了市场的广泛认可[①]。

其次,品牌带动农业特色产业发展的效应开始初步显现。农业特色产业的形成发展有赖于独特的种质资源、气候条件、地理位置等,产品特色显著,区域划分明显,非常有利于形成辨识度较高的农产品品牌。但特色农产品品牌的建立不是自然而然发生的。企业的品牌需要企业去创建。一个区域的特色农产品品牌则需要政府、行业协会等公共部门牵头,围绕本地的特色农业产业去进行建设和维护。品牌的创建可以深入刻画特色农产品的价值和特色,便于传播和口碑的积累,进而形成品牌影响力,是区域农业特色产业竞争优势的再提高。当前,江苏已经建立起了射阳大米、盱眙龙虾、高邮鸭蛋、阳山水蜜桃、阳澄湖大闸蟹等一系列区域特色农产品品牌。到2017年底,江苏共培养"三品一标"18 008个,注册257件地理标志商标[②]。

---

① 蔡金华,王建华等:《区域特色农业建立的思考》,《现代农业》2019年第1期,第68-70页。

② 夏礼祝:《江苏特色农产品区域品牌:形成机理、建设现状与发展对策》,《太原城市职业技术学院学报》2019年第8期。

表 3.1　江苏省区域公用品牌价值排行榜　　　　单位:亿元

排名	品牌名称	品牌价值
1	射阳大米	59.58
2	盱眙龙虾	51.78
3	高邮鸭蛋	40.76
4	淮安大米	38.59
5	兴化香葱	38.15
6	洞庭山碧螺春	34.23
7	固城湖螃蟹	32.84
8	滨海白首乌	25.74
9	宝应荷藕	21.09
10	洪泽湖大闸蟹	18.7
11	金坛雀舌	9.77
12	茅山长青	9.46
13	阳山水蜜桃	6.36
14	吕四海蜇	5.12

数据来源:中国农产品区域公共品牌价值排行榜。

最后,网络营销大大助力农业特色产业的发展。农业特色产业是在特定区域范围内存在的,这种"区域限定"商品一方面保存了其特色,另一方面也限制了其所辐射的消费市场。电子商务和冷链物流产业的发展,突破了特色农产品远程营销和运输的瓶颈,为区域农业特色产业带来了一波新繁荣。从 2014 年开始,江苏省就持续投入财政资金支持促进农村电商发展。到 2018 年江苏的农产品网络销售额达 470 亿元,新增省级"一村一品一店"示范村 376 个,累计建成县级农业电商产业园或涉农电商创业园 50 个以上。截至 2019 年,江苏淘宝村数量达 615 个,名列全国第三①。花卉苗木是沭阳县的农业特色产业,2018年沭阳县销售花卉苗木的网店达到4万家,花卉苗木及相关产业的电商销售额突破百亿,带动从业人员25万。类似的还有丰县苹果、南京盐水鸭、昆山阳澄湖大闸蟹产业等。

二、江苏农业特色产业发展存在的问题

虽然江苏的农业特色产业发展取得了显著的成效,但也仍然面临着特色稀释、产业链短、资源稀缺、难以吸引优秀人才的发展困境。

1. 特色稀释,产业同质化竞争严重

现代农业科学技术和网络技术如同一把双刃剑,给农业特色产业带来更多的可能性和更广阔空间的同时,也带来了更多的威胁。传统农业特色产业扎根于特定区域,拥有特有资源,形成特色或优势,辐射周边地区。但现代科技和商品经济使得相关信息更容易传播和获取,区域资源和环境造成的壁垒更容易被技术突破,特色稀释,农业特色产业变得易于模仿,独特的竞争优势更容易被消除;区域间的营销距离被缩短,运输成本更低,更多类似的特色产业和竞争对手被放到同一层面参与市场竞争,同质的产业竞争更加激烈。以大闸蟹为例,省内就有阳澄湖、太湖、固城湖三大区域,还有洪泽湖、高邮湖等产地,此外山东、辽宁的黄河口地区,安徽的沱湖地区,以及湖北的梁子湖地区均纷纷加入了大闸蟹养殖的行列,随着行业进入者越来越多,产业的竞争也越来越激烈。从2015年到2018年,我国大闸蟹市场规模扩大了80%,江苏传统产蟹名地阳澄湖大闸蟹的销量和品牌影响力却在持续下降。除了政府出于对环境保护和可持续发展的考虑,以及社会大环境对高端水产品的销售影响以外,竞争对手的增多,特色优势不再,也是一个重要原因。

---

① 阿里研究院等:《淘宝十年:数字经济促进乡村振兴之路》,2019年8月。

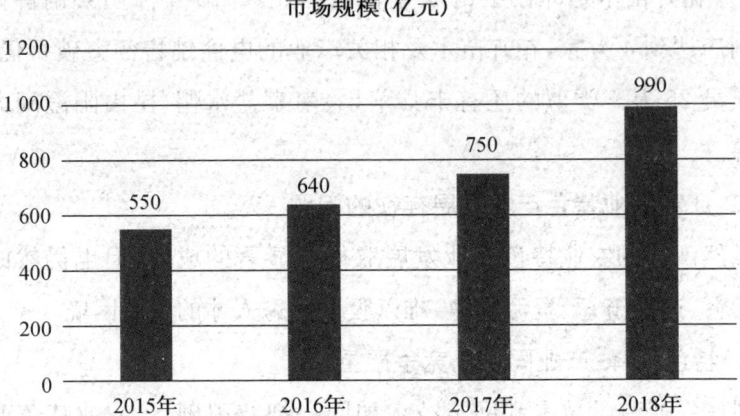

图 3.1　2015—2018 年我国大闸蟹规模情况　单位：亿元[①]

数据来源：中国产业信息研究院。

2. 产业链较短，特色农产品附加值低

虽然近年来，全省各地涌现出一批农业特色产业集群，但大多只是初具雏形，还处在初级阶段，产业链向上下游的延伸不足，产业链较短。特色农产品大多以生鲜农产品的方式直接出售，无法克服农业生产季节性强、损耗大的特点。农产品加工企业，也只是进行简单的加工制备，深加工程度不足，产品附加值不高，农业特色产业在低端集聚。仍以宝应县的莲藕产业为例，当前莲藕的加工产品共有保鲜藕、水煮藕、盐渍藕、速冻藕等 4 个初加工系列，另有糯米藕、黄金藕夹、速溶藕粉、藕汁饮料、休闲食品、荷叶茶、捶藕、藕粉圆、藕酒等 9 个即食产品系列。但出口外销仍以初加工系列产品为主，利润空间有限；内销的即食加工产品以藕粉、藕汁饮料为主，类型较为单一；其他加工产品也多以清淡淮扬口味为主，无法拓宽市场。同时莲藕加工企业虽然数量众多，但普遍规模小、经营方式落后、无力投入研发创新，带动能力弱，更有模仿侵权、虚假宣传的现象发

---

① 张利：《阳澄湖大闸蟹品牌提升对策研究》，河南工业大学博士论文，2019。

生,产业集群并未成为相互依存的利益共同体。

3. 资源稀缺,生产要素成本越来越高

农业特色产业对自然资源依赖极大,如土地、水等,还有一些必需的特殊自然资源,如特定的地形、海拔、气候等;除此以外,同一般产业一样对资金、技术、劳动力的投入都有一定的需求。然而近年来,粮食安全、生态保护等政策以及工业化城镇化进程的双重挤压,使得农业特色产业发展所需的资源越来越稀缺,要素成本原来越高,发展空间越来越小。耕地红线的划定,使得土地资源被严格限制,可供花卉苗木、经济果树等种植的空间减少,沭阳花卉苗木的生产,沂河淌片区碧根果树的种植都面临着类似的问题;环保政策的实施,限制了各种畜禽水产养殖的空间,养殖成本大大提高,阳澄湖大闸蟹连年减产,从 2014 年 2 260 吨到 2018 年仅剩 1 000 吨,也和当地政府对阳澄湖地区的环境整治不无关联;除此以外,工业化、城镇化的推进,也在不断地和农业特色产业争抢土地资源、资金资源和人才资源,苏南地区许多村镇工业化和城镇化极高,农业投入大、风险高、资金回收缓慢、利润率低,发展不被重视也是必然的结果。

4. 产业弱势,难以吸引优秀人才从业

农业特色产业的发展,不仅需要一般的劳动力,也需要具备现代化经营管理能力,敢于创新创业的高端人才,给产业带来不断创新升级的活力。然而即便是现代农业较为发达的江苏,与更加强大的工业和服务业相比,农业作为弱势产业,收益低、风险大、配套不完善,工作和生活方式也不符合年轻人的偏好,难以吸引一般青壮年劳动力,更难以吸引优秀人才。从事特色农业生产的大部分仍然是年龄大、文化程度低,对新知识、新技术接受能力较弱的留守劳动力。农业特色产业的发展常常在传统、低端的水平重复、徘徊,很难有质的提升和飞跃。即便是像无锡阳山水蜜桃、句容丁庄葡萄这样发达地区较为成功的农业特色产业,对青壮年劳动力和优秀人才的吸引力也是有限的。

三、江苏农业特色产业发展的思路和对策建议

江苏的农业特色产业已经过了起步阶段,有了较好的基础,但由于外部环境逼迫,内在实力不足,一直难以向上跃迁升级。随着乡村振兴战略的实施,江苏省、市、县、(区)各级政府均已制定了相应的规划,对农业特色产业的发展布局、发展方向和具体措施也进行了详细的规划,故在此不再针对省级层面或者具体的市县区赘述具体的发展措施。在此仅针对江苏各地所面临的一些共性的问题,给出原则性的参考思路和措施建议。

1. 发展思路

保持竞争优势是发展农业特色产业的核心。农业特色产业凭借特有的资源获得了初始的竞争优势,然而随着竞争对手的模仿,替代商品的出现,市场需求和偏好的变换,这种竞争优势会慢慢消失或者变弱,必须通过不断寻找和确立新的竞争优势,在市场中立足站稳。新的竞争优势必须保证最终产品符合市场的期待和需求,将成本控制在合理的范围之内,并且最好建立起一定的壁垒避免竞争对手的迅速模仿。其中,核心科技、品牌和口碑都是常见的有效壁垒。

适应资源环境的预算线是未来农业特色产业发展的必要条件。资源环境的预算线(Budget Line)是指,随着积极的环境和生态保护政策推进,以及存在生产要素竞争关系的工业和服务业发展,农业特色产业在现有条件下可使用的资源环境的最大边界,类似于经济学里的预算约束线。粮食安全和生态环境保护是可持续发展的必然要求。各级政府在具体的乡村振兴规划中,已经划定了农业特色产业的空间布局,对发展的空间做出了一定的预算。这样的空间布局,既是限制,也是保护——限制了工业等优势产业的无限制扩张。在这样的背景下,用于农业特色产业发展的空间和环境资源预算就是各地区全面考虑下的决定,为了保证地区的统筹发展就应该被尊重。既然资源环境的预算线难以被改变,只能通过科技创新、调整生产模式,进而改变生产经营方式去适应。

做优做强农业特色产业集群是发展的最终目标。从农业特色产业到农业特色产业集群,是整体产业结构的优化和升级,是一定空间范围内产业集中度的提高,是产业深度和复杂度加强,是集群内企业更深层次的有机联合,是更加高效、竞争优势更强、附加值更高的产业组织和发展形式。从农业特色产业到农业特色产业集群关键不在于空间和数量上的扩张,而在于产业组织内部质的改变。要通过科技创新提高产品附加值,培育关联产业,延伸上下游产业链,从而做优做强农业特色产业集群,实现农业特色产业的跃迁升级。

2. 对策建议

具体来说,可采取的一揽子措施分短、中、长期三步走:短期对既有的特色农产品和产业加强营销;中期通过打造品牌进行价值凝炼,提高市场忠诚度,同时通过发展绿色生产,适应资源环境和市场的新要求;长期要坚持不懈地进行科技创新,赋予农业特色产业发展所需的最根本的活力。

第一,在短期内,通过加强营销,梳理现有农业特色产品和产业,精准定位和连接市场,初步建立起以市场需求为引领的生产经营方向。这里所说的营销不单是指一个营销渠道,或者特定的促销手段,而是指基于产品指向市场的系统营销行为。这就需要对现有产品进行系统梳理,给产品分类定级;并明确不同类别和等级产品的市场定位,以及定价、渠道、包装、促销等的营销措施。在此基础上,确立区域农业特色产品和产业的发展定位,总体推动产业往优质化、精品化发展。对企业产品进行营销的主体是企业本身,对区域农业特色产品和产业进行营销的则是政府、行业协会等公共部门。因此,亟需推动地区特色农产品行业协会的成立和发展,发挥整合带动的职能,解决行业发展散乱问题,对农业特色产业进行整体的梳理和营销。同时鼓励发展设计、包装、配送等商业营销配套产业,为产业营销提供便捷完善的生产性服务。

第二,在中短期内,要加快区域品牌体系的建设,促进区域农业特色产品和产业的价值和口碑凝聚,形成产业竞争优势的初级壁垒。创建区域农业特色产业的品牌体系,逐步打造区域农业特色产业的品牌形象,将优质特色农产品囊括加入区域公用品牌。加强农民合作社、家庭农场品牌建设,积极开展无公害农产品、绿色食品和有机农产品认证和商标注册。建立区域农业特色产品品牌目录制度,构建区域公共品牌为龙头,企业产品品牌为主体,绿色食品、有机农产品和地理标示农产品为基础的,富有区域地方资源特色、品质特色、功能特色、历史文化内涵的农产品品牌体系。支持品牌特色农产品参加国内外展销等市场推广活动,建立一套线上线下相结合的品牌特色农产品营销体系。

第三,在中期内,要逐步优化农业特色产业的生产过程(process),推动清洁生产、绿色循环,加强资源的节约集约利用。大力推广先进实用的节水灌溉技术,不断构建和完善有利于农业节水的政策、工程、技术、管理、机制体系,全面实施区域规模化高效节水灌溉行动,进一步加大推广有机肥替代化肥,大力推广机械深施、机械追肥、带肥下种、滴灌施肥等农机农艺融合技术等,提升肥料和水资源利用率。转变病虫防控方式,大力推广化学农药替代、精准高效施药、轮换用药等科学用药技术。加快新型植保机械推广应用步伐,提高农药施用效率和利用率。拓展秸秆、农膜、畜禽粪便等农业废弃物多元化利用渠道。打造一批全程绿色循环的特色农业示范样板,带动引领区域农业特色产业的生产过程往可持续发展的方向迈进。

第四,在中长期要不断投入农业特色产业的科技创新,升级特色农产品品质,提高生产效率,形成真正的核心竞争力和高壁垒。农业科技创新的着力点一是在对特色农产品的品质上进行创新,围绕各区域的特色优势农业产业,在新品种的选育引用上进行创新;二是在特色农产品精深加工上进行突破,赋予农业加工产品更大的附加值;三是在生态绿色生产的方向上发力,适应资源环境的约束;四是在农业机械、智慧农业、农业物联网等新技术上投入,减少对劳动力投入的依赖,提高生产科学性和精准性。在研发主体上,初期可加强与科研院所、大专院校对接,借力发展,后期可建立区域自身的研发平台。同时,加强基层农技推广服务体系和农技人才培养体系建设,鼓励龙头企业、职业农民、农技人员等各类主体参与农业科技创新,加速农业科技成果转化、推广、应用。

第三节 打造乡村旅游产业

伴随着居民收入和城镇化水平的提高,越来越多的城镇居民们被乡村景观和风俗人情所吸引,并期望通过观光和参与,体验恬淡舒畅的田园生活,达到娱乐、教育、逃避城市日常生活或获得审美享受的目的,于是乡村旅游产业应运而生。地处长江中下游平原,自古被称为"江南水乡""鱼米之乡"的江苏,在广袤的乡村地区拥有着丰富的自然、人文景观和乡村文化资源。近年来,江苏的乡村旅游已成为了一项欣欣向荣的朝阳产业,在推动产业融合、增加农民就业、改善乡村环境、弘扬文明乡风、促进城乡共同繁荣方面发挥着重要作用。

一、江苏乡村旅游产业发展现状

经过十多年的努力,江苏的乡村旅游产业规模不断扩大,投资经营模式多样并举,多业融合格局初步形成,产品开发模式多种并存,标准化建设与管理逐步推进,整体产业的规模和质量在全国都名列前茅。

1. 产业规模不断扩大

截至 2019 年,江苏共有全国特色景观旅游名镇(村)30 个、全国乡村旅游重点村 13 家,江苏省特色景观旅游名镇(村)118 个。2019 年前三季度全省乡村旅游接待人数达 2.6 亿人次,同比增长 10.8%。以南京市江宁区为例,该区地处南京主城区东南部,地貌多样,历史文化深厚,并具备丰富的民间技艺和民宿文化。好山好水、田园风光吸引了大量的游客接连前来,江宁的乡村旅游产业爆发式增长。2018年江宁区共接待乡村旅游游客1 109.9万人次,旅游收入55.15亿元,接待游客人次和旅游收入连续3年保持两位数增长。

2. 多种投资经营模式并举

经过十多年摸索、培育、壮大和创新,江苏乡村旅游逐步形成了固有的一些投资发展模式。一是投资多元化。坚持"政府引导、企业等多方投入、农民自愿"的原则,广泛吸引了社会、民间资本。二是经营组织化。江苏乡村旅游的蓬勃发展,催生了经营运作模式的调整转变,由过去单一经营的弱、散、小开始向合作化方向发展,逐步形成了"政府+农户""政府+公司""公司+农户""政府+公司+农户""农企+旅行社""农民合作社""龙头企业+农户""公司+基地+农户+市场""个体农庄""股份制""股份合作制"等多元发展模式。如张家港永联村"公司化"运作模式,宜兴篱笆园"公司+基地+农户+市场"的合作模式,无锡阳山田园东方大企业引入等一系列发展模式。

3. 多业融合格局初步形成

江苏省乡村旅游产品已从最初的"观光"到"休闲",从"农家乐"简单模式到"休闲度假"体验模式转变,实现多业态要素的集聚发展、融合发展。凸显"旅游+"的时代特点,着力推进了乡村旅游+最美乡村建设、乡村旅游+生态镇村建设、乡村旅游+村庄环境整治提升、乡村旅游+现代高效农业渔业产业园建设、乡村旅游+农家乐集聚村建设、乡村旅游+水美乡村建设、乡村旅游+特色景观旅游名镇村建设等,形成多业融合的乡村旅游发展新格局。苏南地区形成了浓郁的乡村休闲度假氛围,苏中苏北地区正在打造休闲度假类新亮点产品,产生了如五星级乡村旅游区扬州润德菲尔庄园、盐城大丰恒北村等一批代表性产品。

4. 多种产品开发模式并存

当前江苏乡村旅游开发模式主要包括：以南京江宁黄龙岘、南通世外桃源、南京江宁石塘人家为代表的都市依托模式；以徐州窑湾古镇、苏州陆巷村、苏州三山岛、南京高淳老街为代表的资源依托模式；以南京雨发生态园、溧阳南山花园、徐州紫海蓝山薰衣草园、扬州润德菲尔庄园、盐城大丰恒北村为代表的产业依托模式；以徐州贾汪马庄村、苏州树山闲云舍民宿、连云港东海青松岭为代表的景区依托模式；以南京汤山华宁温泉房车营地、南京六合巴布洛生态谷、无锡田园东方为代表的新业态依托模式；等等。

5. 逐步推进标准化建设与管理

在推进乡村旅游发展过程中，江苏省、市旅游部门积极制定推行各类管理服务规范。目前已基本形成了国家行业标准、省级地方标准、市级地方标准与专项质量规范相配套的标准化管理体系。乡村旅游正逐步转型为标准规范引导、市场综合驱动、示范带动作用明显的模式。

二、江苏乡村旅游产业发展存在的问题

然而，江苏的乡村旅游产业发展也面临着一定的困难和障碍。就现阶段而言，比较突出的问题集中在乡味不浓、业态不精、产业链延伸不足、从业人员专业技能和素质欠缺、公共服务和基础设施欠佳几个方面。

1. 乡味不浓，未能充分挖掘和弘扬有地方特色的乡土文化

乡味不浓，一则表现为乡村旅游景区的城市化、商业化和飞地化倾向明显，建筑和绿化设计城市化严重，旅游服务项目商业气息太浓，主题公园旅游、类城市型度假旅游等非乡村旅游项目大量掺杂；二则表现为对乡村性的理解和表现手段浅薄单一，随大流一窝蜂地搞"赏花经济"，或千篇一律的"青瓦白墙"，本土乡村文化严重流失，乡村多样性被破坏。

2. 业态不精，难以对消费者形成长久持续的吸引力

业态不精，主要表现为产品低端、形式单调、内涵欠缺。苏北地区农

家乐餐饮、生态农业观光、果蔬采摘和垂钓占了乡村旅游的50%以上,低端的相互模仿严重。苏南地区形式更为丰富,但大多缺乏深厚的内涵支撑,拿来主义的"造景"多,扎根本土的"雕琢"少,风光人情经不起推敲,对消费者缺乏长久持续的吸引力。

3. 产业链延伸不足,无法有效带动农业及相关产业的发展

一是因为形式有限,大多仅通过农家乐餐饮、垂钓和采摘,促进部分生鲜农产品的即时销售。二是因为优质农产品和农业加工产品匮乏,或包装宣传落后,特色高档的文创产品、农产品及食品大部分都来自省外乃至国外,鲜有地产。

4. 专业技能和素质欠缺,农民从业人员制约旅游服务质量

即便作为乡村旅游的服务人员或者相关从业者,大部分农民也缺乏必需的素质和专业技能,卫生观念不强,服务意识薄弱,礼仪规范缺失,往往在地里干完活,转身卷起袖子就成了服务员,更不用说具备处理突发状况的知识和能力,这些都给乡村旅游的健康发展埋下了隐患。

5. 公共服务和基础设施欠佳,影响旅游便捷性和舒适度

一些地方诸如道路、公共交通、停车场、公厕等乡村公共服务和基础设施的建设,并不足以支撑乡村旅游游客的需求。另一部分发达地区虽然道路等基础设施日益完善,但主要提高了自驾游游客的便利性;开通的旅游巴士线路局限,班次少,并不能满足大众市场的需求。

三、进一步推动江苏乡村旅游发展的对策建议

进一步推动江苏乡村旅游的发展要把握融合、平衡、开放的原则。融合,即乡村旅游要注重一二三产的融合,注重乡村特色的融合;平衡,即乡村旅游的开发要平衡发展和保护的二维关系;开放,即乡村旅游的市场供需都要向社会开放,让所有的经营者和消费者都有机会参与。

1. 整合乡村三次产业优质资源,激发协同互利倍增效应

当前江苏各地一二三产发展已经达到一定的水平,应当充分整合优

质资源,形成区域内部深度融合、协同发展的农村产业集群,达到"1+2+3>6"的互利倍增效果。首先,要打造区域内部循环的供应链,在区域内部建立优质农产品的供销渠道,鼓励打通区域内部供应乡村旅游的直销通道,以本地优质农产品保障乡村旅游品质。其次,要充分利用乡村旅游的窗口,对优质农产品进行宣传和展销。在客流量大的乡村旅游景区景点,建设优质农产品的节假日展销会。鼓励已有基础的农产品加工企业,开发便携式的农产品纪念品。打通网络销售的渠道,利用线下的客流,带动线上销售。最后,除了包含度假、观景、玩乐等内容的乡村旅游形式,还要鼓励现有的农业园区开展科普教育、农业生产参与式的乡村旅游项目,利用产业基础展示现代农业风采,与已有项目形成错位发展。

2. 平衡乡土保存和旅游需求,保障乡村和乡村旅游的可持续发展

乡村原生态的生产生活方式和历史文化,与外生的旅游需求不是完全矛盾的,前者可以说是催生后者的基础。但乡土保存的公益性和旅游开发的效率目标常常存在冲突。因此,需要从规划、设计和建设三方面,更加小心地平衡乡土保存和旅游需求。在进行美丽乡村建设和乡村旅游开发规划时,要带着历史性和前瞻性的眼光,往前要能准确评估村庄的历史价值,往后要能保障村庄百年后的发展活力,同时在空间上不仅要关注村庄的交通和经济区位,更要对地理和生态地位有清晰的认知。在这一过程中需要各方专家的深度参与,在全方位立体化谨慎判断的基础上,对村庄的建设进行规划方为稳妥。在进行设计时,要在理解地方元素的基础上,充分尊重地方生产生活的功能性和乡土文化。杜绝简单的"拿来",鼓励原创设计。吸引民俗考察者、写作者、画家、建筑设计师等文艺工作者参与设计和乡村建设,充分细腻地挖掘"原乡味"。在建设美丽乡村的过程中,尽量杜绝将乡村"原住民"悉数迁出,专为乡村旅游而建设的空壳模式,甚至要刻意保护乡村"原住民"生产生活活动。唯有如此,才能保证乡村是活着的仍在生长的。

3. 优化市场经营环境，吸引各类市场经营主体有序参与乡村旅游开发

首先，从认识上要重视市场在乡村旅游发展中的作用。逐步探索各类乡村旅游项目的市场化投资和运营模式，商业项目应最大化地交由市场投资和运作，含有公益性质的项目则应探索合理且高效的政府市场合作模式。政府可根据区域整体乡村旅游的发展目标，设立相关招商和招标项目的准入门槛和评价标准。其次，要为各类市场经营主体制定明确且合理的经营规范，让经营有法可依，有章可循，降低经营的行政成本，为所有有意在乡村旅游业有所发展的创业者提供稳定优渥的政策环境。再次，要鼓励本地农民加入创业和市场化经营。通过政府和外来社会精英示范，树立农民的创业意识，增强农民的创业能力，并且不断丰富培训内容与培训方式，让农民也成为乡村旅游市场经营的重要力量。

4. 强化大众营销和基础设施建设，提升乡村旅游整体的经营效益

提升整体经营效益的根本，就在于提高乡村旅游的信息可及性和交通可达性，从而打开大众市场，并通过折扣促销等手段，平衡淡旺季销量。首先，要重视在大众市场中的宣传，通过传统线下的电视、报纸、地铁广告，以及线上的公众号、微博、视频发布平台等方式，使更多的消费者知晓各地的乡村旅游信息。其次，可以由政府独立建设或与旅游平台公司合作，建设集成乡村旅游的景点、路线、住宿、餐饮、交通、攻略等所有信息为一体的一站式综合信息服务平台，并及时更新信息，降低游客出行的搜寻成本。再次，可与旅行社合作，针对老年群体开发工作日康养旅游体验项目，填补淡季销量的低谷。最后，要增加乡村旅游巴士专线的线路和班次，并且进入常规化运营，让无车代步的消费者也能顺利通达旅游目的地。

第四节　壮大农村电子商务产业

互联网和电子商务的发展,打破了传统的地理空间给经济发展带来的约束,给农村的特色产品、特有资源、廉价劳动力和零碎空间带来了市场和可利用的机会。在这样的背景下,江苏农村电子商务产业迅速成长,带动了区域乡村产业的兴旺,推动了农村居民收入和生活水平提高,为促进乡村振兴贡献出了不可忽视的力量。

一、江苏农村电子商务产业发展现状

到目前为止,江苏的农村电子商务产业规模大、业态丰富、产业集群初显、基础设施和公共服务完善,已然成为了新兴的乡村特色朝阳产业。

1. 产业规模大

截至2018年,全省共创建7个国家级电商示范县、28个省级电商示范县、125个省级电商示范镇、368个省级电商示范村和103个省级乡镇电子商务特色产业园(街)区。农村地区网络零售额2 075亿元,约占全国的15%,居全国第二位。2018年全国农村网络零售规模百强县中,江苏占19席,县域活跃店铺24万家,农民就业超过260万人。[1] 根据阿里研究院的统计,2019年江苏淘宝村和淘宝镇的数量分别达到615和155个,紧跟浙江、广东之后,位列全国第三。[2]

2. 产业业态丰富

随着农村电子商务的发展繁荣,江苏各地出现了经营不同产品类型和不同业态的农村电子商务产业。有基于当地农业特色资源的农贸型,

---

[1] 萧冰:《农村电子商务集聚发展的江苏探索》,《群众》2019年第8期,第48-49页。
[2] 阿里研究院等:《淘宝十年:数字经济促进乡村振兴之路》2019年8月。

如苏州阳澄湖大闸蟹、沭阳花卉苗木等;有基于当地非农特色产业和产品资源的传统工贸型,如南通的床上用品、江阴的箱包、扬州的毛绒玩具等;有利用网络通过学习模仿,投入当地低价生产要素形成的新工贸型,如睢宁的家具、灌云的情趣内衣等;还有业已萌芽的纯贸型,如沭阳县颜集镇的花木电商产业。颜集镇的电商产业最初基于本地的花木种植而开始,随着电商发展壮大,消费者需求逐渐多样化和规模化,全国的花卉销售开始向颜集镇集聚,来自广东、山东、云南的产品在此集中,与之相邻的新河镇出现了专供网店的"淘宝花卉批发市场"。本地产品不再成为主打,颜集正逐步转变为一个以提供品类丰富的全国花木批发零售为主营业务的淘宝花木集散地。

3. 产业集群初显

在部分地区,农村电子商务产业已经形成了成熟程度不一的产业集群。产业集群首选体现在大量农村电商主体的集聚,依托于淘宝平台的淘宝村和淘宝镇就是一种农村电商产业的集群。淘宝村是指活跃网店数量达到当地家庭户数10%以上、电子商务年交易额达到1 000万元以上的村庄;淘宝镇是指电商年销售额超过3 000万元、活跃网店超过300个的乡镇。图3.2显示了2019年江苏淘宝村、淘宝镇在各地级市的数量分布,排名前三的分别是宿迁市、苏州市和徐州市。在这些地区不仅电商主体规模庞大,而且业已形成了服务于电子商务的完善的产业体系,包括交易服务、营销服务、支付服务、物流服务、培训服务、IT服务、电商园区、法律服务、会计服务、知识产权服务、融资服务等。其中很大一部分是完全市场化、由企业提供的,如宿迁的淘助理、徐州的淘宝店诊所等[①]。

---

① 孟芳:《"互联网+"背景下新型城镇化问题探讨——基于江苏省淘宝村的研究》,《镇江高专学报》2019年第3期,第37-41页。

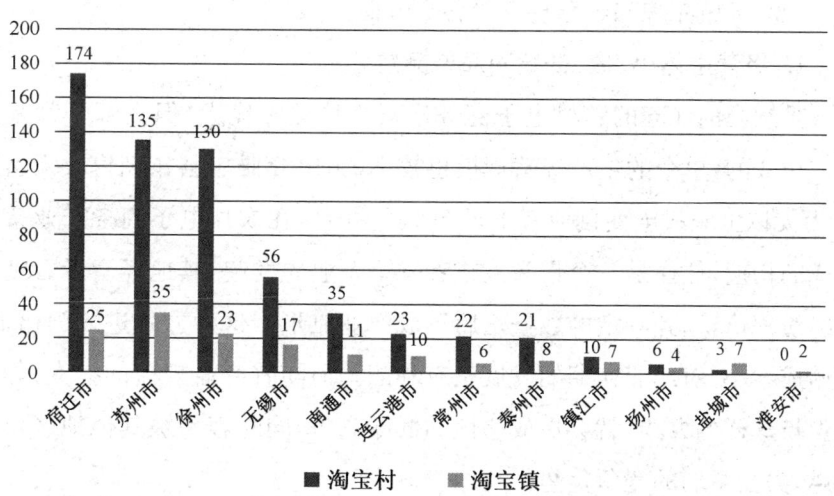

图 3.2　2019 年江苏省各地级市淘宝村、淘宝镇数量分布

数据来源：阿里研究院。

4. 基础设施和公共服务完善

江苏的农村电商发展迅速离不开完善的基础设施和公共服务的支撑。在交通运输设施建设方面，截至 2017 年底，全省 100% 行政村实现"村村通"等级公路，通达双车道四级公路的行政村占到 71%。在全国率先实现行政村（岛屿村除外）100% 通客运班车，镇村公交开通率达 72.4%。在信息基础设施方面，江苏已经实现农村数据热点区域的有效覆盖，人口覆盖率达到 85% 以上，数据业务需求覆盖率达到 95%。同时政府部门积极推进电商产业园的建设，促进电商与物流产业的发展，加快对农村电商人才的培训，积极为农村电商的发展提供各类指导和服务，这也为江苏农村电商的发展提供了有力的支撑。

二、江苏农村电子商务产业发展存在的问题

江苏农村电商抓住了互联网发展的浪潮获得了不错的起步，但目前产业发展尚处于初级阶段。初级阶段的特征广泛地体现在经营主体、产

品、产业、区域品牌和经营理念等各个方面。

1. 经营主体小、散,低端同质产品较多

虽然当前江苏的农村电子商务经营主体数量庞大,但大部分都是家庭作坊式的,单个的生产经营规模也较小,2018年睢宁县年销售收入达到20万元以上农村电商创业者不足20%。并且,在农村电子商务产业集群形成的初期,往往是一个带头人或者领军企业先发起,其他经营者看到效益纷纷模仿,达到一定的数量之后形成产业雏形。这种方式进入门槛低,创始成本小,对产业初期的发展是有利的。但随着产业规模的扩大,如果还保持这样的方式,就会造成恶性的低端竞争,同时容易被其他地区模仿超越,失去微弱的竞争优势。

2. 产业集聚度不高,未能形成区域品牌

大部分地区,农村电商的产业集聚度还是不高,区域农村电商产业的良好生态并未形成。既没有勇于创新,带领升级的龙头企业,也没有配套完善的生产性服务类企业,电商的主要经营主体之间并没有形成有机的联盟,进行良好的交流与合作,只是无意识地进行简单的复制繁殖。即便是在一些产业集群发展较为成熟的地区,其主打的特色产品也未能形成区域公共品牌,或者由企业创建的知名品牌,产业的竞争优势和核心价值未能凸显。

3. 经营理念落后,资源资金紧张

升级农村电商,高端的专业人才不可或缺,如管理、营销、设计、策划等方面的专业人员,但这些都可以通过服务外包,甚至通过网络服务实现。产业要升级,首先要核心经营者的意识先导,在理念上要升级。然而当前江苏农村电商的核心经营者仍然存在着总体年龄偏大,受教育程度偏低,创新和奋进意识较弱的问题。除了核心经营者,产业的升级也需要其他生产要素的投入,如场地、资金等。睢宁的家具产业,最初是在家前屋后的空地上进行加工生产,但随着产业规模扩大升级,农村零碎的土地空间不够用，土地规划管理又十分严格。如果进一般的工业园区和租赁标准厂房，则生产成本大大提高。而农村电商的经营者因为缺乏有价值的资产，个人信用额度不高，融资贷款困难，一般以个人或家庭积蓄以及亲朋借贷为主。睢宁县电商企业融资贷款的比例，不足30％。[①]

三、进一步推动江苏农村电子商务产业发展的对策建议

电子商务和网络营销是一个机遇，迅速抓住这个机遇，利用乡村特有的资源获得收益，是农村电子商务早期发展的关键。随着农村电商发展得越来越成熟，后来者、竞争者的模仿很容易使得先发优势消失。基于原有特色农业、特色手工业和制造业的农村电子商务产业，会面对越来越多的同行通过网络营销加入竞争；一些利用农村低价生产要素组织起来的新兴产业则更容易被后来者模仿。要想持续发展，就必须在现有的基础上升级提高。

1. 鼓励创新突破，抓住移动社交新机遇

产业的升级要靠创新来达成，不管是产品的创新还是模式的创新。增进与行业发达地区的学习与交流，积极展开与相关产业的研发机构、大专院校的合作，将先进的技术、模式和经验运用到本地来。迅速抓住以手机移动互联网、社交营销为特征的新一代网络营销机遇，以大数据分析为基础，围绕消费者的价值认同和体验，讲述产品故事，加强客户关系维护，为网络营销嵌入更多的社交基因。

2. 培育领军企业，完善电商服务配套

培育领军企业，鼓励有本地传统特色产业的龙头企业，依托原有基础探索培育农村电子商务的领军企业，在不断地发展提升原有产业的基础上，积极调整产品的包装、营销、定价，形成以电子商务为核心的新生产经营模式。对本地涉农电子商务企业，可积极给予政策和资金扶持，鼓励其

[①] 单兆赓：《徐州市睢宁县农村电商发展策略研究》，云南师范大学博士论文，2019。

转型成为农村电商的领军企业。建设电商产业园,提供集成便捷的公共服务平台,给予农村电商政策优惠,鼓励其进园区发展。积极培育美工、摄影、运营、营销、客服等电商服务商,形成电商服务链。

3. 拓宽融资渠道,增进沟通与交流

建立多元化的资金投入机制,集积政府财政资金的扶持,吸引社会资金投入农村电商领域,探索发展农村电商间的资金互助,多渠道为农村电商产业的发展提供资金支持。组织建立区域农村电商行业协会,加强经营主体间资源、人才、信息的交流,促进区域内农村电商经营主体之间资源共享、共同协商、合作共赢、抱团发展。树立电商创业成功典范,通过经验分享,树立农村电商经营主体的信心。

参考文献

[1] MICHEALE E P. GREGORY B C. The California Wine Cluster[D]. Boston:Harvard Business School,2013.

[2] MICHAELE E P, JORGERMIREZ-VALLEJO,FREDVANEENEN-NAAM. The Dutch Flower Cluster [D]. Boston:Harvard Business School,2013.

[3] 林大燕,严昊.江苏特色产业集群发展研究[J].南京理工大学学报(社会科学版),2018,31(2):50-54.

[4] 蔡金华,王建华,等.区域特色农业建立的思考[J].现代农业,2019(1):68-70.

[5] 夏礼祝.江苏特色农产品区域品牌:形成机理、建设现状与发展对策[J].太原城市职业技术学院学报,2019(8).

[6] 阿里研究院,等.淘宝村十年:数字经济促进乡村振兴之路——中

国淘宝村研究报告(2009~2019)[EB/OL].2019-08.

[7] 张月兰,袁育明,等.江苏省农产品电商发展路径探析[J].安徽农业科学,2019(23):244-245,263.

[8] 张利.阳澄湖大闸蟹品牌提升对策研究[D].河南工业大学博士论文,2019.

[9] 萧冰.农村电子商务集聚发展的江苏探索[D].群众,2019(8):48-49.

[10] 孟芳."互联网＋"背景下新型城镇化问题探讨——基于江苏省淘宝村的研究[J].镇江高专学报,2019(3):37-41.

[11] 单兆赓.徐州市睢宁县农村电商发展策略研究[D].云南师范大学博士论文,2019.

第四章 建设生态宜居的美丽乡村

习近平总书记指出,良好生态环境是农村最大优势和宝贵财富,要让良好生态成为乡村振兴的支撑点①。随着理论认知和建设路径的日益清晰,我国农村、农业、农民的面貌正在发生巨大的改观,生态宜居的美丽乡村正在成为当代人以及后代人对乡村建设的理想田园。江苏省一贯重视农村综合环境整治,大力推进传统生产方式转型,注重各种载体平台创建,始终位居全国领先水平,也较早地遇到了发展中的各种困难和障碍。立足现状,展望未来,梳理经验,分析挑战,以前瞻性思路继续推动江苏省美丽乡村建设,为全国示范探路。

第一节 美丽乡村建设的相关理论及内涵

美丽乡村建设发端于习近平总书记 2003 年在浙江实施的"千村示范,万村整治"行动。它是源于基层的创新实践,逐渐形成全社会的共识和党中央的号召,于 2013 年由农业部率先推向全国。2018 年,在全国生态环境保护大会上,习近平总书记发表重要讲话时指出,"要持续开展农

---

① 张桃林:《让良好生态成为乡村振兴的支撑点》,《人民政协报》2019 年 5 月 30 日。

村人居环境整治行动,打造美丽乡村,为老百姓留住鸟语花香田园风光"。美丽乡村建设是在生态文明理念指导下一次全新的农村综合变革。厘清美丽乡村的理论背景和实践逻辑,有助于深入理解美丽乡村建设的战略定位。

一、美丽乡村建设的理论源起

党的十八大以来,习近平总书记围绕生态文明建设提出了一系列新思想,成为新时代生态文明建设的理论遵循和行动指南。从生态文明到"两山"理论,从社会主义新农村建设再到美丽乡村建设,这些都是我国党中央为切实改善农村生态环境和农民生产生活质量做出的不懈探索。

习近平总书记就建设美丽乡村提出了一系列新要求,强调"中国要美,农村必须美,美丽中国要靠美丽乡村打基础,要继续推进社会主义新农村建设,为农民建设幸福家园"[①]。深刻揭示了当代中国农村绿色转型发展的历史必然性,体现了我国"三农"工作一系列方针政策的继承发展路线。

1. 生态文明思想的确立及乡村价值

生态文明是人类文明发展的新阶段。党的十八大做出"大力推进生态文明建设,努力建设美丽中国"的指导决策,成为我国生态环境建设的总体思想和实践指南,并将其纳入中国特色社会主义事业"五位一体"总体布局。生态文明战略要求在城市与农村同步开展。农村是我国建设生态文明的重要战场,缺少农村的生态文明是不完整的。然而我国农村生态环境建设明显滞后于城市,历史欠账较多,环境改善的拐点远未到来。正是基于这样的现实诉求,2013年中央1号文件提出了"加强农村生态建设、环境保护和综合整治,努力建设美丽乡村"的战略举措。生态宜居的美丽乡村是实现乡村生态振兴的重大任务。

---

① 张晓山:《实施乡村振兴战略的几个抓手》,《人民论坛》2017年第11期。

生态文明是美丽乡村建设的理论源头,引导美丽乡村建设的内容和方向①。美丽乡村建设是对生态文明思想的贯彻和落实,美丽乡村的建设过程也是生态文明的实现过程。建设美丽乡村,就是要把生态文明理念和思维融入乡村建设实践之中,把农村生态环境改善纳入美丽乡村建设框架之内。

2. "两山"理论的提出及乡村实践

"两山"理论是习近平总书记在长期的生态系统建设中逐步形成的环境治理理论。党的十九大报告指出"必须树立和践行绿水青山就是金山银山的理念"。以"金山银山"和"绿水青山"的比喻说明经济发展和环境保护的辩证统一关系,更适用于乡村地区。充分发挥乡村良好生态环境这个最大优势,将经济发展与生态文明建设有机融合,为广大人民群众提供更多优质生态产品,努力满足人民对美好生活的向往②。推动生态宜居乡村建设,要在为人们提供充足、优质、安全农产品的基础上,还要提供怡静的田园风光、清新的自然环境等生态产品,以及农耕文化、乡情乡愁等精神产品。

"两山"理论的辩证思维是实现生态经济化和经济生态化的理论指导。让环境保护与经济发展同行,催生出变革性力量。推动农村人居条件和生态环境同步建设,既是对自然权利给予的肯定和确认,更是通过约束和调控自身行为,主动承担起维护生态环境平衡的主体责任,不断绘就农村发展新画卷。

3. 社会主义新农村建设的升华及时代精神

从时间起源及承担内容看,美丽乡村建设可谓社会主义新农村建设在新时代的升级版。二者具有时间上的继起性和政策上的连续性特征。

---

① 韩喜平、孙贺:《美丽乡村建设的定位、误区及推进思路》,《经济纵横》2016年第1期。
② 胥爱贵:《生态宜居应在"宜"上下功夫》,《群众》2019年第4期。

全国各地的美丽乡村形成于社会主义新农村的建设过程中,又是推进社会主义新农村建设的重要举措。对比乡村振兴战略与新农村建设提出的"20字"方针,关于美丽乡村的描述,从"村容整洁"转变到"生态宜居",体现了乡村建设理念的升华,是一种质的提升。"生态宜居"蕴含了人与自然之间和谐共生的关系,是顺应时代发展对农村人居环境提出的更高要求。二者在建设内容上具有高度一致性,都是将农村生态文明寄寓于农村的政治、经济、文化和社会建设之中。

美丽乡村建设与党的十六届五中全会提出的社会主义新农村建设一脉相承。社会主义新农村建设为美丽乡村建设奠定前期基础,美丽乡村建设是对社会主义新农村建设的进一步深化。建设美丽乡村,就是要在新农村建设的现有成效之上继续完善和进步。

二、美丽乡村建设的主要内涵

科学把握美丽乡村建设的重大意义和主要内涵,使美丽乡村建设有的放矢、有序推进。2017年,中央"一号文件"把美丽乡村建设提升到夯实农村共享发展的高度加以规划推行。美丽乡村建设依托农村空间形态,关注农村可持续发展,保护和传承农业文明,注重农业发展方式转变。

1. 重大意义

建设生态宜居的美丽乡村,是推进美丽中国建设、实施乡村振兴战略、贯彻城乡融合理念的一项重要内容。大力补齐农村生态环境的短板,既是中华民族对乡土社会文明寻根的必然结果,也是农村结构重建的内在要求。

美丽乡村建设是美丽中国目标的组成部分。党的十九大报告提出建设美丽中国的奋斗目标。我国农村土地面积和人口占全国总量的相当比例,美丽乡村与美丽城市一起,是实现美丽中国目标不可分割的组成部分。美丽中国的根基是美丽乡村。习近平总书记2014年12月在江苏调研时强调让农村成为安居乐业的美丽家园。2015年,中央一号文件指出农村建设要"强富美"。美丽乡村建设是实现国家全面高水平建成小康社会和全面实现现代化战略目标的根本要求,是农村地区建设美丽中国的具体行动。

美丽乡村建设是乡村振兴战略的重要内容。乡村振兴战略是中央对新时代做好"三农"工作提出的重大部署和基本架构。它着眼于乡村发展的瓶颈问题和农民群众的殷切期盼。美丽乡村建设是乡村振兴战略具体措施层面的有力抓手,服从于乡村振兴战略的总体安排,将总要求、总部署与基层建设融为一体。二者同根同源。美丽乡村的建设内容会随着乡村振兴战略所处的不同阶段、面对的不同问题、发展的不同需要而有所不同。美丽乡村建设是农村地区破解新时代社会主要矛盾的有效途径。

美丽乡村建设是城乡融合发展的现实路径。奠定中国美丽乡村的现代化平台,能够促成传统的城乡二元结构崩溃和它所衍生的农业文明重铸[①]。美丽乡村建设要求重新确立城市和乡村之间、三次产业和自然之间的新的道德关系。全面促进城市资源向农村地区覆盖、基础设施向农村地区延伸、政策制度向农村地区倾斜,让广大农村群众享受到社会主义经济建设成果,以城市发展带动美丽乡村建设的全面推进,这是城乡统筹的应有之义。生态宜居的美丽乡村更加需要城乡资源和要素的良性互动,是贯彻城乡一体化发展战略的具体步骤。

2. 基本内涵

"美丽乡村"包含多重美好的乡村建设梦想和愿景,蕴含着全新的发展理念和价值体系,可以说是对中国农村地域空间综合价值的高标准追求,是提高广大农村居民生态福祉的重要保障。它标志着我国农业农村发展观的巨大转型,推动农村生产、生活、生态的"三生"空间重构,实现发

[①] 李建军、任继周:《美丽乡村建设的伦理基础和新道德》,《兰州大学学报(社会科学版)》2018年第4期。

展方式、生存环境及治理模式的重大转变。绿色发展、宜居环境和生态治理成为人民群众对美好生活向往的基本表述。

坚持绿色发展。美丽乡村建设要求乡村建设的取向,由追求食物产出、追求经济效益拓展转到追求绿色发展。农业生计行为必须遵循生态约束,避免因农业生产冲击造成乡村生态系统退化。农业产业发展与乡村生态承载量相适应,有助于形成与乡村自然生态耦合共生的良好局面。推动农业绿色发展是解决农业农村污染问题的根本之策。建立多功能大循环农业,有利于促进种植业、养殖业、微生物产业、加工业、市场营销业与生态旅游业之间的联动和融合。

建成宜居环境。农村居民生活水平提高、精神需求得到满足的同时,更需要宜农宜居的幸福家园[1]。让农村成为安居乐业的美丽家园,是乡村社会发展的共同追求。使传统村落、自然风貌、文化保护和生态宜居诸多因素相结合,下足绣花功夫,精益求精。全省域、全领域、全方位落实农村人居环境整治方案,加强村庄规划管理,配套完善的公共服务设施,化解农村资源环境压力,加大农业农村生态保护力度。

倡导生态治理。在全社会普及生态文化,形成人与自然和谐共处的生态意识,把农耕文明和现代文明的精华紧密联结,内化为优化人地关系的责任和行动。加快构建农业农村生态环境保护的制度体系,提升农村经济和社会发展的可持续性,发挥好村级组织作用。广泛开展群众性生态文明创建活动,把"垃圾革命""厕所革命""污水革命"等作为崇尚自然、改变习惯、树立新风的抓手,引导人们爱美、爱环境,崇尚简约适度与绿色低碳的行为[2]。

---

[1] 刘继志:《美丽乡村建设的几个关键点》,《人民论坛》2018年08月上。
[2] 调研组:《"千万工程"造就万千美丽乡村》,《求是》2019年第13期。

第二节　江苏美丽乡村建设的现状与基础

美丽乡村建设作为当前全国农村工作的重大导向性工程,事关全面建成小康社会及乡村全面振兴的全局,从中央到地方都投入了大量的人力、物力和财力。党的十八大以来,江苏省在转变农业生产方式、开展农村环境整治,注重生态修复以及加强环境监管等方面成效良好,并在完善制度体系、强化执行力度以及科技攻关、试点创建等方面积累了较为丰富的经验。

一、取得成效

以全国首批农村环境连片整治示范省份、覆盖拉网式农村环境综合整治试点省建设为契机,江苏省美丽乡村建设已经取得了很多看得见、摸得着的成果。人居环境不断改善,环境基础设施逐步完善;农业面源污染得到控制,农村突出环境问题得到治理;生态修复功能逐渐加强;环境监管体系基本建立。

1. 推进综合整治,人居环境普遍改善

农村人居环境整治是美丽乡村建设的硬任务。全省各地各部门全面高质量推进农村人居环境整治,村容村貌明显改善。近五年来,全省1 085个乡镇、6 300个村庄开展农村环境整治,重点加强农村生活污水、生活垃圾、非规模化畜禽养殖等环保基础设施建设,开展整治的村庄生活污水处理率超过60%,农村生活垃圾治理实现基本覆盖,已经建成省级美丽乡村1 000多个、特色田园乡村136个[1]。

开展生活垃圾集中处理。2018年12月,江苏省出台《江苏省城乡生

---

[1] 许海燕:《江苏扎实推进农村人居环境整治》,《新华日报》2019年3月10日。

活垃圾治理工作实施方案》,推动农村生活垃圾分类和资源化利用,探索农村有机易腐垃圾就地生态处理。2019年上半年,江苏省1.6万多个行政村全面开展村庄清洁行动,累计清理积存垃圾等约600万立方米,在230个乡镇全镇域实施生活垃圾分类试点,整治并销号非正规垃圾堆放点131处。清理河塘沟渠、排水沟25万处,新增农村道路3 101公里,建成桥梁1 169座①。

重视生活污水处理。2016年11月,江苏省制定了《江苏省村庄生活污水治理适宜技术及建设指南》,加强对各地村庄生活污水治理工作的技术指导。深入实施《江苏省村庄生活污水治理工作推进方案》,强化县域内农村生活污水治理规模化建设、专业化管护与一体化推进。2018年底,南京市和苏州市的规划发展村庄生活污水治理已基本实现全覆盖,正在积极推进一般自然村的生活污水治理。2019年初,全省已有9 000多个村庄建有生活污水处理设施②。

积极推进厕所革命。2019年江苏省委1号文件明确指出,加快推进农村户用厕所建设改造。苏南、苏中将加快推进农村户用卫生厕所建设和改造;苏北将把无害化卫生户厕建设与改善农民群众住房条件项目紧密结合。据统计,2019年初,全省无害化卫生户厕普及率达到93.7%。2019年上半年,全省新增农村无害化卫生户厕超过9万座、农村公厕超过3 500座③。

2. 转变生产方式,面源污染得到控制

农业农村污染治理是打好污染防治攻坚战的重要内容。全省农业面源污染治理取得了阶段性进展。在2016年农业部打好农业面源污染防治攻坚战延伸绩效考核中,江苏省位列全国第一。2018年召开全省生态

---

① 吴琼:《江苏省农村人居环境整治高质量推开》,《新华日报》2019年7月25日。
② 许海燕:《江苏扎实推进农村人居环境整治》,《新华日报》2019年3月10日。
③ 吴琼:《上半年江苏全省农业农村经济平稳向好》,《新华日报》2019年7月30日。

环境保护大会,设立打好污染防治攻坚战指挥部,确立"1+3+7"攻坚战体系及系列文件。2019年上半年,全省深入推进有机肥替代、化肥农药减量增效、生态健康养殖、养殖污染治理等,启动首批460个共1250万亩省绿色优质农产品基地建设。

化肥农药减量施用。根据《江苏省统计年鉴》,2013—2018年间,江苏省折纯化肥施用总量和每亩耕地面积施用量分别减少34.37万吨和4.90千克。2017年全省测土配方施肥技术推广面积达7850万亩次,化肥使用总量及单位使用强度继续呈现"双减"态势。与同处长三角的浙江、安徽两省相比,减施幅度更大。根据《中国统计年鉴》,2013—2018年间,浙江、安徽的化肥减施总量分别为14.6万吨和26.6万吨。同期,江苏省农药施用量共减少1.16万吨。2017年,全省高效低毒低残留农药使用面积占比为82.5%[①]。

农业废弃物集中处理。以实施江苏省"263"专项行动为契机,统筹畜禽养殖粪污治理与畜牧产业发展。2017年全省禁养区10 372个养殖场100%关停到位,非禁养区建立了16 837个规模场治理清单,实施月报制全面调度工作进展,已检查认定12 491家,全面完成60%治理率的年度目标任务。全省省级畜牧生态健康养殖示范场和农业部畜禽养殖标准化示范场分别达2 281家、176家。2019年初,江苏省农作物秸秆资源化利用率达93%,高出全国平均水平近10个百分点,同期畜禽养殖废弃物综合利用率达到81%[②]。

农业污染源减少排放。根据《江苏省统计年鉴》,从绝对值看,2013—2018年间,江苏省化学需氧量农业源排放量和氨氮农业源排放量分别减少了36.36万吨和3.77万吨,这两项指标至2018年分别下降到1.25万

[①] 江苏省农业农村厅:《关于加快推进农业绿色发展的实施意见解读》,《江苏省人民政府网》2018年12月7日。
[②] 许海燕:《江苏扎实推进农村人居环境整治》,《新华日报》2019年3月10日。

吨和 0.05 万吨。从相对值看（图 4.1），农业源占比下降明显。2013—2018 年间，农业源占化学需氧量排放量比重从 32.74% 下降到 1.83%，农业源占氨氮排放量比重从 25.92% 下降到 0.52%，为江苏省"十二五"节能减排综合目标的实现作出了重要贡献。

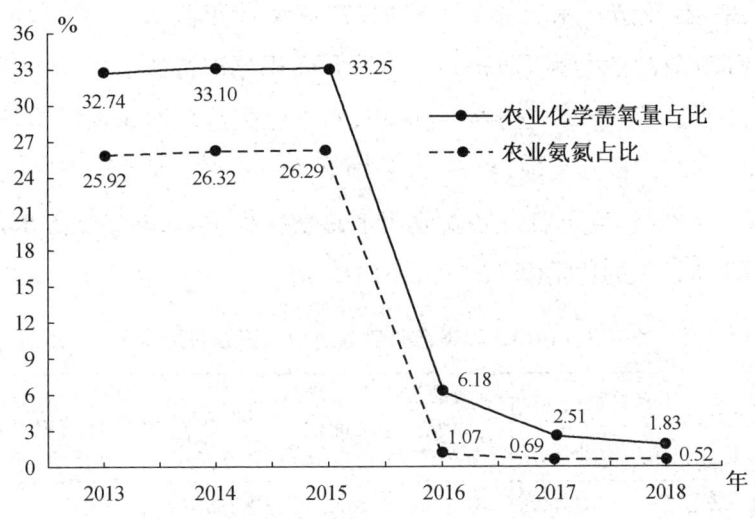

图 4.1　2013—2018 年江苏省农业源废水排放量占比变化

3. 加强休养生息，生态功能有所恢复

加大农业资源保护力度，构建生态功能保障基线，注重农业生态功能修复。牢固树立节约集约与循环利用的资源观，坚持用地与养地相结合，建立节约高效的农业用水制度。突出改善农业生产条件，实现环境友好和生态保育，推动建立农业生产力与资源环境承载力相匹配的现代农业格局。

注重耕地功能修复。江苏省农业部门配合国土部门全面完成永久基本农田划定工作，共划定永久基本农田 5 880 万亩。2016 年农业部耕地轮作休耕制度试点启动。江苏省财政安排 5 000 万元率先在全国开展省级耕地轮作休耕试点，探索符合省情的轮作休耕技术模式和补贴机制。

2016年和2017年分别实施了24.33万亩、26.10万亩。同时,苏州、南京等地也积极自主开展试点。截至2017年底,全省高标准农田比重达到59%,5年提高14.5个百分点,补充耕地面积累计达63.56万亩[①]。

注重水资源保护。江苏省大力发展节水农业,全面提高农业水资源利用效率,有效防止水土流失。根据《江苏统计年鉴》(表4.1),2013—2018年间,全省有效灌溉面积和节水灌溉面积分别增加了39.46万公顷和76.18万公顷。同期,全省除涝面积、水土流失治理面积及堤防长度分别增加了146.18万公顷、4.32万公顷和687公里。根据《中国统计年鉴》,2013—2018年间,江苏省农业用水总量减少了28.6亿立方米,农业用水占用水总量的比重由52.35%下降到46.17%。

表4.1 2013—2018年江苏省农业水资源利用情况

年份	用水总量 (亿立方米)	农业用水	有效灌溉面积 (万公顷)	节水灌溉面积 (万公顷)	除涝面积 (万公顷)	水土流失治理面积 (万公顷)	堤防长度 (公里)
2013	576.70	301.90	378.53	200.54	285.33	88.70	55 403
2014	591.30	297.80	389.05	218.95	296.20	89.97	55 387
2015	574.50	279.10	395.25	233.61	301.77	89.38	55 654
2016	577.40	270.80	405.41	242.26	312.56	90.79	55 797
2017	591.30	280.60	413.19	263.75	401.44	91.88	56 232
2018	592.00	273.30	417.98	276.72	431.50	93.02	56 090
变化	15.30	−28.60	39.46	76.18	146.18	4.32	687

资料来源:2014—2019年《江苏统计年鉴》与《中国统计年鉴》。

---

① 江苏省农业农村厅:《关于加快推进农业绿色发展的实施意见解读》,《江苏省人民政府网》2018年12月7日。

4. 完善政策支持,加强投资监管机制

妥善处理经济发展和生态环境保护的关系,健全以绿色生态为导向的农业政策支持体系和监管体系。江苏省不断加大投资和监督力度,坚持农业农村优先发展,关注解决制约农业绿色发展的重大瓶颈问题,强化农业绿色发展的组织保障,持续为美丽乡村建设提供强大的动力支撑。

完善农村环境资金支持。2012年以来,省级财政每年投入专项资金1 500万元,用于补贴生物农药、害虫天敌、性诱杀与迷向产品等绿色防控物资,扶持开展果菜茶病虫绿色防控示范工作。为提高农作物秸秆综合利用率,省财政资金从2009年的8千余万元增加到2017年的9.6亿元,推动形成秸秆能源化、肥料化、饲料化、基料化和工业原料化等五种途径的"五位一体"利用模式①。

建立农业资源环境生态监测预警体系。截至2018年,江苏省自然生态监测覆盖全省13个设区市77个县(市、区)、779个生态保护红线区和31个自然保护区。其中,农村监测覆盖13个设区市55个县(市、区)的165个村庄②,并率先建成耕地土壤重金属预警监测体系。2018年全省完成农用地土壤污染状况详查,初步构建土壤环境信息管理平台。

二、重要经验

习近平总书记视察江苏时,提出"努力建设经济强、百姓富、环境美、社会文明程度高的新江苏"的殷切期望。江苏省不负重托,在美丽乡村建设上积累了较为成熟的地方经验。2003年起实施多轮农村实事工程,2011年起全面启动村庄环境整治行动,2016年起组织开展村庄环境改善提升行动,2017年又创新实践特色田园乡村建设。全省各地落实"一把

---

① 江苏省农业农村厅:《关于加快推进农业绿色发展的实施意见解读》,《江苏省人民政府网》2018年12月7日。
② 江苏省生态环境厅:《2018年度江苏省生态环境状况公报》,《江苏省生态环境厅政府网》2019年4月30日。

手"亲自抓,层层发力,并建立农村人居环境整治联席会议制度,在制度体系、执行力度、科技攻关和示范创建等方面不断完善。

1. 着力完善制度体系

针对中央各部门历年指导意见,江苏省反应及时迅速,积极出台相应的符合省情的实施方案,逐步构建农业农村生态环境保护的制度性"四梁八柱",以顶层设计引领地方实践。不少优良的政策做法在全国加以推广。

2018年1月,省委办公厅、省政府办公厅印发《关于加快推进农业绿色发展的实施意见》,要求全面建立以绿色生态为导向的制度体系,加快形成与资源环境承载力相匹配、生产生活生态相协调的农业发展新格局。2018年6月,省委、省政府发布《江苏省农村人居环境整治三年行动实施方案》,把农村人居环境整治作为打好实施乡村振兴战略的第一仗,以美丽宜居村庄建设为导向,提出了"四治理、四提升"等八项重点任务。2018年12月,省政府办公厅出台《关于推进畜牧业绿色发展的意见》,指导全省畜牧业绿色发展体系的建立。2019年初,省委农办等部门又联合印发《江苏省农村人居环境整治村庄清洁行动方案》,开展集中整治,协同推进村容村貌提升。

2. 全面保障执行力度

为保障各项工作的有序推进,中央针对农村农业的重大环境问题出台一系列行动计划,江苏省纷纷加以深化落实,保驾护航。聚焦重点领域和关键环节,在省委省政府的指导下,多部门联合制定分年度的详细工作计划及实施步骤。

2017年2月,《江苏省"两减六治三提升"专项行动实施方案》发布。这是全省统领环境保护工作的总方针之一,推动农业化肥农药减量投入施用,畜禽养殖规模集中和秸秆等农业废弃物资源化利用。2019年1月,省政府办公厅印发《江苏省农村河道管护办法》,明确农村河道全面落实河长制,推行"五位一体"综合管护模式,保护农村河道环境。2019年5月,省农业农村厅与生态环境厅联合出台《关于切实加强农药包装废弃物回收处置工作的通知》,确保农业生态环境安全和农产品质量安全。2019年6月,省农业农村厅、省财政厅会同省有关部门制定出台《江苏省农村人居环境整治配套激励措施实施办法》,对全省13个2018年度开展农村人居环境整治成效明显的县(市、区)予以激励。

3. 重点强化科技攻关

国家对农业农村生态环境的技术攻关力度持续加大。江苏省利用科教资源雄厚的优势,注重开展产、学、研联合攻关,合力解决农业农村污染防治技术瓶颈问题,提升农业农村绿色发展的科技水平。

多年来,江苏省农业科技进步贡献率稳居全国首位。近十年,全省农业部门以测土配方施肥为抓手,每两年发布一次县域主要农作物施肥主推配方,建立形成了"统一测配、定向生产、连锁供应、指导服务"的运行机制和"五个一"技术指导服务模式。全省各地大力推进农作物病虫害绿色防控,开展了"生物农药好品种"的评选活动,向社会发布推荐绿色防控产品名录和使用技术。在全省大力推行"双替代"行动,促进高效低毒低残留农药和高效植保机械的推广应用。围绕农药使用零增长行动目标,集成创新以农业防治为基础、生态控制为核心、理化控制为辅助的"清园控害＋综合诱杀＋生化控制"(蔬菜等经济作物)、"种苗处理＋生态控制＋生化调控"(粮食作物)两类绿色防控技术模式[1]。

4. 注重典型示范创建

试点先行是全面推进的基础和前提。开展试点示范创建活动,目的在于打造标杆,分层推进,以点带面,降低相关风险和不必要的浪费与损

---

[1] 江苏省农业农村厅:《关于加快推进农业绿色发展的实施意见解读》,《江苏省人民政府网》2018年12月7日。

失。全省整合资源,优先选择适宜地区,在多个领域形成一批可复制、可推广的建设模式。

从2017年开始,全省开展畜牧业绿色发展、果菜茶有机肥替代化肥、耕地质量提升与化肥减量增效三项示范县创建工作。2017年6月,全省启动特色田园乡村建设计划。2019年2月,省级特色田园乡村建设试点村庄已达到136个,大部分村庄初现成效[①]。2017年12月,推动徐州、泰州市整市创建国家农业可持续发展试验示范区,在农业绿色发展上先行先试,开展制度创新,为全省现代农业绿色发展探索道路。2019年8月,江苏省农村人居环境整治联席会议办公室发布《关于发挥千村综合示范作用,全面推进农村人居环境整治工作的通知》,决定在全省选择1 000个农村人居环境整治成效显著的村作为综合示范,带动面上工作高质量整体推进。

第三节 江苏美丽乡村建设的问题与挑战

江苏省经过多轮集中整治,村庄环境面貌有了明显改观。但是部分村庄环境仍存在"脏、乱、差"现象,城乡基础设施条件差距较大,农业资源环境约束趋紧。美丽乡村建设没有现成规律可循,不可避免地遇到发展障碍和挑战。高质量推进美丽乡村建设,必须正视并集中力量解决这些突出问题。

一、存在问题

在城市化和工业化的快速推进过程中,农村生态环境保护还没有得到足够的重视,起步较晚,加之农村环境具有自身的复杂性和特殊性,还

---

① 白雪:《江苏新添66个特色田园乡村建设试点村庄》,《新华日报》2019年2月19日。

存在农村生态环境基础设施欠账较多,农业面源污染尚未根本遏制,生态修复难度加大,长效机制尚未建立等不利局面。农村污染治理成效尚不稳固,农村环境形势仍然严峻。

1. 支撑力不足,基础设施亟需升级

从保障农民正常生活的角度出发,需要包括农村污水、垃圾、厕所、道路、路灯等村内生活类基础设施供给和设备的正常运行维护。就目前来看,全省农村存在基础设施不到位,垃圾污水、固体废弃物处理等缺乏必要的区域性技术手段,"重建轻管"等问题。

农村环境基础设施投入不足。就投资总额来看,根据《中国环境统计年鉴》,2013—2017年间,全省环境污染投资总额由881亿元减少到715.4亿元,环境投资占比减少了0.66个百分点。在整体投资减少的情况下,农村专项投资也会降低。与城市相比,农村环境基础设施的建设资金更集中在政府主体。环保工程投资基本由省、市、县三级政府承担,融资手段较为单一,社会资本缺乏入场通道,多方原因导致农村人居环境整治设施的管护资金不到位。

农村基础设施地区差异明显。根据第三次农业普查数据,全省农村住户饮用净化处理的自来水比例为93%,其中苏南、苏中和苏北地区分别为98.9%、99.8%和86.5%。全省农村住户使用水冲式卫生厕所的比例为58.4%,其中苏南、苏中和苏北地区分别为94.3%、72.7%和35.4%。全省农村住户生活能源使用煤气、天然气和液化石油气的比例为87%,其中苏南、苏中和苏北地区分别为97.2%、89.3%和81.4%。从这三项指标对比来看,苏北地区的基础设施建设任重道远,其水平远低于苏南和苏中地区。

农村人居环境整治技术区域适宜性不足。在农村人居环境整治中,生活污水、生活垃圾及卫生厕所处理技术规范性较差,缺乏统一标准①。生活垃圾和生活污水处理模式有些不合时宜。例如,农村生活垃圾最终到"县处理",在一定程度上加剧了农村生活垃圾进城的负面影响和人员经费负担。生活污水处理照搬城镇,可能忽略考虑了农村生活污水排放的特点以及农村集体经济的状况。农村厕所的"三格式"化粪池,尚不能实现粪污的资源化利用。

农村生态环境监控能力不够。目前,全省农村自动监测站数量不足、覆盖不全,对农村环境的精准执法和管控产生一定影响。全省空气自动站仅覆盖到市、县,在乡镇布点不足,而周边山东、浙江省已经布局到乡镇。农业资源环境质量调查评价及信息发布尚不及时。与种植业相比,对于渔业、林业等资源考核和预警防治工作尚不完善。

2. 承载力有限,资源环境约束增强

伴随农业生产与农民生活水平翻天覆地的变化,全国农村都为此付出了沉重的生态环境代价。江苏省是资源小省,又是耗能大省,一直深受资源环境供给紧张的困扰。农村资源环境的承载力有限,农村生态环境问题累积式爆发,不仅破坏原本优美的生态环境,而且容易引发群体性事件。

能源消耗持续上升。根据《江苏统计年鉴》(表 4.2),2013—2017 年间,全省农、林、牧、渔、水利业能源消耗总量从 440.98 万吨标准煤上升到 546.16 万吨标准煤,占能源消费总量的比例也由 1.51% 上升到 1.74%。2013—2018 年间,全省农村用电量、农林牧渔业用电量和乡村居民用电量分别上升 131.28 亿千瓦时、28.58 亿千瓦时和 94.84 亿千瓦时,农用柴油施用量上升 2.56 万吨。

---

① 于法稳:《乡村振兴战略下农村人居环境整治》,《中国特色社会主义研究》2019 年第 2 期。

表 4.2 2013—2018 年江苏省农业能源消耗情况

年份	能源消费总量		农村用电量（亿千瓦时）	农林牧渔业用电量（亿千瓦时）	乡村居民用电量（亿千瓦时）	农用柴油施用量（万吨）
	（万吨标准煤）	农林牧渔水利业				
2013	29 205.38	440.98	1 801.86	43.40	282.56	106.80
2014	29 863.03	462.61	1 834.93	46.62	257.70	107.45
2015	30 235.30	516.32	1 836.19	52.51	271.74	108.58
2016	31 053.89	534.04	1 869.27	61.87	315.59	108.71
2017	31 430.41	546.16	1 887.99	66.78	344.08	108.96
2018	—	—	1 933.14	71.98	377.40	109.36
变化	2 225.03	105.18	131.28	28.58	94.84	2.56

资料来源：2014—2018 年《江苏统计年鉴》。

农用地资源紧张。江苏省历来人多地少，人均耕地面积为 0.86 亩左右，远低于全国平均水平。根据《中国环境统计年鉴》（表 4.3），2013—2017 年间，全省农用地资源减少了 24.56 万公顷。其中耕地、园地、林地、牧草地资源分别减少了 19.07 万公顷、1.88 万公顷、6.68 万公顷和 0.09 万公顷。2017 年当年减少耕地 2.29 万公顷，比 2013 年增加了 593 公顷。其中，建设占用比例达到 91% 左右，比 2014 年上升了 11.85 个百分点。

表 4.3 2013—2017 年江苏省农用地变化情况　　（万公顷）

年份	农用地	耕地	园地	林地	牧草地	本年减少耕地
2013	671.6	476.4	31.6	32.3	0.1	2.231
2014	651.08	457.42	30.35	25.81	0.01	2.282
2015	649.7	457.49	30.11	25.75	0.01	1.835
2016	648.21	457.11	29.91	25.69	0.01	1.951
2017	647.04	457.33	29.72	25.62	0.01	2.290
变化	−24.56	−19.07	−1.88	−6.68	−0.09	0.059

资料来源：2014—2018 年《中国环境统计年鉴》。

3. 污染源复杂,生态修复难度加大

乡村污染类型多样,污染源既包括农业生产性污染、工业活动,也包括居民生活引起的污染①。乡村土壤及水体污染积年累月,水域、林地、湿地、耕地等生态系统修复难度加大。实际上,在广大乡村普遍存在着人人都是排污者,人人都只享受权利,人人都不履行义务的社会现象,农村生态环境治理成为"老大难"问题②。

农村污染源种类较多。畜禽养殖业、水产养殖业与种植业排放的氮、磷和化学需氧量等主要污染物还难以彻底根除。随着设施农业加快推进,农膜用量和使用年限不断增加,废旧农膜带来的环境污染日益突出。近年来,全省农用塑料薄膜年均使用量约为 11.6 万吨左右。但农膜回收利用工作起步较晚,存在农膜使用现状不明、土壤残留基数不清、回收利用途径不畅等问题,全省农膜回收利用率仅为 60%,其中地膜回收率更低至 30%左右。据测算,全省蔬菜、粮油作物主产区地块均有不同程度的残膜污染,残留量平均每亩 4~10 公斤③。同时,农民环保意识普遍淡薄,社会公德意识较为缺乏,对生活垃圾和废水的科学处理不能够清晰了解,乱倒、乱扔垃圾现象屡禁不止。

农村非农企业处理污染能力不足。一方面,供给侧结构性改革引发新旧动能更替,因产业结构调整和城市环保门槛的抬高,一些污染重的企业向城郊接合部及农村地区转移。这批企业的"三废"排放给乡村环境整治带来了压力,加剧了乡村的土壤和水体污染。另一方面,部分乡村小型作坊式企业的管理生产人员整体素质偏低,与城市高新企业的环保水平

---

① 马怡菲、钱文华:《建设美丽乡村必要性与实践路径研究》,《江南论坛》2019 年第 4 期。
② 张志胜:《多元共治:乡村振兴战略视阈下的农村生态环境治理创新模式》,《重庆大学学报(社会科学版)》2019 年第 5 期。
③ 邹建丰:《江苏地膜回收只有三成 治"白色污染"须严考核》,《新华日报》2018 年 10 月 18 日。

和污染治理能力无法相比。它们污染处理条件较差,偷排、乱排、漏排及非法转移危险废物等现象时有发生。另外,农村基层环保工作力量相对薄弱,难以对乡村企业的排污行为及时监管执法。

4. 参与度不高,长效机制有待完善

美丽乡村建设仍然以政府为投资和建设主体,不仅加重基层政府负担,而且导致企业、农民及社会团体这些市场主体和受益主体缺乏参与机会,主动性降低。环保设施投资、管护、评估以及环境管理等一系列体制机制有待完善。

农民参与机制尚未建立。农村居民受传统生活习惯的影响,对人居环境整治的必要性认识不足,对政府推动人居环境整治行为不能充分理解,缺乏责任意识。不少民众认为保护和治理生态环境是政府、企业以及社会组织的事,与自己无关。在道路建设、污水处理等方面,缺少参与渠道。农户主动参与检查、维修和自觉管理房前屋后环境卫生的意识不强,对污水管网维护,垃圾设施维护,道路、河道清洁等存在"事不关己"的态度。

社会资本参与积极性不高。与其他产业相比,农业农村的弱质性明显。农业项目投资周期长、风险高、回报率低等客观事实难以避免。乡村生态保护与环境修复工作更是如此。没有强有力的扶持政策,很难吸引企业等社会资本进入。有的企业进行了项目前期投入,也会因为经济收益不理想而不愿意追加后期投入。同时,地方财政压力也较大,很难落实追加的补贴资金。

环保设施监管维护不到位。农村环境基础设施长效管理问题突出。不少乡村基础设施建成后得不到有效管护,损毁严重。标准化基础设施的建设和后期维护成本高是导致缺少维护的主要原因之一。政府对购买的专业服务缺乏后期监管也时有发生。购买服务后疏于管理和有效监管,导致环境保护与生态修复并未得到根本改善,政府公共服务管理水平也未得到有效提升①。

二、面临挑战

全球发达国家正在进行一场以生态创新为核心的革命,绿色发展带来的技术红利,将引领人类社会转变大量攫取消耗资源、牺牲破坏生态环境为特征的传统生产和消费模式。农村环境是全球经济社会发展重要的环节,概莫能外。为了顺应国际潮流,驱动国家高质量转型发展,我国党中央、国务院同样把环境保护摆在了治国理政的突出位置。乡村振兴战略再次把农村环境保护提上日程,为更大力度、更深层次解决农村环境治理问题提供了有力契机,形成倒逼压力。

目前,江苏省已经进入工业化后期,经济综合实力雄厚,产业结构调整实现了"三二一"的历史性转变,为生态环境改善迎来了重大机遇,为从源头保护环境赢得了有利空间。工业反哺农业、城市带动乡村的力度不断加大。美丽乡村建设的合力正在逐步形成,全省农业农村生态环境总体上呈现稳中向好趋势,但是在规划设计、试点推广及监督管护等方面也遇到了新的挑战。

1. 规划及模式的普适性

规划具有宏观指导及微观实践的双重作用。各级政府都十分重视各级各类规划的编制。"不规划不建设,不规划不申报项目、不争取项目资金"等理念已经成为政府管理的普遍认知。以美丽乡村规划为例,全国各地从省到县都在开展相关项目的编制工作。有的地方有基础、有热情,早编制、早落实。有的地方缺少资金和需求,迫于考核压力,勉强编制,滞后于现实的发展,丧失了规划的指导作用。过于强调规划的绝对性和普及性,其实是片面的,对规划功能的理解有所偏差,属于非理性的经济行为。

---

① 孔祥智,卢洋啸:《建设生态宜居美丽乡村的五大模式及对策建议——来自5省20村调研的启示》,《经济纵横》2019年第1期。

第四章 建设生态宜居的美丽乡村

"重编制,轻执行"的现象也是执行部门与编制部门没有形成良好对接的结果。

以模式的形式简单套用来加速各个地方的美丽乡村建设,也属于非正常状态,是有违"模式"本身运行规律的。模式来源于特殊性并寄寓特殊性之中。虽然具有推广意义,但也必须与当地的具体情况相结合,根据各自的资源禀赋、地域特征及农民需求加以修正,才能更好地适应本地的美丽乡村建设。

2. 试点及样本的推广性

美丽乡村建设是从试点及样本创建起步的。由于当时没有足够的经验,很多地方立足自身基础,由国家及省市给予大量的扶持政策开始尝试。在试点及样本中绝大多数取得了成功,这就成为美丽乡村建设的主要方法和手段。然而对于试点中的周期性、代表性以及公平性问题有待深入讨论。

目前,国家及省、市级都在分层推进,以江苏省为例,相关创建类型繁多,诸如具有国家共性的特色田园乡村创建,具有地方特色的美丽宜居村庄、最美庭院、水美乡村、绿美乡村等。这些典型乡村建成期限又各不相同,有以 2022 年为节点的,也有以 2020 年、2035 年、2050 年等为节点的。试点周期有所变化,建设标准和数量也各有要求,隶属不同部门考核评价,在一定程度上加重了基层创建的负担。这些试点乡村的选择体现了对经济落后村庄排斥的属性,往往偏好于前期已有投入并成长起来的乡村。这种乡村更容易创建成功,但实际降低了财政投入的边际效益和样本推广的可能性,挤占了落后地区村庄的发展机遇。

3. 管护与监督的重要性

在美丽乡村建设中,环境整治之后的管护工作跟不上较为常见。农村环境工程设施的管护和监督力度不足,村庄整体的整治成果就会大打折扣,并且难以维持。农村人居环境整治不是简单的工程项目,建成就能万事大吉,建立一套务实管用的管护运行机制,往往比工程建设本身更费力,也更为紧要。对于垃圾处理、污水处理、厕所改造等项目,运行维护时刻离不了。村庄中因管护不利或者设计不合理而导致设施闲置的现象仍有发生。工作方案理应在设计之初,就要考虑好今后的长效管理,形成先建机制、后建工程的良性循环,建立符合农村实际、得到农民支持、真正起到效果的建设管理模式。

农村人居环境工作还缺乏监督与评价机制。基层乡镇的相关职能部门和专职工作人员比较缺乏,县级及以下环保部门受各种条件限制,很难对面广量大的农村环境设施及生产行为进行有效监管。加之,农村人居环境的监测网络系统尚不健全,难以充分利用相关的农村人居环境监测技术[①]。

第四节 江苏美丽乡村建设的思路与建议

美丽乡村建设是基于基层乡村在中国特色社会主义中的重要地位提出的综合性建设目标。美丽乡村的建设过程同步表现为生态文明的实现过程。为了切实提高农村生态治理的能力和水平,解决乡村建设面临的最紧迫、最重要的污染难题,巩固并扩大农村生态环境保护成果,需要遵循乡村建设发展的基本规律,既尽力而为又量力而行,满足农民真实意愿。

一、建设思路

美丽乡村建设是一项长期性和系统性工程,不但要注重阶段性,而且

---

① 于法稳:《乡村振兴战略下农村人居环境整治》,《中国特色社会主义研究》2019 年第 2 期。

要看到其长期性和艰巨性。以历史的耐心和发展的定力,引进先进生产要素,引导建设立足乡土社会、富有地域特色、承载田园乡愁、体现现代文明的"升级版乡村"。

1. 树立系统思维

把生态宜居的美丽乡村建设融入农村经济、政治、文化、社会等各方面建设的全过程,从农民、农业和农村三位一体的战略高度整体推进。在系统治理中实现农村人居环境质的飞跃。避免把美丽乡村建设等同于过去单项工作的翻版或简单升级,更加注重对乡村建设、改革、发展等方面的联动思考和总体谋划。

在工作中突出系统思维,从乡村生态振兴的战略高度统筹推进,不仅关注村庄特色风貌塑造,更要重视村庄与周边田园、山水环境的互相依存关系,对村庄和周边田园环境开展整体性研究。不能简单采用粉刷出新的方式,避免造成村庄历史记忆的覆盖灭失[①]。注重历史文化和乡愁记忆的挖掘、传承与表达。按照国家美丽乡村建设的时间表和路线图,引导全省及市县全面参照,制定美丽乡村建设的阶段性目标和长远性目标,准确把握美丽乡村建设的推进路径。

2. 优化顶层设计

进一步完善项目带动、规划推进等审批机制,改良美丽乡村建设的运行机制,在实践探索中构建一套运行高效、约束有力的管理制度。坚持因地制宜、分类施策的原则,科学确定分阶段、分地区的目标任务,将美丽乡村建设与空心村整治、特色村建设系统结合。

从全局和长远的战略高度,更加自觉地把建设美丽乡村作为当前和今后一个时期农村工作的主旋律,形成共建、共创、共享美丽乡村的良好

[①] 刘大威:《改善农村人居环境 建设美丽宜居乡村》,《江苏省人民政府网》2018年11月14日。

氛围。统筹兼顾试点先行与全面推进的逻辑关系,加快试点带动、全面推进的速度,注重地区的协同发展,让美丽乡村建设的福祉更多、更公平地惠及全体农民。在巩固成果、深化改革、扩大试点三个方面下足功夫,主动做好美丽乡村在全省全面推开的准备和衔接工作。防止采用单向运动的方式,避免进行大拆大建。

3. 提升内生动力

生态宜居的美丽乡村建设,要切实发挥农民的主体作用。农民既是美丽乡村建设的受益者,也是美丽乡村建设的主体,需要把美丽乡村建设内化于农民的生产、生活中。建立有效的参与机制,采用喜闻乐见的宣传方式及组织形式,充分调动广大农村居民的积极性,培养其责任感和参与意识。

美丽乡村建设的内生型道路是在不断"还农民建设美丽乡村之权,赋美丽乡村建设之能"的过程中演化博弈的结果[①]。关键在于充分发挥农民的主体作用,尽可能地发动农民、依靠农民,大力提升农民参与环境整治的自觉性和主动性,让广大农民在乡村生态振兴中有更多获得感[②]。随着美丽乡村建设的深入,政府的行为边界渐进式压缩,农民的主体地位逐渐提高,即由外生型走向内生型。

二、推进建议

美丽乡村建设是民心所向和大势所趋,农村生态环境治理事关农民群众的根本福祉,成为衡量地方政府治理能力现代化的重要依据。推动绿色经济发展,打造生态宜居乡村,切实缓解资源环境压力,在市场和行政手段的双重作用下,调动一切力量,构建长效管理体制,不断提升美丽乡村建设的覆盖面和精细度。推动全省尽快实现由"环境换取增长"向

---

① 韩喜平、孙贺:《美丽乡村建设的定位、误区及推进思路》,《经济纵横》2016年第1期。
② 乔金亮:《乡村生态振兴从环境整治做起》,《经济日报》2018年4月28日。

"环境优化增长"转变,由"经济发展与环境保护的两难"向两者协调发展的"双赢"局面转变,为全国生态宜居的美丽乡村建设提供行之有效的江苏方案。

1. 加强规划引导,建设特色田园乡村

以规划为引领,引导各级各类村庄合理布局,统筹安排公共服务基础设施。特色田园乡村作为当前乡村振兴战略的重要载体,既是在原有工作实践上的整合创新,又是新时期美丽乡村建设的综合表述,旨在挖掘乡愁记忆和对桃源意境田园生活的向往,重塑乡村魅力和吸引力。

推进特色田园乡村为代表的各种美丽乡村建设,要结合城乡总体规划、产业发展规划、土地利用规划、基础设施规划和环境保护规划,做到"城乡一套图、整体一盘棋"。在规划制定过程中,充分征求专家、群众等多方意见,从地区禀赋出发,尊重自然环境、乡村文化、当地居民生活习惯,凸显特色,避免千村一面。在规划实施过程中,力求保证严肃性和长效性,按照一体规划、分步实施的原则,实现一张蓝图绘到底,推动村庄功能布局逐步优化。把规划内容分解成定性定量的可操作抓手,转化成年度行动计划,细化为具体的实施项目。

2. 注重绿色转型,推进清洁循环生产

正确处理保护和发展的关系,使绿水青山真正成为促进经济增长的自然生产力。大力发展乡村生态经济,形成低碳、绿色、集约化的乡村产业发展新业态、新模式和新动能。建立绿色乡村产业体系和绿色技术体系,发挥绿色技术和绿色生产的经济激励作用,使绿色技术、绿色生产成为新的经济增长点。

打通绿水青山和金山银山的转化通道。培育高效农业产业体系,构建复合型循环经济产业链。继续开展"果菜茶有机肥替代化肥行动",加快发展农牧结合的生态循环产业,解决粪肥还田"最后一公里"问题。大力发展生态文化旅游业,促进农旅要素融合。采用现代高新技术,对农产品加工过程中产生的废水、废渣等废弃物进行循环再利用,实现物质资源的"封闭循环"和废弃物的"零排放"。加强农村工业企业的污染减排监管,严格执行达标排放和排放总量控制制度。禁止在农村建设高耗能、高耗水、高污染项目,防止城市污染转移。

探索形成"生态+"复合型经济发展模式。多种方式鼓励各类主体实施绿色转型。对自行开展清洁生产的企业予以信贷、税收等方面优惠,对其产品给予正面信用评价。同时,对那些生产排污的企业本着"谁污染,谁治理"原则,给予其产品负面评价,并依法征收高额的污染治理和环境修复费用[①]。主动公开环保信息,打破公众与企业之间的环境信息壁垒。引导各类新型农民学习和掌握农业生产的新技术与新知识,完成绿色农业的升级与改造,推广生态循环农业模式,着力打造安全优质农产品生产示范基地。

3. 强化生态宜居,加大综合整治力度

保护乡村山水田园景观,美化靓化村容村貌,持续改善居住环境。全省各地情况千差万别,但整洁、卫生、环保、美丽是乡村建设的共同需求,标准可以有高有低,经济相对落后的村庄也不能落伍。科学确定各地区整治目标任务,把握好整治力度、建设深度、推进速度、财力承受度以及农民接受度。

推进农村生活废弃物处理。关注农村生活垃圾处理,建成符合农村实际、多种多样的生活垃圾收运处置体系,持续推进农村生活垃圾就地分类和资源化利用。加强农村生活污水治理,联通农村生活污水收集管网,推广适合农村特点的治理新技术和新模式。推进"厕所革命",配合新建、改建住房需求,同步规范建设无害化卫生厕所。力求在行政村村部及有

---

① 张志胜:《多元共治:乡村振兴战略视阈下的农村生态环境治理创新模式》,《重庆大学学报(社会科学版)》2019年第5期。

需要的村庄配建公共厕所。推广适应不同地区条件的卫生厕所改建模式,不断提高改厕质量。

加强农村生活环境美化。注重农村河湖管理,完善河长、湖长制度,对县乡河道实施全面综合整治,消除黑臭水体,打造环境优美村庄。充分利用公共休闲场地、乡村道路、河渠堤岸、房前屋后等区域,开展村庄绿化、庭院绿化、通道绿化及农田防护林建设,增加农村绿量。高标准、高质量建设生态走廊、村庄绿化示范村和经济林果基地等绿色工程[①]。加强农村房屋改造,根据农村宅基地现状使用情况及农民改造意愿,着力构建形式多样的美丽农房。

4. 坚持问题导向,缓解资源环境压力

从农民最关心的生态环境问题着手,聚焦群众所思所盼。对大多数农民而言,美好生活的一个重要内容就是拥有优美的生态环境。加强农村突出环境问题综合治理,切实缓解农村资源环境约束,筑牢乡村振兴的生态屏障,这是对农村生态环境的清醒认识和治理决心。

大幅降低水土资源及能源消耗强度。坚持用地与养地相结合,在耕地利用强度大、生产负荷重的地方和生态保护重点区域,积极推广轮作休耕技术和模式,采取保护性耕作措施。强化农田节水基础设施建设,探索水果蔬菜喷灌滴灌、粮食管道灌溉为主的高效节水灌溉模式,扩大水肥一体化技术应用,提升农田水分生产效率和肥料利用率。推进科学施肥、测土配方施肥全覆盖,增加有机肥资源利用。大力开展农业病虫统防统治等服务,提高农药使用效率。加强动物疫病防控和净化,着力推动兽用抗菌药物减量使用。

加大农村环境污染防治力度。进一步打好蓝天、碧水、净土保卫战,大气污染防治紧扣 PM2.5 和臭氧浓度"双控双减",紧抓控煤、减排、降

---

① 胥爱贵:《生态宜居应在"宜"上下功夫》,《群众》2019 年第 4 期。

尘、管车、餐饮等污染源治理①。深入开展农业面源污染治理，着力改善农村水环境质量。以耕地和建设用地土壤污染防治为重点，促进土壤环境质量持续稳定改善。健全农膜回收利用网络体系，加快实现废旧农膜的有效回收和资源循环利用。坚持堵疏结合，全面加强秸秆综合利用。积极开发缓释肥料等新品种，提高畜禽粪污综合利用率，减少农业生产过程中气态氨的排放。

强化农村生态环境风险防范意识。合理确定各类农村生态环境隐患的等级，建立"地方政府、重点企业、应急专家"的环境应急监控联动平台，对重点风险源进行综合性、实时性的监控。构建农村区域环保应急监控网络体系，全面提升应急响应反应速度和专项应对能力，严控事故等级和事故损失②。建立农业资源环境生态监测预警体系。逐步完善全省农村环境监测网络，定期监测农业资源环境承载能力，充分利用农业信息技术，构建天空地数字农业管理系统。建立健全农业面源污染、林业资源、渔业水域等生态监测体系。

5. 发挥市场作用，提升社会参与力度

努力构建以政府为主导，企业、社会组织和公众共同参与的环境治理体系。充分发挥市场作用，探索规模化、专业化、社会化运营机制，推进投融资体制机制和建设管护机制创新，探索建立受益者付费、第三方处理企业和社会化服务组织合理收益的市场运行机制。

引导各类企业参与建设。通过环境管控有效引导企业推进技术创新和转型升级，引入市场准入"负面清单"，提高农村产业市场准入门槛。对不同类型地区、不同特色企业、不同属性行业采取不同的管理方式，兼顾经济增长与企业竞争力。鼓励专业化、市场化建设和运行管护，采取以奖

---

① 李东成：《建设生态宜居的美丽乡村》，《人民日报》2019年7月22日。
② 曹桢、顾展豪：《乡村振兴背景下农村生态宜居建设探讨——基于浙江的调查研究》，《中国青年社会科学》2019年第4期。

代补、先建后补等多种方式,吸引社会资本投入。支持有条件的地区将农村环境基础设施与特色产业、乡村旅游等有机结合,实现产业发展与人居环境改善互促互进。支持技术成熟的企业参与农村生活污水、生活垃圾处理以及"厕所革命"的技术革新。

扩大公众参与度。建立公众社会监督明确、有效的制度规范。农村环境基础设施与农民生产生活息息相关,确保其一次建设、长久使用、持续发挥效用。这不仅要靠政府推动监管,更离不开村民参与维护和监督。充分发挥村两委的监督管理作用。有条件的地方,建立县乡财政补助、村集体补贴、农户适量付费相结合的经费保障制度,确保各类设施建成并长期稳定运行[①]。培养农民群众村庄环境卫生的主人翁意识和生态环境保护意识,倡导健康生活方式,主动投身村庄清洁行动,全程让群众参与、让群众检验、让群众受益。

6. 健全保障体系,构建长效保护机制

为美丽乡村建设保驾护航,全方位构建政策保障体系。在资金、技术、监管、激励等方面激发全社会环境行为的改变。让环境伦理和环境道德成为全社会的内在需要,各司其职,自觉履行环境责任,践行绿色发展,提升农村环境整治和生态决策能力,推动全省生态宜居的美丽乡村早日实现全覆盖。

持续加大美丽乡村建设投入力度。鉴于农村生态环境治理的公共产品属性,离不开政府的专项资金、人力及物力的持续投入。拓展投入渠道,健全基础设施分类投入机制。对于公益性基础设施,如乡村道路铺设及河道整治等项目,由政府主导,鼓励社会资本参与。对于有一定收益的项目建设,如乡村污水处理设施,由政府和社会资本共同投入。对于经营

---

① 刘大威:《改善农村人居环境 建设美丽宜居乡村》,《江苏省人民政府网》2018年11月14日。

性项目建设,如乡村电网等,由企业作为投入主体,地方政府给予适当补助。

健全正向激励机制。对农村人居环境整治成效明显的地区给予资金配套激励,同时加大督查问责力度。健全农业生态补贴制度。完善耕地地力保护补贴机制。健全生态公益林补偿制度和湿地生态补偿制度。支持病虫害防治专业服务组织发展,完善高效低毒低残留农药等绿色投入品推广补贴机制。建立与农业废弃物利用量相挂钩的财政补贴机制。

建立全过程监管体系。广泛采取政府购买服务等第三方参与模式,建立美丽乡村建设的评估与监督机制。对参与美丽乡村建设的利益相关者行为、治理效果、满意度、存在问题进行全面科学的评估。以寻求完善美丽乡村建设的途径与措施,确保整治成效的可持续性。实行环境绩效成长机制和报酬机制,大幅提高基层环保干部的政治待遇和经济待遇[①]。

建立农村适宜性技术体系。加强基础研究和共性关键技术研发推广,尽快形成一整套适合江苏农村省情的污染防治和环保处理技术与体系。基层部门可以基于对不同区域的农村所需要的技术类型及模式,提供"自下而上"的技术需求清单。通过供需对比,选择适宜不同区域的农村环境整治技术和模式。围绕农业投入品减量、高效利用等关键技术开展联合攻关,积极推行统防统治、绿色防控、配方施肥、健康养殖、种养结合等技术,构建全产业链的绿色生产技术服务体系。加强农业绿色发展国际科技合作交流。

---

① 武香俊:《构建强化乡村干部环境责任的综合机制》,《潍坊工程职业学院学报》2019年第3期。

参考文献

[1] 吴凤章. 生态文明构建:理论与实践[M]. 北京:中央编译出版社,2008:3-20.

[2] 刘德海. 新发展理念研究丛书:绿色发展[M]. 南京:江苏人民出版社,2016:267-285.

[3] 葛慧君. "两山"重要思想在浙江的实践研究[M]. 杭州:浙江人民出版社,2017:38-45.

[4] 刘云根,王妍. 美丽乡村建设创新理论与实践[M]. 北京:科学出版社,2019:4-17.

第五章　繁荣发展乡村文化

乡村振兴战略是党的十九大提出的一项重大战略。习近平总书记曾强调,"我们要深入挖掘、继承、创新优秀传统乡土文化"。习近平总书记的重要论述,彰显了中国共产党人高度的文化自信和文化使命感,也为我们推动新时代乡村文化振兴,筑牢文化自信之基提供了重要遵循。

第一节　繁荣发展乡村文化筑魂江苏乡村振兴

乡村振兴战略,是党的十九大的重大决策部署,是决胜全面建成小康社会、全面建设社会主义现代化国家的重大历史任务,是新时代"三农"工作的总抓手。习近平同志指出,乡村振兴,既要塑形,也要铸魂。乡村文化即乡村振兴之魂,贯穿于乡村振兴各领域、全过程,是实现乡村全面振兴的重要支撑和推动力。因此,实施乡村振兴战略,实现乡村全面振兴目标,需不断加强乡村文化建设,增强乡村文化自信,焕发乡风文明新气象,推动乡村文化振兴。

一、繁荣乡村文化是全面建成小康社会的内在要求

2016年,习近平总书记在安徽小岗村召开的农村改革座谈会上发表重要讲话指出:"当前,农业还是现代化建设的短腿,农村还是全面建成小康社会的短板。"全面建成小康社会,核心在"全面",这就意味着,没有农村的小康,就没有全面建成小康社会。习近平总书记2017年12月在江苏徐州考察时再次指出:"农村精神文明建设很重要,物质变精神、精神变物质是辩证法的观点,实施乡村振兴战略要物质文明和精神文明一起抓,特别要注重提升农民精神风貌。"而农村的小康,不仅要在经济发展上富起来、强起来,实现物质上的小康,更关键的还要在乡村文化和乡村文明上富起来、强起来,从而实现精神上的小康。在一定意义上说,加强乡村文化建设,是解决"三农"问题的一个重要着力点,是农村全面建成小康社会的内在要求,关系到"两个一百年"奋斗目标和中华民族伟大复兴中国梦的实现。

实践证明,凡是注重乡村文化建设的地方,经济发展得就好;反之,不注重乡村文化建设的地方,不仅经济建设的成果大打折扣,而且社会治安等问题也比较突出①。因此,在实施乡村振兴战略过程中,一定要正确处理经济发展与乡村文化建设之间的辩证关系,把乡村文化建设放到与经济建设同等重要的位置上,从而为乡村振兴战略提供重要支撑。

二、繁荣乡村文化是提高社会文明程度的必然选择

与社会主义新农村建设的20字总要求(生产发展、生活宽裕、乡风文明、村容整洁、管理民主)相比,乡村振兴战略的20字总要求(产业兴旺、生态宜居、乡风文明、治理有效、生活富裕)进一步丰富了内涵、提升了层次。尽管二者在表述上有很大的不同,但是"乡风文明"的表述却始终不变,足见是二者一以贯之的目标和要求。换言之,乡风文明既是加强农村文化建设的重要举措,更是乡村振兴战略的重要内容。② 2018年全国"两会"期间,习近平总书记在山东代表团参加审议时强调:"要推动乡村文化

---

① 刘奇:《乡村振兴与乡村文化建设》,《中国发展观察》2018年第2期。
② 刘忱:《乡村振兴战略与乡村文化复兴》,《中国领导科学》2018年第2期。

振兴,加强农村思想道德建设和公共文化建设,以社会主义核心价值观为引领,深入挖掘优秀传统农耕文化蕴含的思想观念、人文精神、道德规范,培育挖掘乡村文化人才,弘扬主旋律和社会正气,培育文明乡风、良好家风、淳朴民风,改善农民精神风貌,提高乡村社会文明程度,焕发乡村文明新气象。"这一重要论述,深刻阐明了加强乡村文化建设的重大意义并提出了明确的目标任务,充分体现了我们党对乡村文化建设的高度重视,为新时代振兴乡村文化指明了方向、提供了遵循。我们必须切实贯彻落实好习近平总书记要求和党中央决策部署,把大力加强乡村文化建设作为乡村振兴战略的"灵魂工程",从而使乡风文明焕发新气象,在推动乡村文化振兴的基础上实现乡村的全面振兴。

三、繁荣乡村文化是满足农民美好生活需要的现实选择

乡村振兴战略是习近平新时代中国特色社会主义思想的重要组成部分,在新的历史时期,党中央提出这样的重大战略安排,与新时代我国社会主要矛盾变化以及经济、民生一系列方略紧密相关、有机契合。在党的十九大报告中,习近平总书记对我国社会主要矛盾的变化做出了科学论断:"中国特色社会主义进入新时代,我国社会主要矛盾已经转化为人民日益增长的美好生活需要和不平衡不充分的发展之间的矛盾。"当前,最突出的问题是不平衡不充分的发展,而这种不平衡不充分最集中地体现在农村。进入新时代,广大农民对美好生活需要的内涵十分丰富,但是从历史发展的进程和城乡关系来看,由于基础薄弱、欠账较多,物质文化需要仍然是广大农民的最基本需要,不仅不可或缺,而且要在现有发展基础上有更大的发展。尤其是改革开放40年来,农村经济也有了突飞猛进的发展后,补齐文化建设的短板比补齐物质建设的短板显得更加迫切。也就是说,我国社会主要矛盾发生新的变化,广大农民美好生活的需要对文化上的需求也提出了更高的要求。

第二节　江苏乡村文化建设的成就与经验

十八大以来,重构新型城乡关系、人与自然的关系,成为时代的呼唤。越来越多的地方加入寻找梦中田园、留住记忆乡愁的探索实践,江苏省率先提出"乡村复兴"战略。放眼江苏实践,江宁区江宁街道牌坊、江苏的传统民居、常州市金坛区民俗文化旅游节……旧时老墙庭院、篱笆藤蔓、小桥流水之景逐步重现,乡村复兴的崭新篇章徐徐展开。

一、乡村文化资源建设

广袤农村积淀着千百年来的农耕文化,饱含深厚的文化遗产。乡村振兴就要唤醒沉睡的乡村文化资源,体现生态文化价值,实现增值效应。[①] 让文化产业与农业、商业、乡村旅游产业融合发展,丰富乡村文化生活,促进乡村旅游,繁荣乡村经济。

1. 山水文化

江苏乡村有着丰富的自然山水资源,依托利用这些山水资源,因地制宜,大力发展特色产业。

南京市江宁区江宁街道牌坊村位于南京市西南部,地处江宁西部美丽乡村示范片区核心区域,辖区总面积8.2平方公里,总人口2 000多。近年来,牌坊村依托得天独厚的自然环境和山水资源发展集体经济,成立了黄龙岘茶叶合作社、农家乐餐饮协会等3家组织。在产业空间布局上,牌坊村、岘下村、陶家、黄龙岘,以及牌坊水库、岘下水库、茶树集中种植片区等规划为产业核心发展区。功能由茶叶加工、研发、交易,茶具制作、展示、交易,茶点、茶饮等制作、体验,茶油加工、美食,茶事活动和品牌茶馆

---

① 赵淑清:《再造乡村文化　助力乡村振兴》,《人民论坛》2018年第5期。

等构成,并配套相关服务。村内环境整洁优美,公共服务中心、社区卫生室、便民超市等公共基础设施俱全。近年来,广泛开展社会主义核心价值观教育活动,成立志愿服务队伍,积极开展各类志愿服务。村内图书室、健身室、书画室等文化活动室一应俱全,建有500平方米以上村民活动广场6处,呈现出"漫游醉美黄龙岘,尽享茶香慢生活"的美丽农村画卷。六合区龙袍街道长江社区,近年来,以知青文化、水杉文化、美食文化、渔水文化等为主题,大力发展乡村旅游业,成立南京第一家农家乐专业合作社,形成"餐饮+住宿+旅游+农副产品"一条龙经济,2016年净利润20万元。

江苏省宜兴市湖㳇镇近年来紧紧围绕美丽乡村建设,因地制宜,依托周边宜兴竹海、张公洞、善卷洞等自然山水资源,大力发展民宿产业。2017年全镇共建有民宿152家(不包括农家乐),年接待游客56.5万人次,年营业额8 250万元,其中最高一家320多万元。该镇洑西村目前有民宿58家,床位1 600个。

2. 建筑文化

江苏的传统民居建筑和其他各省的同类建筑比较,既有江苏特性,又存在一定的共同特征。江苏位于典型的高寒和湿热地带的过渡区,因而兼有了典型北方和典型南方建筑的若干特点;位于山不高却清秀、水甚丰且滋润的自然地理环境中,因而地灵人杰,且显示了抬梁和穿斗共同影响的建筑结构复杂体系,表现了在高等级和低等级民居中都存在的高超与适用性的营造技术,始终是中国建筑体系主流的一个代表部分,在中国建筑传统中占有不可替代的地位。

可将江苏的传统民居划分为环太湖地区、宁镇地区、淮扬地区、徐宿地区以及沿海地区等五个建筑文化地区。环太湖地区的建筑特征是"清、雅、精、巧、柔":"清"是建筑比例清秀、风格清朗、环境清新;"雅"来自千余年的中国文化深厚的积淀,含蓄却风雅,小处见精神,温蕴有寄托;"精"指的是精工细作,精美精细;"巧"指的是别具匠心,巧夺天工;"柔"指的是喜曲折迂回,尽呈水乡阴柔之美。宁镇地区建筑文化特征可概括为"吴头楚尾","浑厚、兼容、大度"。东西两侧的吴楚文化在这里融会,南北文化以至海外文化也经此传播,各种建筑技法都在这里登台表演;"浑厚"是指少了些雕凿,少了些脂粉气,也少了时尚;"兼容""大度"是指不排外,广受博纳,依旧是帝王之气。淮扬地区的建筑文化特征可提炼为"秀朴兼有,刚柔相济,雅俗皆赏,多元聚集"。如果说环太湖地区有一股士大夫之气,宁镇地区有一股王者之气的话,淮扬则在市民之气的底色中时不时地显露着贵族之气,贯通南北的大运河让这里成了上通天子下接江南的八方通衢之地,自然秀朴兼有,风月无边,大雅大俗,汇聚一地。徐宿地区传统建筑的审美特征是雄浑刚劲,古风重新。这古风人们称之为楚风汉韵,因为无论是山川水系还是地下的汉墓和地上的清代建筑,如徐州的方言,属于北方体系,且厚重、敦实、沉稳,又深藏古意,有北方建筑的主要特征。沿海地区除了各自的个性外显示出的共同的审美特征是布局疏朗,形态简朴而粗粝,风格古朴而平实。

鸦片战争后的西风东渐将全江苏原有的传统建筑文化都浸染上一层"西洋红",它以上海为中心,沿长江、太湖水系和运河水系以及后来的沪宁、津浦铁路向周围扩散。不仅建筑类型发生了根本的转变,而且建造技术和材料以及建筑形式,从砖混结构、豪氏屋架、拱券门窗,到马赛克地面、水门汀和钢铁花饰等,都深入各个镇甚至不少村庄。不同于城市的是,乡镇的西洋风基本都是通过传统中国工匠之手实现的,因而和中国传统建筑体系有更多的融合,在和地域文化的结合上有更多的表现。

3. 民俗文化

乡村民俗文化是一个地区的劳动人民在长期的生产生活中逐步形成并传承下来的富有地方特色、乡村气息的文化。传承与发展优秀传统乡村文化既是乡村振兴战略的重要内容,也是推动新农村建设、实现乡村振兴的重要力量。①

江苏省常州市金坛区常州乡村过大年暨金坛民俗文化旅游节会定期举行。2019年,作为常州"诗与远方"携手后的首届"乡村过大年"活动更全面、更深入地展示金坛非遗民俗文化,实现旅游与文化的深度融合。活动期间,剪纸艺术与歌舞相结合的《纸花谣》,充满收获喜悦的《丰收歌》及金坛马灯、指前鱼灯、金坛面塑等非遗展演轮番上演。非遗代表性传承人匠心展示,让市民游客感受现代与传统的交汇,文化与景观的交融。

近年来,常州市金坛区把旅游发展与乡村振兴、美丽乡村建设相结合,把田园风光、秀美乡村变成聚宝盆。开幕式上,"一号农场——省五星级乡村旅游区"和"仙姑村——2018中国最美乡村"相继揭牌,多年积累的良好人气加上丰富多彩又极具特色的主题活动,使得茅山仙姑旅游风情小镇成为了常州及周边市民感受年味的首选地。舞龙、舞狮、写春联、唱大戏等乡村民俗展演;宰年猪、捕鱼、蒸馒头等乡村年俗体验;茅山特色养生菜肴、仙姑村农家菜、一号有机餐等乡村美食品鉴;金坛封缸酒、儒林羊糕、茅山咸货等金坛好礼年汇……热闹的年节、浓郁的年味尽在其中。

二、乡村文化产业发展

文化产业属于社会文化中的经营性文化部分,是从事文化产品生产和提供文化服务的经营性行业。乡村文化产业既具有大文化产业所具有的普遍属性,又具有其独特性。江苏乡村文化产业颇具乡土特质和区域特色,特色田园建设、特色文旅以及民宿业以农村为阵地,以城乡为市场开展得有声有色。乡村文化产业又为乡村进一步发展注入活力。

1. 特色乡村文化旅游产业发展

2017年4月22日,江苏乡村旅游节暨"江苏人游江苏"活动在张家港市启动,不仅端出了一道道乡村旅游大餐,更是推出一系列政策措施,从

---

① 刘玮:《地域文化视角下乡村民俗文化的传承与创新》,《科技经济导刊》2019年第6期。

硬件设施到软件服务,为游客打造一个能记得住乡愁却玩不够的精品乡村旅游市场,以秀美乡村的名义感应水韵江苏。近年来,江苏乡村旅游发展势头喜人,已产生品牌效应。

2018年江苏省旅游局等主办的2018江苏乡村旅游节新闻发布会在南京江宁举行,"水韵江苏秀美乡村"2018江苏乡村旅游节暨"来江宁织造幸福"江宁乡村旅游季、"乡约姜堰乐居田园"姜堰乡村旅游季、"恒北恒美梨缘天下"大丰乡村旅游季活动分别在江宁、姜堰和大丰同时启动。

统计数据显示,2017年江苏省全年乡村旅游实现营业总收入近900亿元,比2016年增长20.8%,接待游客总人数2.87亿人次,同比增长16%,全省乡村旅游直接从业人员总数42万人左右。在大众旅游时代的新背景下,江苏乡村旅游产品已初步实现了从"观光"到"休闲",从"农家乐"简单模式到"休闲度假"体验模式,从传统的乡村旅游1.0版本,向以休闲度假为特征的乡村旅游3.0版本转变。苏南地区形成了浓郁的乡村休闲度假氛围,苏中苏北地区也正在抓紧打造休闲度假类新亮点产品,产生了如五星级乡村旅游区扬州润德菲尔庄园、盐城大丰恒北村等一批代表性产品。江苏乡村旅游业态增多促升级。目前江苏省乡村旅游的业态不断丰富,各地旅游主管部门充分运用"乡村旅游+",引导培育了一批江苏特色民宿、乡村自驾游基地、房车露营地、乡村精品酒店、乡村特色街区、亲子研学农庄、主题果园、非遗传承课堂等新业态,为乡村旅游发展注入了新活力。各乡村旅游区内书吧、果酒吧、咖啡吧、乡村主题乐园、体育养生休闲、非遗工作室等业态也不断丰富。江苏首批五星级乡村旅游区不仅白天旅游业态丰富,晚间的夜旅游产品也多姿多彩。江苏省乡村旅游产业已逐渐形成集聚化发展态势,随着乡村旅游业态的丰富,旅游业与农业、工业、健康养老、文化、教育、体育等业态的融合正在向深度发展。

2. 美丽乡村、特色田园乡村建设

江苏省委、省政府提出计划在"十三五"时期,省级规划建设和重点培育100个特色田园乡村试点的总体目标及实施步骤。建设立足乡土社会、富有地域特色、承载田园乡愁、体现现代文明的乡村,打造"三农"发展新载体,培育职业农民,实现农民增收,推动农业增效,最终实现"生态优、村庄美、产业特、农民富、集体强、乡风好"的目标。

以溧阳市为例,在特色田园乡村建设和美丽乡村建设中,该市坚持因地制宜打造特色:礼诗圩村以"水韵礼诗"为发展定位,打造集特色观光农业、湿地田园生活、溧阳耕读传家特色民宿于一体的典型江南水韵田园乡村。塘马村以"睦邻原乡,文艺塘马"为发展定位,深入挖掘红色文化、传统文化,打造融合田园生产、田园文化、田园居所于一体的特色田园乡村。杨家村以"田卧于芥"为发展定位,打造集高品质农业生产、乡村休闲旅游、山水康养度假、农业创业、文化创意产业于一体的江南丘陵地区特色田园乡村。牛马塘以中华薯文化特色文创农业为基础,以乡村民宿、田园体验、文化驿站和文创活动为纽带,打造集特色农业、田园生活、客家民宿文化于一体的具有传统意蕴的乡村居所。深溪芥依托溧阳南山竹海旅游资源以及深溪芥村自然山水、人文文化、特色产业,打造集乡村再造新起点、田园乡村新标杆、民宿休闲新体验于一体的美丽乡村。目前各个试点已完成基础设施建设,村庄环境面貌大大提升,农业产业焕发生机,文创文旅等项目纷纷落地。[①]

民俗文化旅游节乡村建设中,确认政府主导、农民主体、社会参与的协同推进机制,依托苏皖公司、平陵公司等政府融资平台,建立了企业或平台公司+政府+合作社的项目公司,负责规划建设、运行保障、宣传策

[①] 路璐、朱志平:《历史、景观与主体:乡村振兴视域下的乡村文化空间建构》,《南京社会科学》2018年第11期。

划、项目招商等。积极引进社会资本参与,塘马村与省城乡院进行合作,乡村规划建设研究基地、乡村振兴学堂、望星空养智院等项目已落户塘马,塘马还成立"塘马管家公司",负责闲置资产经营;牛马塘已与无锡宜兴龙隐·江南签约,开发精品民宿;礼诗圩正与央企中商投就农业产业方面进行合作。推广"百姓议事堂",让协商机制扩大到村级经济发展、特色产业培育、重点工程建设领域。塘马村探索构建睦邻体系,成立"睦邻社",制定"睦邻约",打造"睦邻广场",用市场化运营方式管理、服务社员。杨家村开展"树文明村风,创美丽乡村"活动,通过设置党员联系点、乡贤名达评比等活动,提升乡村文明,打造美好家园。

特色田园乡村试点建设,打破了城乡二元格局,带来城乡融合互动。一是吸引大量游客前来参观、体验,激发了村民的自豪感和幸福感。塘马村成为"网红村"后,一碗"原乡面"就让不少城市居民慕名而来;二是各试点村吸引了一批有眼光、有情怀、有实力的"能人"投资创业,成为文创基地、实践基地、培训基地,带来生机活力;三是村民思维转变,由被动变主动,一些村民由观望到行动,纷纷利用自有房屋、特色手艺等开展自主创业。

3. 民宿业发展

江苏民宿发展起步较晚,这几年呈现快速发展势头。全省各地依托不同的自然禀赋、资源条件和区位特点,因地制宜发展民宿经济,取得了积极成效。

民宿经济规模不断壮大,品质层次逐步提升。据江苏省旅游局统计,截至2016年底,江苏注册民宿总量270家、床位数4 064个、年经营收益9 484万元。如果采用大口径数据统计,包含农家乐等在内,全省民宿数量巨大,仅苏州一市总量就超过4 000家,从业人员1.5万多人。目前江苏民宿主要有农户自用住宅自主经营、社会资本投资经营、政府市场化运作公司投资经营、多方共建合作经营四种不同模式,占比分别为63.6%、

21.5%、6.9%和8%。南京、无锡、苏州等地已形成一定规模的民宿集群。宜兴湖㳇依托山、水、洞、禅、茶、竹等自然生态禀赋,形成了多个民宿集聚发展区,带动宜南山区成为长三角地区美丽的"后花园""深氧界"。近年来,随着上海、浙江等地可开发民宿资源趋紧,一批高素质专业化团队和实力机构转战江苏特别是苏南地区,东方园林、原舍、青果、恬原味等行业翘楚相继在江苏布点,一批体现文化内涵、注重居住体验的精品民宿,在提升民宿品质上做出了示范。

民宿瓶颈制约有所突破,发展环境不断优化。针对消防问题,江苏消防部门明确对村民自建住宅进行改造且经营用客房数量不超过14个房间、最高4层且建筑面积不超过800平方米的民宿,可不申请办理公众聚集场所营业、使用前的消防安全检查。针对民宿监管、审批问题,昆山市领导牵头召开部门联席会议,创新政策举措,支持民宿发展。针对用房、基础设施等问题,南京市江宁区对重点发展民宿示范点的美丽乡村,适当放宽农民新建房屋空间高度、容积率、人均面积等指标限制;宜兴市完善建房政策,明确农民翻建、修缮住房,宅基地可达135平方米,楼层可盖3层;湖㳇持续推进民宿集聚区水电气、污水管网、路灯道路、停车场、旅游公厕建设,实现旅游公交、重点区域免费WIFI全覆盖。针对资金支持问题,南京江宁区设立民宿发展专项资金,对达到标准、通过验收的民宿,给予每间5 000元的一次性奖补,对安装治安登记系统的费用实行全额补助,对上线南京智慧民宿平台的给予5 000元的一次性奖励,其中上线运行民宿年度入住率全市前十的给予6万元的一次性奖励。

民宿规范提升正在展开,推进合力加快形成。苏州市吴中区出台民宿(农家乐)管理办法,在消防、治安、餐饮、卫生和环保等方面做出具体规定,成立由各职能部门组成的区民宿综合管理领导小组,简化民宿开办申请。南京市高淳区东坝镇小茅山脚村,由村委会牵头成立了乡村旅游合作社,把村里闲置集体建设用地折价入股,引进专业公司打造精品民宿,每年不低于5%的利润给村民分红,部分村民将自有住房租赁给公司,每年租金5万元左右。南京市溧水区石山下村,由溧水商旅集团与南京青果文化发展公司合作成立的石山下旅游发展公司投资开发经营27幢民宅组成"乡居酒店",成为让很多人迷恋的"文艺村"。

三、乡村文化生态建设

乡村文化生态建设意在营造宜居环境、打造淳朴乡风,是建设现代农业新格局的必经之路。乡村文化生态建设既能够为乡村振兴注入思想活力,又能够凝聚乡村振兴合力。因此,生态文明建设是乡村振兴的题中之意,是实现乡村振兴必不可少的重要举措。江苏省乡村文化生态建设因地制宜,挖掘拓展现有资源优势,取得了可喜的进展。

1. 特色文化符号

江苏村落遗产是在历史的背景下产生、发展和变化的,是古代农业文明的产物,是在近代的东西方文化碰撞和社会转型,以及改革开放后的城镇化进程中不断蜕变而留存下来的。江苏大地上至今仍保有18万个左右在各个历史时期形成的自然村落,其中最精华部分被授予或省级历史文化名村、或传统村落的称号。江苏省20个历史文化名村和传统村落,是今日江苏村落历史文化遗产的代表,是江苏乡村发展历史记忆的缩影,这些具有浓郁地方特色、具备农村传统文化特征的民居、村落、街巷,保持原生态景观和原汁原味的乡土文化,成为乡村特色文化符号。

湖泊岛屿的村落有苏州陆巷村、明月湾村、三山村、杨湾村、翁巷村、东村等六处,均位于太湖之上的东、西山岛。东、西山岛人多地狭,尽其地利,仍艰于养民。故岛民多外出行商,以求谋生。但岛上的村落并未因此而萎缩衰败。氏族通过修谱建祠等活动,成为凝聚离土岛民、维护村落延续的关键因素。氏族组织模式一方面促使外出行商的岛民组织起来,形成洞庭商帮;另一方面,敦促行商岛民将所获反哺乡里,维护村落发展。从今天的遗存看,东、西山古村落的码头、街巷、古井、古桥、消防、排水等交通、市政设施维护良好,祠堂、寺庙、公所、商铺等村落公共设施皆备。此外,村落崇文重教,村中常设宗族教育设施,建筑装饰上多有"渔樵耕读",营建工艺具有典型的苏州地域特征。

位于平原水网的村落有常熟李市村,无锡礼社村、严家桥村,常州焦溪村、杨桥村等五处,除李市村外,其余均属历史上常州府辖地。常州和苏州府水网发达,故傍水而居、依水而建是上述五处村落的共同特点。村落布局形态多呈鱼骨状,由街、巷、弄分级递进;交通空间以桥、码头为特征;建筑特征多与河相关。为加强平原水网地区的防御,史载村落多设圈门、敌楼,焦溪村则就地取材营建"黄石半墙",体现了"因地制宜"的营建思想。常州府、苏州府一带,土地肥沃、农桑富庶、舟楫利、市集兴盛,无饥馑之忧。氏族聚居也是这里村落社会组织的常见形态,同时商业市集的高度发育,也影响着村落形态的组织,形成了两种不同的村落格局。

位于丘陵沼洼的村落有镇江华山村、儒里村、九里村、柳茹村,南京漆桥村、杨柳村等六处,分属历史上的镇江府和江宁府辖地。这种村落的空间布局,地域特色鲜明。一方面,村落受丘陵陂塘所限,选址多位于地势较高之处,如被迫选址圩地,则会在建房之前,打桩以加固地基。另一方面,村落形态充分利用了地形特点,赋予陂塘生活取水、宅院防火、游憩玩赏等功能,甚至与宅院布局结合,形成塘—院—塘的空间序列。与水网地区不同的是,对外联系通道由水路转为陆路,村落或沿对外的圩路、驿道布局,或环以水塘洼地,可防御、便耕垦。村内取水以井为主,少见水网地区的码头、桥梁等交通设施。村落亦设圈门、更楼用以防御。

江苏沿海滩涂上的余西村、石港村和草堰村,历史上村落的形态围绕盐业的生产流程展开,它们是因为官营盐业而形成的村落,也是 20 个典型村落中唯一一类在官府驱动下形成的村落。盐业的生产,需要大量的人力、物力资源。盐业是由国家专营和控制的行业。在以农为本的传统社会中,盐业产地意味着贫瘠和荒凉的土地。因而,早期的村落形成,是因官府发配流民、强制务盐而成。

2. 文化生态区

自2011年,江苏省实施省级文化生态保护实验区建设工程以来,已分四批建成10个省级文化生态保护实验区,均已试点运行。第一批包括连云港山海文化生态保护实验区、洪泽湖渔文化生态保护实验区、高淳村俗文化生态保护实验区和姜堰清明习俗文化生态保护实验区。第二批为常熟虞山文化生态保护实验区。第三批为宜兴陶瓷文化生态保护实验区、同里水乡民俗文化生态保护实验区和张家港沙上文化生态保护实验区。第四批建成金坛圩村文化生态保护实验区和社渚傩文化生态保护实验区。以洪泽湖渔文化生态保护实验区、姜堰清明习俗文化生态保护实验区、同里水乡民俗保护文化生态实验区和常州金坛圩村文化生态保护实验区为例对文化生态保护实验区建设成果进行介绍。

洪泽湖渔文化生态保护实验区是江苏省首个省级文化保护实验区,近年来,当地在全面梳理排查大运河文化遗存的基础上,加强非物质文化遗产保护。建设洪泽湖渔文化博物馆、洪泽湖渔鼓传承展示馆等文化传承基地;推动洪泽湖草编、竹编、木船制造、渔网具制造、活鱼锅贴等非遗项目产业化发展;出版《洪泽湖大堤石刻遗存》《猎鱼》等非遗文化书籍,全面展示丰富多样的洪泽湖文化,为大运河文化带建设提供丰富的文化支撑。当前,当地正在整合世界文化遗产——洪泽湖古堰沿线文化旅游资源,华强方特复兴之路文化旅游创意产业园、蒋坝河工风情小镇、西顺河甜蟹小镇、(新)洪泽湖博物馆等一批重点文化旅游项目正有序推进,大运河文化带建设悄然扬帆起航。

姜堰清明习俗文化。泰州市姜堰清明习俗文化生态保护实验区坚持"民俗民办"理念,以国家级非遗"溱潼会船"为重点,通过举办溱潼会船节、湿地生态旅游节、中国湿地论坛等,让广大民众充分享受地道的民俗文化大餐,"溱潼会船"被列为全国十大民俗节庆活动。溱潼会船甲天下,天下会船数溱潼。溱潼会船在清明时分举行,拥有选船、试水、铺船、祭祀、赴会、赛船、送头篙、酒会、演戏等一整套程序体系,以及篙子船、划子船、贡船、花船等花样繁多的会船种类,还包括丰富多彩的文艺表演、民俗活动等。会船期间,彩旗如海,竹篙如林,千舟竞发,鼓乐喧天,令人大开眼界、叹为观止。

同里水乡民俗文化。作为唯一拥有世界遗产的江南水乡古镇,同里水乡民俗保护文化生态实验区注重将历史文化资源的合理开发纳入旅游发展规划当中,文旅结合,以旅游活动为传播介质,打造特色文旅品牌。2018年起,同里推出文旅品牌提升三年行动计划,深化实施古镇世界文化遗产整治保护性修缮工程,对同里古镇在保护的基础上进行"再加工",打造出既具有时尚、体验、创意、国际元素,又保留非遗文化体验、农耕文化体验、雅士文化体验的全新文化旅游产品。

常州圩村文化。常州金坛圩村文化生态保护实验区共有非物质文化遗产42项,其中人类非物质文化遗产1项(2009年9月金坛刻纸与山西剪纸等被打包列为人类文化遗产),国家级项目5项,省级项目7项。当地积极携手知名景点东方盐湖城,生动融入各种传统文化,在景区设立非遗展馆,举办各种文化论坛,开展舞龙、马灯、道教音乐的展演,既让非遗项目得到了充分展示的机会,又丰富了旅游项目、提升了旅游内涵。

实验区探索非物质文化遗产原真性、活态性、整体性保护的"江苏模式"。"见人见物见生活"的文化生态保护实验区建设,把非遗项目和其得以孕育、滋养的人文生态环境一起保护,为诗和远方"添故事"。

3. 公共文化服务建设

江苏省立足实际不断开展文化惠民工程,为乡村提供更多更好的公共文化产品和服务。在宿迁市,朗读亭给宿迁市民们带来的趣味生活是宿迁文化惠民建设的一个缩影。随着生活水平的不断提高,群众对精神文化生活也有了更高的需求。为了增强市民的文化获得感,近年来,宿迁市不断推进文化惠民载体建设,提升公共文化服务能力,各种文化惠民"套餐"精彩纷呈。宿迁市在全市行政村和社区建设集文化教育、科技普及、图书阅读等多功能为一体的综合文化服务中心,目前已建成606所,为广大群众提供了丰富便利的文化服务。据悉,到2020年底,全市将实现基层综合文化服务中心全覆盖,让基层群众有更多的空间参与文化活动。江苏省灌南县财政局采取措施推进文化惠民工程。一是以创建省级公共文化服务体系示范区为契机,加强文化基础设施建设,不断完善县、镇(乡)、村(居)三级公共文化服务设施网络体系。完善文化馆、图书馆、博物馆和乡镇文化站免费开放长效保障机制。二是继续推进文化信息资源共享工程、数字图书馆、公共电子阅览室、数字农家书屋、图书馆分馆建设。

"十二五"期间,江苏全省各省辖市、城乡依托当地文化发展实情,分别开展了各具特色的公共文化服务活动。城市因为拥有硬件设施齐全,服务人员专业水平高等优势,所以有很多品质较高的公共文化服务活动。如南京市玄武区就定期举办"共享阳光"百场公益演出活动,南京市政府积极鼓励的"四进社区三下乡"等文艺汇演也时常开展。无锡市则在丰富公共文化服务活动的形式上下足了功夫,比如通过定期的广场文艺汇演来丰富退休人员的退休生活;关爱盲人的"为盲人讲故事"活动产生了良好的社会影响;呼吁关注未成年人心理健康的"未成年人心理健康教育月"也产生了极好的社会效应。苏中地区的泰州市则把当地经济发展情况与地方文化特点巧妙地结合起来,专门出台相关文件鼓励市民进行常规化的广场演出,推出"百姓大舞台"。让有兴趣的市民主动参与文化服务活动,并且经过不断宣传,现已发展成熟,成为当地一道特色的品牌文化大餐。

在农村地区,江苏全省积极支持三送活动。比如在农村放映电影中,南京市江宁区规定每个行政村平均放映场次必须达到17场次。泰州市政府则将这一工程进一步规范化,政府购买了相关设备并安排专业技术人员负责放映工程。为解决部分人员的形式主义、消极怠工的问题,泰州市政府制定问责制度,定期检查任务进行的进度与效果,以此为依据来决定来年财政拨付的金额,并同时严肃处理失责问题。而苏北地区的泗洪县除了对农村地区开展三送活动以外,还组织民间成立如"洪泽湖民间艺术团"等业余文艺团队,配合政府深入群众与基层,进行精彩的公益性文艺演出,受到了广泛的赞誉。

由此可以看到,步入常规化轨道的公共文化服务活动让大众享用文化上的盛宴,极大地丰富了江苏省人民的业余生活。

第三节 江苏乡村文化建设的机遇与挑战

乡村振兴战略的实施,涉及内容广泛,层次多样,比如农民参与程度、农村产业发展情况、生态宜居情况、乡风文明情况、乡村治理情况、民生保障情况等内容。江苏省结合本地实情和特色,积极制定乡村振兴战略实施意见,因地制宜推进乡村振兴战略实施。乡村振兴战略得到了广大农村居民的积极拥护,并且近期的实践也取得了一定初步成效,可谓机遇与挑战并存。

一、江苏乡村文化建设的发展机遇

江苏省率先实践,依照乡村发展现状,开展特色田园乡村建设的决策部署,提出了"生态优、村庄美、产业特、农民富、集体强、乡风好"的规划目标,为乡村振兴提供了指引。该规划目标是解决江苏问题、发展江苏路径的良好政策和方向。江苏之所以可以快速走到政策实践前列,也具备一定条件和必要性。

1. 精心组织乡村振兴战略实施

党的十九大提出实施乡村振兴战略，农业农村农民问题是关系国计民生的根本性问题，必须始终把解决好"三农"问题作为全党工作重中之重。改革开放40年来，农村的生产、生活状况发生了重大变化，民主政治建设不断加强，国家对农村文化建设也高度重视，制定了各种农村文化发展政策，农村文化建设的硬件条件和软件条件都有了极大改善，为农村文化提供了良好的发展机遇。

实施乡村振兴战略，是以习近平同志为核心的党中央着眼党和国家事业全局，深刻把握现代化建设规律和城乡关系变化特征做出的重大决策部署，是全面建成小康社会、实现社会主义现代化的重大历史任务，是广大农民的殷切期盼，是新时代"三农"工作的新旗帜和总抓手。为贯彻落实《中共中央国务院关于实施乡村振兴战略的意见》，根据国家《乡村振兴战略规划（2018—2022年）》和《中共江苏省委江苏省人民政府关于贯彻落实乡村振兴战略的实施意见》《江苏省乡村振兴十项重点工程实施方案（2018—2022年）》，省委省政府印发了《江苏省乡村振兴战略实施规划（2018—2022年）》。

《江苏省乡村振兴战略实施规划（2018—2022年）》按照产业兴旺、生态宜居、乡风文明、治理有效、生活富裕的总要求，对实施乡村振兴战略做出阶段性谋划，明确目标任务，细化工作重点，部署重大工程，强化政策保障，引领乡村振兴战略在江苏全面实施。规划目标到2020年，乡村振兴取得实质性进展，建立健全乡村振兴的工作机制，制度框架和政策体系初步形成，各地区、各部门乡村振兴的思路、举措得以明确，新一轮脱贫致富奔小康任务全面完成，以县为单位实现高水平全面建成小康社会的目标，重大风险防范化解和环境污染防治取得重要进展。到2022年，乡村振兴的制度框架和政策体系基本健全，各地各部门合力推进乡村振兴的格局全面形成。到2035年，乡村振兴目标基本实现，农业农村现代化展现现实模样。到2050年,在基本实现农业农村现代化的基础上,乡村全面振兴,农业强、农民富、农村美全面实现,全体农民共同富裕高标准实现、享有幸福安康的生活,美丽宜居乡村成为"强富美高"新江苏的鲜明底色。

2. 拥有深厚传统优秀文化基因

江苏作为文化大省,自古文化底蕴深厚,具有独特的人文素质,历史上的江苏不据中原之利,却自隋唐以后就担负着中华文化灿烂发展的经济基础,形成了与时俱进、不断创新、不甘落后的精神文化;明清两朝时江苏更是商业经济发达、文化繁荣昌盛,经济、文化均在全国领先。江苏文化传统中的英雄情怀、家国情怀、克让诚信以及经世致用精神世代流芳。

江苏文化传统中的英雄情怀。以《大风歌》和东林党人"声声入耳"为代表的江苏文化,凸显出一种英雄情结,奔腾着一种历史豪情。这种精神是民族的脊梁,在历史大变革的风雨如晦之际,勇于担当历史责任,敢于为民请命,既是反抗社会邪恶的先锋,更是推动社会不断进步的动力。这种品格和气节,是丰碑,也是催人奋进的正能量。

江苏文化传统中"事事关心"的家国情怀。江苏历史文化中富有"先忧后乐"的使命意识,以及"天下兴亡,匹夫有责"的爱国精神,并汇成了一股强烈的家国意识,爱国爱家,奉公尽职,以国家的安危兴衰为念,并努力为安邦兴国奋斗奉献。

江苏历史文化中的"克让之风"。泰伯奔吴,不仅带来了中原先进的文化,而且也开启了江苏文明的敦厚谦让风气,经季札等一代代先贤的身体力行,这一风气更是蔚然成风,形成了江苏文化温良礼让的文雅风致。

江苏历史文化中一诺千金的诚信品德。以季札挂剑为典型的江苏诚信传统,内重良心修持,外重行为操守。这一历史文化传统,既孕育了江苏朴实厚重的民风,也显然为人们亲近诚信、践行诚信、守护诚信,奠定了深厚的文化基因。

江苏历史文化中经世致用精神。江苏文化少虚多实,特别推崇经世致用和实干兴邦。所以历史上这里率先出现了资本主义萌芽,这里也是近代工商业发达的先进地区。

深厚的、优秀的文化基因是江苏人民的宝贵资源,是乡村振兴战略中无与伦比的优势,有待当下江苏人以合适的方式打开,以便其绽放异彩。

3. 强健的乡村文化产业体系

江苏省乡村文化产业体系颇具规模,势头良好,这有几方面的表现:

一是文化产业整体实力不断提升。2016年全省文化产业增加值达到3 863.9亿元(位居全国第二)、占GDP比重达5%(位居全国第五)。2016年底,全省共有文化企业10万余家(位居全国第二),从业人员超过220万人,其中规模以上企业7 578家,占全国的15.16%,从业人员超过120万人,营业收入1.44万亿元,企业总资产规模、主营业务总收入均超1万亿元。全省拥有67家文化类上市挂牌企业,净资产总额达562亿元,总市值超过1 930亿元。2017年,省属6家文化企业资产总额超过1 200亿元,凤凰出版传媒集团、江苏有线多次入选"全国文化企业30强"。江苏27个项目入选文化和旅游部文化产业司印发的《文化产业项目手册(2018年度)》,除中共中央直属机构外位居全国第三。共有144家企业、39个项目先后入选国家文化出口重点企业和重点项目,位居全国前列。

二是要素集聚和示范辐射能力不断增强。全省现有各级各类文化产业园区(基地)200多家。成功创建国家级文化产业试验园区——南京秦淮特色文化产业园、无锡国家数字电影产业园等16个国家文化产业示范基地,南京、无锡、常州3个国家文化和科技融合示范基地以及无锡国家文化出口基地。共评选认定14个省级文化产业示范园区、44个省级文化产业示范基地(其中,8个省级重点文化产业示范园区、9个省级重点文化产业示范基地)、32个省级文化科技园。70%的文化企业落户在各类园区和基地,由此带来江苏文化产业要素集聚能力不断增强,产业园区示范辐射效应不断扩大。作为部省共建的国家级重点产业园区,江苏国家数字出版基地营业收入超200亿元,居全国新闻出版产业基地前列,无锡国家数字电影产业园2017年完成产值近50亿元,税收4.75亿元。骨干企业示范辐射能力也在不断增强,进一步凸显全省文化品牌效应。新华报业传媒集团、凤凰出版传媒集团、省广电集团、江苏有线、省文化投资管理集团等省属大型集团抓住机遇加快发展,主体地位日益突出,在全省乃至全国都有较大影响。全省一大批新闻出版广播影视作品、节目、栏目等在全国广受好评。南京文化创意、苏州现代手工艺、无锡数字电影、常州动漫游戏、扬州工艺美术等产业成为特色品牌。

三是文化产业结构不断优化。以文化艺术服务、数字内容、创意设计服务等高附加值领域为主体的文化服务业增加值比重不断攀升,整体文化产业结构在不断优化。在2016年全省7 578家规模以上文化企业中,文化制造业企业2 836家,占比37.42%,同比上升1.72个百分点,文化批发和零售业企业1 181家,占比15.58%,同比上升11.9个百分点,文化服务业企业3 561家,占比达47%,同比上升19.65个百分点。文化产业与信息技术、网络技术、数字技术对接,派生出网络游戏、网络视听、手机文化、网络出版、数字节目、三维动画等一系列新的文化业态,赋予江苏文化产业新的内涵,提高了江苏文化产业的竞争力。同时,传统文化产业不断转型升级,新型主流媒体不断发展,绿色、数字、智能化印刷广泛推广,深受读者欢迎。版权产业发展速度不断加快,2017年全省作品自愿登记数量286 596件,较上一年度增长59.08%,版权合同登记数量794件,较上一年度增长14%,数量均居全国前列。

四是民营文化企业不断壮大。民营文化企业近年来发展加快,单位数量高居全国首位,产业规模持续扩大,盈利能力不断提升,整体运营状况良好,已成为江苏文化产业发展的生力军。2016年全省民营文化企业实现营业收入超过13 000亿,占全部文化产业单位营业收入的60%以上。在7 578家规模以上文化企业中,民营文化企业5 772家,占规模以上文化企业的 76.17%。在 2015—2016 年度"江苏民营文化企业 30 强"中,属于新兴文化产业的民营文化企业占比近 2/3,其中文化科技类企业 13 家、文化创意类企业 8 家、传统类文化企业 9 家。

以上几项因素,铸成了江苏乡村振兴战略实践路径的特色和优势,通过深入挖掘丰富资源,切实形成制度合力,发挥整体联动效应,以形成循环不止、生生不息的乡村文化系统。

二、江苏乡村文化建设面临的挑战

当前江苏乡村文化建设面临的困境也是有目共睹,乡村文化建设与全面建成小康社会的目标要求还不适应,与统筹推进"五位一体"总体布局和协调推进"四个全面"战略布局还不相适应,其具体表现在很多方面,诸如思想认识、体制机制、管理制度、资金投入、人才保障等诸多层面,但究其关键,还在于思想认识这一根源上。

1. 城乡文化关系认识不足

城市与乡村作为两种不同的人类聚居形态,是社会劳动地域分工的结果,各自的生活方式也呈现明显不同的特征。有人把城市当作现代文明的象征,认为乡村文化是人类发展历程中停留在过去的遗存,而在以经济增长为主要目的的发展方式中,城镇化通常会被理解为将城市特征移植进入传统的乡村生产方式和生活方式。于是,就有这样一种观点,坚持以现代化的理论想当然地解释中国五千年农耕文明,认为农耕文明所代表的是落后的生产方式、生活观念,中国要快速实现现代化,必须走城市化之路,城市建设抽走了乡村的劳动力和土地,所以乡村的衰落是必然的,甚至正是城市化、现代化的成果。基于这种观点,建设农村、改造农村的目标也就成了把乡村建设成城市。美国学者刘易斯·芒福德指出,在以经济指标增长为核心目标的发展模式中,城市物质建设上的高成就掩盖不了精神实质的消失。① 实际上,塑造城市精神实质属于城市文化建设的核心问题之一,从当前发展实践来看,城市管理者似乎并没有找到非常有效的解决方法。如果在城镇化向乡村推进的过程中,简单武断地照搬城市文化的处理方式对待即将"城镇化"的乡村文化,那些原生态的"历史记忆"的命运难免令人忧虑。因此,在和城乡融合发展的大背景下,实施乡村振兴战略,需要我们对乡村文化价值进行新的思考和判断,而这种方式的选择必然离不开城乡互联的现实关照。

2. 乡村本土文化衰落

乡村本土文化的衰落体现在以下几个方面:

一是发展乡村经济的同时忽略了对文化的重视。近年来,随着我国经济的快速发展,乡村的经济水平也不断提高,工业化和市场经济的运行将许多乡村变成可加工原材料的产地和廉价劳动力的输出地。城市化的进程中,有些地方农民的土地被征用,工业区、大学城等在乡村大规模建设,农民走出世世代代居住的宅院。然而,在城镇化过程中,不少地区只注重乡村的基础设施建设和经济建设,相对忽视了乡村文化的保护与开发。一直以来,我们习惯了用经济的视角看待发展,却往往忽视了不同地区人们的生活价值和意义。

二是年龄结构的断裂导致传统文化的断裂。城乡二元经济结构使得城乡长期处于分隔状态,乡村以其自给自足的农耕方式形成了独特的乡村文化,改革开放以来,随着城乡之间人口流动加快,越来越多的农民加入了市场经济建设的大潮中,为经济发展作出了巨大贡献,所以在乡村社会中,承载乡村传统文化的主要为老年人群体。但随着社会经济的发展,农村社会阶层也发生了变化,老年人群体日益边缘化,使得他们无力继续

---

① 刘易斯·芒福德著;宋俊岭,倪文彦译:《城市发展史》,中国建筑工业出版社,2005年,第22-39页。

继承和发展乡村社会的传统文化,致使传统文化遭遇了相当程度的断裂。同时,由于社会节奏的加快导致人们对待传统文化的心理发生了变化,一些传统文化也就在村民自觉或不自觉中慢慢地淡化和被抛弃了。

三是文化冲击导致传统习俗悄然改变。在农村,农民的思想观念、消费方式发生了深刻变化,乡村中的农民无法对乡村文化产生亲和力。近年来,城市文化的冲击导致传统习俗消逝的同时,一些习俗也发生着巨大的变化,成为了近些年来农村变化的重要组成部分。在一些传统节日里,一家人大多都不像从前那样团聚,反而变成了给长辈们送礼的日子,平时很难表达的孝道要在这种时候才能充分表现。其他像重阳节、七夕节等,在农村地区越来越被看淡,在商业化的包装之下,重新走进了农村年轻人的生活之中,原来那种佳节思乡的氛围已经荡然无存。乡下的社戏团体早已解散,对于这种文艺的需求却大多通过电视来满足。

3. 先进文化因子缺失

灿烂的农耕文明创造了古代中国社会的一次次繁盛,其文化资源至今令国人引以为傲。我国大量的物质文化遗产、口头和非物质文化遗产都散落在乡村,乡村文化要保留它自身与城市文化不同的特色文化基因,就必须保护和传承好民族的优秀传统文化。这是近些年我们在社会主义新农村文化建设过程中总结出的基本经验之一。近现代以来,我国乡村传统文化由于遭受了多种因素下的解构和损毁,因此其宝藏和沉渣并存就不可避免。然而,一些热衷于传扬传统文化的人士对传统文化缺乏深刻的理解和把握,故而出现了不少把封建糟粕也误当作优秀传统文化来传扬的情况,更有甚者,认为古代农耕社会的传统文化一切都是智慧和文明的体现,是值得我们在当代加以继承和弘扬的,导致一些地方腐朽落后的思想逐渐在农民中滋长,道德危机日益显现,对此我们也应该有足够的警醒。

4. 文化价值认同偏差

面对改革开放以来经济为上的社会浪潮,乡村文化被裹挟到市场机制中。在村民层面,由于片面地不充分地认识乡村文化的价值,甚至停留在工具理性的层次,从而导致乡村文化在传承和创新上的模糊理解,也就导致乡村文化振兴失去内生的动力。例如,在调研中,我们发现,"过时了,不管用了"是不少村民对乡村文化的共识,而另外一些村民们虽然对乡村文化还能保留有许多情感记忆,但是他们在对乡村文化价值的认识却有明显的不足,市场导向的既定思维往往使他们偏重于从经济的角度加以衡量,一般停留在乡村文化能吸引多少游客、创造多少经济收益上。如此,他们很难也不可能从乡村文化与乡村社会、乡村文化与生态文明建设,乡村文化与绿色生活方式,乡村文化与城乡融合发展等高度去进行文化的判断。在乡村文化开发与保护的矛盾中,乡村文化旅游似乎成为弥合二者的有效路径,甚至有学者提出农业文化遗产地旅游开发的模式,寄希望于实现经济与文化的协同并进。

5. 文化传播语境断裂

文化作为一种人们认同的意义与价值的来源,是在一定的语境下产生作用的。同时,每一次互动都是在更大范围的语境下出现的。换言之,历时态的社会记忆和共时态的社会经验都是我们在分析农村文化建设时需要予以考虑的因素。

其一,作为社会记忆的村庄互动影响了农民对村干部行为的接受与认可。传播学者认为,人们从社区中吸收和攫取文化特质以形成集体共识,就是透过传播的机制,藉由符号的传递与互动而渐次形成。传播所形成的集体记忆与认同,是生活于社区中的人们的意义与价值的来源。由于历史的原因以及对农民参与的相对忽视,农村文化建设对于村干部和村民的意义是大为不同的,这就造成了一种交流的无奈。一方面,基于既往的乡村互动,村民大多已经形成了对基层干部行为的刻板印象,甚至质疑他们是否从中捞取个人利益。另一方面,村干部则认为农民对他们过于挑剔。

其二,村庄共同体意识及其经验的缺失使集体的文化表达行动遭遇了困境。有人认为,任何真正的传播理论都是一种共同体理论。然而,青壮年人口的大举外出流动造成农村文化人才的断层和缺失,村民的电子化和电视的普及对村庄公共文化行动基础的消解,村民人际关系的利益化无不破坏了村庄共同经验的营造。村干部基于现实的判断认为农村文化活动缺人,搞不起来,村民则虽期望文化生活更丰富,却又日渐形成一种集体的不可能意识。

第四节 繁荣发展江苏乡村文化的对策建议

乡村文化可谓华夏民族之血脉,也是广大人民的精神园地。乡村文化建设是实现农村生产发展、政治民主、社会和谐的重要因素。我们应当以习近平总书记系列重要讲话精神为指导,以创建核心价值体系为重要任务,以切实满足民众的文化需求为基本出发点,从而创建更加科学化、大众化的文化。江苏省乡村振兴战略的实施取得了好的开篇,但需直面存在的挑战和不足之处。为巩固并更好实施乡村振兴战略,繁荣乡村文化,提出如下建议。

一、坚持主流核心价值体系引领

"社会主义核心价值观是当代中国精神的集中体现",是社会共识的"最大公约数",彰显了国家的价值内核,凝聚了亿万人民共同的价值追求,勾勒出多元社会的共同理想。加强乡村文化传承工作,必须牢牢把握社会主义核心价值观,明确好乡村文化传承发展方向,促使乡村人民达成思想共识,强化社会主流意识形态在乡村地区的影响力,坚定广大乡村人民群众实现乡村文化传承的意志,为早日实现乡村文化振兴工作提供强大的精神动力和有效的智力支撑。

当前,乡村必须落实社会主义核心价值观。一方面,将弘扬社会主义核心价值观与乡村精神文明建设和乡村心理服务体系建设相结合。各地区要积极推进乡村文明建设,积极开展村民理想信念教育活动、乡村公德培育活动、乡贤表彰活动等,推进乡村地区形成良好的社会道德风尚和精神面貌;要大力培养良好健康、积极向上的乡村社会心态,形成有效的心理健康服务运行体制机制,提高乡村人民的心理健康水平,切实预防和解决乡村社会心理健康矛盾和问题。这样也有利于解决乡风文明建设中的道德焦虑难题,使乡村人民形成普遍的情感、道德和制度认同,增强其归属感。另一方面,将其作为村民自治基础上实现乡村社会德治与法治相结合的重要契合点。将社会主义核心价值观融入于法治建设中,加强乡村人民的法治教育,做好法治宣传教育,强化人民法治观念,优化乡村法治环境。凝聚村民德治共识,增强规则内化意识,尤其是要注重将核心价值观融入于村规民约的制定中,善用乡村舆论力量等,形成更加合理有效的约束力,把核心价值观体现于社会治理的方方面面,做到办事处事合情又合理。

二、完善公共文化服务体系

习近平同志在十九大报告中指出,要完善公共文化服务体系,深入实施文化惠民工程,丰富群众性文化活动。江苏省乡村振兴战略加强引导,鼓励社会力量捐助和兴办公益性文化事业,加快建立覆盖全社会的公共文化服务体系。要完善公共文化服务体系,需要从以下几个方面入手,夯实基础。

第一,全面协调,均衡基层公共文化发展。以完善基层公共文化服务体系建设为中心,树立全面、协调、均衡的发展思路,在公共文化项目建设过程中,政府部门要深入基层做好调查研究,更大程度地满足群众的文化需求,做到公共文化服务均衡发展。在现有场馆基础上,争取财政资金对展厅等公共文化服务功能室进行改扩建,为广大群众提供更好更全面的文化服务。

第二,增加投入,建立长效经费保障机制。积极探索建立稳定增长的公共文化投入机制,进一步加大财政对公共文化服务体系建设、管理、使用的投入扶持力度,并根据经济社会的发展,不断提高对文化事业发展的经费投入,为公共文化服务体系建设提供资金保障。对群众文化活动所需设备的添置与更新进行适当的财政补助,尤其对基础差、财政弱的乡镇进行适当的倾斜,进一步激发群众工作的积极性。探索多元化的公共文化市场引入机制,激发各类社会主体参与公共文化设施建设运行的积极性。

第三,创新机制,培育壮大基层公共文化人才队伍。进一步创新完善选人用人机制,通过政策支持,选调一大批文化专业优秀人才,充实到专职文化干部队伍当中,同时,要按相关政策落实好相应的待遇,使这些优秀人才能够静下心、稳得住、干得好。另外,通过定期举办培训班和文化社团"结对"帮扶等形式,扶持培养民间文化传承人,使他们在基层文化活动中发挥积极作用。积极争取更多资金支持,对活动组织能力强、队伍建设好、运行规范的文化社团进行奖补。

三、传承发扬江苏优秀传统文化

守本固基是文化发展的本质要求,中华民族优秀的传统文化是中华民族5 000年历史文化积淀的必然结果。当前传承乡村文化就应当注重延续优秀传统文化血脉,坚持在保持其原汁原味的基础上,进行选择性继承和创造性转化。一方面,纵横结合,挖掘优良基因。从纵向看,要把握历史逻辑,吸取乡村传统文化的合理内核,通过把握其思想理念、传统美德和人文精神,挖掘和弘扬好个中精髓和精华,将其融入于乡村乡风文明建设、道德建设等活动中,切实传承好中华文脉,保证好乡村文化传承的优质性。从横向看,要保持好乡村文化传承区域特色,尤其是注重对独具民族特色和革命特色的乡村传统文化的保护、传承和发展,防止出现文化传承千篇一律的现象,不断推动乡村文化百花齐放,尊重文化发展的多样性。另一方面,融合新内容,增添新形式。与现代先进文化融合,培育好新时代乡村文化,提升乡村文化的时代感,增强其适应性。如在吸取和借鉴传统社会治理文化和成功经验的基础上,融入现代法治理念,补充和发展好现代社会治理理念。充分完善和利用好当前乡村文化发展"软件"设施,如电视广播、网络信息服务等,促进乡村文化传播方式多样化、多元化发展,不断扩大和增强乡村优秀传统文化的影响力。

四、发动群众参与贡献集体智慧

农村文化建设的主体是农民,农民是农村文化建设的最大受益者。要改变传统的农民单纯地欣赏文化的立场,发动他们积极地参与到文化建设中来,特别要发动一些"乡土文化能人",使他们逐步成为新农村文化生活的"领头羊";要依托重大节庆和民族民间文化资源,组织开展群众乐于参与的文化活动。支持群众依法兴办文化团体,精心培育植根群众、服务群众的文化载体和文化样式。

人民群众的伟大实践是文化创新的不绝源泉,乡村文化的传承发展始终离不开乡村人民自我的努力和付出。同时,随着现代信息技术的发展和自媒体的普及,现代传媒成了人民接收文化和推广自我创新文化的重要途径和手段,对人的生活方式和思想观念等方面的影响越来越大。充分推进乡村文化传承主体力量的自觉发挥,加快乡村文化传承人才队伍建设,不断提高乡村人民的文化素质,尤其是要培养好乡村青年文化人才,不断增强乡村文化工作人员的办事能力,传达和落实好相关政策,奠定自觉传承的基础,增强传承乡村文化的信心;政府管理部门要认识并重视乡村人民对文化传承的重要作用,尊重其主体地位,为乡村人民的文化创新活动提供有效路径和良好的社会环境,积极举办乡村文化创新活动;

要不断激励文化创新发展,促进文化创新成果产品化,坚持精神奖励和物质奖励并举,充分挖掘和有效开拓乡村文化产品市场,充分调动乡村人民群众的积极性和参与性。

五、发挥乡贤带头示范作用

习近平总书记提出:"大力发掘并鼓励'新乡贤'反哺乡村、参与乡村治理,使其成为促进乡村进步、革除'精神荒芜'的重要实践者和引领者。"乡村的振兴,不仅是经济、生态和社会的振兴,也是乡贤文化的振兴。农村空壳化的根源,是传统乡村文化的衰亡。乡贤文化作为一种乡村文化,可以增强基层治理能力、涵育文明乡风。通过建设新乡贤文化重构传统乡村文化,将助推乡村振兴战略的实现。

传统的乡贤是指乡村的贤能之士,随着社会变迁,"新乡贤"的内涵更加丰富:"乡"的范围扩大,"贤"的类型也日趋多元化,从限定在儒家知识分子扩大到具有公民道德和职业道德的人。当代乡贤参与村庄治理是对传统乡贤治村的传承、拓展与创新,有利于促进乡村治理体系中精英主导与大众参与的有机统一、经济发展与道德文化建设的齐头并进。传统社会的乡贤依靠传统伦理来制定乡规民约,依据情感共识来建立和维护乡村共同体,乡贤参与乡村治理秉承的是志愿精神,具有无偿性,不会给传统农村带来经济上的负担。但在现代化进程中,乡规民约在行政力量的渗透下被破坏,农村规则的制定则更多地来源于行政授权和政府管理,这增加了农村社会的管理成本,降低了乡村治理效率。城乡二元结构下乡村精英大量流失到城市,进一步弱化了乡村治理主体。而城市作为经济的主导者、文化的引领者,理应借助反哺农村的政策担负起新乡贤的培育责任。因此,在新乡贤的培育中我们应分析乡贤回归的动力逻辑、历史逻辑和功能逻辑,进而厘清乡贤回归的行动逻辑,吸引乡贤在乡村治理中的返场。

乡贤参与乡村治理能有效地增强乡村自治力量,是以德治村、依法治村的重要补充。因此,我们应破除乡贤参与乡村治理的障碍,弘扬乡贤参与乡村治理的优良传统。这不仅是重塑乡土文化、推动乡村善治的必然要求,也是实现乡村振兴战略的客观要求。

参考文献

[1] 陈书禄,等.江苏地域文化通论[M].南京:江苏凤凰教育出版社,2014:55-86.

[2] 徐四海.江苏文化通论[M].南京:东南大学出版社,2016:32-48.

[3] 李明,王思明,等.江苏农村文化建设发展报告2014[R].北京:科学出版社,2015:171-190.

[4] 路璐,朱志平.历史、景观与主体:乡村振兴视域下的乡村文化空间建构[J].南京社会科学,2018(11).

[5] 刘忱.乡村振兴战略与乡村文化复兴[J].中国领导科学,2018(2).

[6] 赵淑清.再造乡村文化助力乡村振兴[J].人民论坛,2018(5).

[7] 孙景淼,等.乡村振兴战略[M].杭州:浙江人民出版社,2018:173-189.

第六章　完善现代乡村治理体系

党的十八届三中全会通过的《中共中央关于全面深化改革若干重大问题的决定》明确提出了推进和实现国家治理体系和治理能力现代化的战略目标。作为国家治理体制不可或缺的有机组成部分，乡村治理不仅关系到我国农民的生活和命运，也与国家的稳定与发展紧密相连。新型城镇化和乡村振兴战略目标的实现迫切需要建构一个现代化的乡村治理体制。结合江苏实际，构建自治、法治、德治相结合的乡村治理体系，对乡村振兴战略以及"强富美高"新江苏战略的实现具有重要意义。本章将在梳理乡村治理基本理论的基础上，利用第三次全国农业普查资料，总结江苏乡村治理的主要成效，分析新形势下江苏乡村治理面临的挑战和存在的问题，并在借鉴发达国家乡村治理经验的基础上，提出江苏乡村治理体制创新的对策建议。

第一节　乡村治理的理论基础

1989年，世界银行首次使用了"治理危机"一词，自此之后"治理"相继出现在政治学、发展经济学、国际关系学等领域。全球治理委员会在1995年发表的《我们的全球伙伴关系》中对治理的界定如下：治理是各种公共的或者私人的个人和机构管理其共同事物的诸多方式的总和。这是迄今对"治理"较具代表性和权威性的定义,同时表明,治理的基础不是控制,而是使相互冲突的或不同的利益得以调和并采取联合行动的持续过程。治理理论的主要创始人罗西瑙认为,治理是一系列活动领域里的管理机制,是一种由共同的目标支持的活动,这些管理活动的主体未必是政府,也无须依靠国家的强制力量来实现①。

20世纪90年代至今,治理与善治理论成为西方学术界最具有影响力的理论体系和分析框架之一。以此理论为基础,华中师范大学中国农村问题研究中心,吸收了"治理"理念,并结合中国"三农"的实际情况,于1998年首次提出了"乡村治理"这一更具包容性的概念来解释和分析中国乡村社会②。与"村民自治""村级自治"相比,"乡村治理"这一概念纳入了社会变迁中的农村政治、经济、社会等诸多方面并进行综合性分析,因而对于研究处于转型和变革中的中国农村社会具有广泛的适用性。故"乡村治理"概念很快被业界赞同并接受。目前,乡村治理已成为农村问题研究的主流范式,乡村治理理论亦成为新型基层政治的主流用语。关于乡村治理的概念,不同学者持有不同的看法。郭正林③认为乡村治理是不同性质的各种机构组织通过相对固定的管理制度或机制,共同管理乡村的公共事务;贺雪峰④则认为对乡村社会进行积极有效的管理,保证乡村社会健康有序的发展便是乡村治理的应有之义;俞可平⑤认为:治理是借助一定的规则、权威对其进行管理的过程,这样做的目的是确保公民的利益

---

① 樊雅强、陈洪生:《社会主义新农村建设中的乡村治理理论与实践》,《江西社会科学》2007年第3期。
② 徐勇:《乡村治理结构改革的走向:强村、精乡、简县》,《战略与管理》2003年第4期。
③ 郭正林:《乡村治理及其制度绩效评估:学理性案例分析》,《华中师范大学学报(人文社会科学版)》2004第4期。
④ 贺雪峰:《乡村治理研究的三大主题》,《社会科学战线》2005年第1期。
⑤ 俞可平:《中国治理评估框架》,《吉林大学社会科学学报》2008第3期。

和权利在这种机制下得到应有的保障。尽管尚未达成共识,但大多数学者认为乡村治理的实质是管理好乡村的公共事务,保障人民应有的权力和利益,确保乡村社会健康有序发展。

由于乡村治理涉及乡村治理的主体、权力结构、目标、方式等不同维度,因而具有丰富的内涵。概括起来,乡村治理的内涵主要包括乡村治理的主体、治理权力配置的方式、治理目的、治理过程四个方面[①]。其中,治理主体多元化是治理理论的首要内容,除政府外,治理主体还包括其他民间组织和公民个人。乡村治理主体不仅仅是正式的权力机构——政府,还包括村庄内部各种得到村民认可的权威组织机构,而且乡村治理倾向于更多地关注政府以外的乡村权威机构[②]。赵树凯认为,在乡村治理体系中,多种主体相互依存,通过"参与""谈判"和"协调"等合作方式来解决冲突,实现一种良好和谐的秩序[③]。郭正林则更详细地进行了叙述,他明确提出:"乡村治理,就是性质不同的各种组织,包括乡镇的党委政府、七站八所、扶贫队、工青妇等政府及其附属机构,村里的党支部、村委会、团支部、妇女会、各种协会等村级组织,民间的红白理事会、慈善救济会、宗亲会等民间团体及组织,通过一定的制度机制共同把乡下的事务管理好。"[④]因而,乡村治理是一个由国家和社会共同作用而形成的公共权威实现对乡村社会调控和治理的动态过程[⑤]。从某种意义上讲,乡村治理资源的多元性是乡村治理主体多元性的重要原因,而能否形成多元化的乡村治理主体则是决定乡村治理成败的关键[⑥]。治理目标指的是乡村治理所要达

---

① 苏敬媛:《从治理到乡村治理:乡村治理理论的提出、内涵及模式》,《经济与社会发展》2010第9期。
② 同①。
③ 甘庭宇、徐薇、廖祖君:《新农村建设中的乡村治理模式重构》,《天府新论》2006年第4期。
④ 同③。
⑤ 王晶晶、郑小霞、王景军:《浅析"乡政村治"》,《甘肃农业》2005年第9期。
⑥ 同⑤。

到的境地或者标准,这种境地或者标准可以分解为具体任务,贺雪峰[1]认为,"乡村治理是指如何对中国的乡村进行管理,或中国的乡村如何可以自主管理,从而实现乡村社会的有序发展",丁志刚[2]认为乡村治理的总目标是实现乡村现代化。

乡村治理是一个复杂且不确定性较强的过程,加上农村社会面积大、人口分散的特点,政府部门对所辖区域进行控制的难度较大,这就要求村民在宏观层面接受国家的方针政策,在微观层面上发展自组织,实行自主管理,将乡村社会建设成为极具自主性、组织性的社会体系。因而,乡村治理从大体上可分为官治模式与自治模式。"官治"就是由国家选官设治,在扩充和健全州县的基础上,设立乡镇,最终将地方社会各种经济、文化等事务的管理纳入国家行政的轨道;"自治"则是在国家行政之外建立的"以本地人、本地财办本地事"的行政系统[3]。此外,按照乡村治理的主体分,乡村治理的模式有三种较有影响力的模式[4]。第一种是"县政、乡派、村治"模式。此模式的主要代表人物为徐勇,该模式的倡导者主张体制改革要站在县、乡、村三个组织级别中统筹考虑,优化组合,舍弃其中任何一个都难以在乡村改革中取得良好的效果。第二种是"乡治村政"模式。这种模式强调乡村中的自治,沈延生[5]在《自治抑或行政:中国乡治的回顾与展望》中提及:"乡镇工作人员由当地的选民直接选出,被选出的人员直接享受地方公务员待遇,并随着选举而进退。在村一级要设置'村公所',作为村政的议事机关,村级行政单位的经费和人事调动等都由乡级

---

[1] 贺雪峰:《乡村治理现代化:村庄与体制》,《求索》2017年第10期。
[2] 丁志刚、王杰:《中国乡村治理70年:历史演进与逻辑理路》,《中国农村观察》2019年第4期。
[3] 魏光奇:《官治与自治:20世纪上半期的中国县制》,商务印书馆,2004年,第95—100页。
[4] 王维:《新型城镇化背景下乡村治理的困境及对策分析》,江苏大学硕士论文,2017年,第32—45页。
[5] 沈延生:《自治抑或行政:中国乡治的回顾与展望》,中国社会科学出版社,2003年,第105—145页。

行政机关负责,从而不断培养和增强基层组织的自治能力"。第三种是"大农村社区模式"。该模式的主要观点是撤销村级行政机构,由乡一级别的行政组织机构或者民间组织承担行政和经济职能,从而减小村镇组织的规模。此外,政府部门还要积极扶持民间合作组织和第三部门的发展,建立三者共同治理的大农村社区模式。

当前,我国已经进入了新型城镇化的快速推进期,对乡村治理提出了更高的要求,迫切需要乡村治理现代化。这就要求从理念、体系、制度等维度协同推进,并重塑多元主体治理理念和价值取向,构建政府、市场与社会三大治理主体协同共建的体系框架,并通过科学完备的制度支撑确保农村社区居民共享目标的达成。

第二节 江苏乡村治理的主要成效

改革开放以来,江苏乡村治理在"乡政村治"模式基础上不断进行变革与创新,积极构建"政党领导、政府主导、农民主体、市场引导、全社会参与"多元主体协商共治的乡村治理体制,保证政党、政府、农民、社会组织等不同治理主体要素之间结构的合理化,实现它们之间的良性互动,充分发挥其在乡村治理中的作用。

一、乡村治理组织架构不断健全

乡村治理是一个由基层党政部门、村委会、社会组织以及农民等多元主体参与的过程。乡村治理具有很强的实践性,江苏各地对乡村治理体制进行了丰富的实践探索,并创造了许多行之有效的做法与经验。

1. 完善村党支部设置

江苏探索加强基层党组织建设办法,把支部建在合作社、企业、社区等经济和社会组织上,筑牢执政根基。句容市后白镇西冯村党支部书记李治顺,主动兼任花草木专业合作社主任,发挥党支部在合作社发展中的战斗堡垒作用。张家港市南丰镇永联村则将基层党支部延伸下沉至社区楼栋,充分发挥党员的带头引领作用。近年来在乡村治理实践中,一些地方为了更好地协调处理村"两委"之间的关系,提升村治成效,大力提倡村支书、主任"一人兼",这种做法进一步强化了村党支部在村级治理中的核心、领导地位与作用。据第三次全国农业普查资料,2016年全省共有村党支部书记17 079人,其中兼任村委会主任3 976人,占村支部书记总数的23.28%。

2. 试行"政经分开"

在政经合一体制下,村集体收入中有很大一部分投入公益性设施建设,集体经济不堪重负,农民收入也受影响。近年来,苏州和无锡等经济发达地区试点"政经分开",明晰公共财政和农村集体经济组织在农村公共服务和社会管理支出上的责任,绝大部分公共服务和社会管理资金由公共财政负担。村民委员会和农村合作经济组织的组成人员可交叉,但职能和账目分开。2015年7月,无锡市锡山区安镇街道14个农村经济合作组织与所在村村委会"分账管理",村委会与合作组织完成"切割",前者履行农村公共事务管理,后者则主要从事经营,两个机构两本账,防范村干部在参与集体资产经营管理过程中出现腐败现象。到2016年底,全省村均集体收入达173.7万元,名列全国前茅。

3. 加快发展乡村社会组织

改革开放以后,江苏乡村民间组织得到了不同程度的发展,在乡村治理中特别是乡村自治方面作用初显。特别是村组合并后,行政村的管理范围大大扩大,仅仅依靠村民委员会唯一平台难以有效实现乡村社会的利益整合以及公共产品和公共服务的供给,因此农村民间组织获得了更大的成长和发挥作用的空间。靖江市新桥镇德胜村修订新的村规民约,建立红白理事会和美德善行促进会,设置了村民议事会,设立了老年支部、老年协会、老年娱乐宣传队,不断发挥社会组织在乡村治理中的积极作用。

二、乡村治理机制日益完善

完善治理机制,推进治理现代化,是当前基层社会治理体系建设面临的重大课题。江苏省在乡村治理实践中,以党建为引领,不断扩大村民自治权,不断创新与完善乡村治理机制。

1. 开展村民自治试点

村民自治试点是推进乡村治理现代化的重要内容。2015年7月,张家港市在杨舍镇开展村民自治试点,2016年"以农村社区为基本单位的村民自治试点"被全国农村改革试验区定为新增试验任务。在村民自治试点中张家港市坚持"党建引领、问题导向、多元参与、循序渐进、求真务实"的基本原则,完善了党领导下的村民自治与多元主体共治相结合的农村社区治理新模式、新机制,强化了党的基层领导,提高了群众获得感,为推进农村社区治理现代化发挥了示范引领作用。实行村民自治制度以后,由于建立健全了村民代表会议制度,在村级治理中充分地发扬了民主,广大农民群众对于事关自身利益的事项享有广泛的参与权,约束全体村民的《村民自治章程》《乡规民约》等行为规范也由大家共同参与制定,使得广大农民遵照执行这些规范的自愿性和自觉性大为增强。

2. 开展村级公共服务综合管护试点

2014年11月,淮安市洪泽区被国家农业部、中央农村工作领导小组办公室、水利部等13部委联合推荐为第二批全国农村改革试验区,承担"农田水利设施产权制度改革和创新运行管护机制"试点任务。为打破由部门分割带来的问题,洪泽区在村级公共服务中推行"五位一体"管护机制。由区水利局主导,充分利用江苏省财政厅、省综改办、省农委进一步扩大农村公共服务运行维护机制建设试点的有利契机,将小型水利工程管护纳入农村公共服务运行维护机制建设体系,整合区规划、交通、林业、水利等部门相互独立的小型水利工程管护、农村环卫保洁、农村交通设施管护、农村公共绿化设施管护、农村公共活动场所管护等项目资金,建立了村级公共服务"五位一体"长效管护模式,变条线管理为综合管理,使管理更协调、更高效。

3. 运用法制工具遏制乡村"微腐败"

针对农村集体资金、资产、资源管理这一"微腐败"的高发领域,在省纪委推动下,全省纪检监察机关督促相关部门加快推进农村产权交易市场建设,确保资产资源流转"应进必进",避免人情发包、暗箱操作。2017年上半年,全省95个县市区建成统一联网平台,上半年交易项目1.77万笔,成交金额65亿元,同比分别增长179%和242%。其中,盐城农村产权交易市场在9个县区全覆盖,完善区镇两级平台,上线"三资"管理信息网,将农村集体资金数据、资源测绘数据、资产清查数据、产权交易数据全面汇集、关联、入库、动态管理,既加强了群众监督,又把交易推向全国大市场。连云港聚焦扶贫开发、农村集体"三资"管理、强农惠农补贴发放、农村土地征收、群众身边"四风"等基层易发多发问题,制定26项负面清单集中开展专项整治。

三、乡村干部素质明显提高

乡村干部的素质是决定乡村治理能力的重要因素。村级民主选举的落实,使得一大批年富力强、有文化、有能力、有威望和号召力的农村能人被群众选进村"两委"领导班子,村"两委"的群众基础进一步扎实,村干部的素质与能力也明显提升。

1. 村干部年龄结构合理

2016年末,全省共有行政村17 114个,村委会13 824个,居委会3 290个。共有村干部136 330人,其中女干部31 529人,占村干部人数的23.13%;大学生村官8 559人,占村干部人数的6.28%。全省共有村党支部书记17 079人,其中46~60岁占66.06%,26~45岁占31.27%;村主任年龄结构与支部书记相似,46~60岁占61.79%,26~45岁占34.67%。

表6.1 2016年江苏省村支书与村主任年龄结构表

	村支书数量(人)	占总数比重(%)	村主任数量(人)	占总数比重(%)
≤25岁	21	0.12	32	0.24
26~45岁	5 340	31.27	4 531	34.67
46~60岁	11 282	66.06	8 075	61.79
>60岁	436	2.55	430	3.29
总计	17 079	100	13 068	100

2. 村干部文化素质较高

村书记中大专及以上文化程度已经占54.16%,高中或中专占36.76%。村委会主任的文化程度相对于村书记要低一些,大专及以上文化程度占35.55%,高中或中专占40.46%。

表6.2 2016年江苏省村支书与村主任文化程度结构表

	村支书数量(人)	占总数比重(%)	村主任数量(人)	占总数比重(%)
未上过学	18	0.11	12	0.09
小学	66	0.39	195	1.49
初中	1 467	8.57	2 929	22.41
高中或中专	6 278	36.76	5 288	40.46
大专及以上	9 250	54.16	4 647	35.55
总计	17 079	100	13 071	100

四、现代信息技术广泛运用

乡村治理的主要方式之一是依托现代信息技术的网络式治理,搭建社区公共服务综合信息平台,不断推广"一站式"服务,实现信息资源统筹化。张家港市通过整合农村社区就业、社会保障、文教卫生、养老文化等公共服务信息资源,搭建全市社区综合治理和服务信息平台——智慧社区,开设村民自治专栏,快速收集民情民意,发布自治动态,做好线上线下衔接跟进工作,为群众提供精准化服务,满足群众多样化需求,有效解决了信息沟通不畅问题,及时化解了群众矛盾。

第三节　江苏乡村治理面临的挑战

在新型城镇化和城乡一体化建设步伐加快背景下,当前农村社会正在经历一个从传统农业社会向现代农村社区转变的历史阶段,乡村正面临户籍人口的"人户分离",非户籍人口大量涌入,村民利益诉求增加,各种矛盾交错,基层自治组织功能和作用亟待增强等新情况新问题,乡村治理面临严峻挑战。

一、乡村规模不断扩大

新型城镇化战略提出和实施后,为了更好地整合乡村社会发展的资源,"撤并乡镇"和"合村并组"的步伐进一步加快,乡村规模都在不断扩大。第三次全国农业普查江苏共调查了 837 个乡镇,其中乡 70 个,镇 767 个,平均每个乡镇行政区域面积 8 766.38 公顷,户籍人口 58 758.47 人,常住人口 60 996.27 人。就行政村而言,由于"合村并组",行政村的数量急剧减少。至 2016 年底,全省共有 17 111 个村,其中 13 821 个行政村,3 290 个涉农居委会;平均每个村行政区域面积 461.86 公顷,有自然村 10.23 个,户籍人口 3 274.29 人,常住人口 3 340.06 人。村委会到最远自然村或居民定居点的平均距离达 2.11 公里。

村组合并顺应了更有效地进行乡村治理的需要,为农村土地流转与开发创造更大的空间,有利于减少乡村治理的综合成本,有益于更高效地整合乡村社会发展的资源。但是,村组合并使行政村的管理幅度扩大,也影响到村级治理的有效性。首先,在合村并组工作中,往往是由原先的两个行政村合并为一个新的行政村,使得行政村管理幅度急剧扩大,增加了信息传播和沟通的难度,削弱了原先村级治理"熟人""半熟人"的社会基础,由此造成村民间的利益整合和集体共识达成困难,村庄集体事务难以开展。其次,由于选民对村民委员会成员候选人不够熟悉,村民委员会选举更加形式化,也为乡镇基层政权插手村级选举和村级人事调整提供了更大的运作空间,从而进一步强化了村民自治组织的行政化倾向。再次,村组合并的一个很重要的目的是通过精简干部降低村级治理的成本,但实际上,很多地方在村组合并后,村级治理成本不降反增。包括村干部的工资支出等在内的显性成本并没有实质性减少,而由于村组公共事务和有关公益事业没人真正负责和及时有效处理,村级治理存在大量真空等,村级治理隐形成本则大为增加[①]。

二、人口流动性日益增强

随着工业化、城镇化的不断推进,农村流动人口不断增加,主要表现为欠发达地区人口大量流出,发达地区人口大量流入。流动人口的增加无论对经济发达地区,还是经济欠发达地区的乡村治理提出了新挑战。2016年全省乡镇户籍户数1 477.07万户,户籍人口4 918.08万人;其中全家外出户数99.27万户,占户籍户数的6.72%;全家外出人口315.23万人,占户籍人口的6.41%。乡镇常住户数1 544.58万户,常住人口5 105.39万人,其中外来人口644.15万人,占常住人口的比重达12.62%。

2016年,全省行政村户籍户数1 649.22万户,户籍人口5 603.63万

---

① 朱余斌:《建国以来乡村治理体制的演变与发展研究》,上海社会科学院博士论文,2017年。

人;全家外出户数 102.79 万户,占户籍户数的 6.23%,其中全家外出 3 年及以上户数 43.07 万户,占外出户数的 41.90%,全家外出人口 325.79 万人,占户籍人口的 5.81%,其中全家外出 3 年及以上人数 135.70 万人,占外出人口的 40.32%。行政村常住户数 1 691.60 万户,常住人口 5 716.18 万人,其中外来人口 646.50 万人,占常住人口的比重达 11.31%。

表 6.3 2016 年江苏省乡镇和行政村户籍及人口结构表

		乡 镇	行政村
户籍户数	总数(万户)	1 477.07	1 649.22
	其中:全家外出户数(万户)	99.27	102.79
	比重(%)	6.72	6.23
户籍人口	总数(万人)	4 918.08	5 603.63
	其中:全家外出人口(万人)	315.23	325.79
	比重(%)	6.41	5.81
常住户数	总数(万户)	1 544.58	1 691.60
常住人口	总数(万人)	5 105.39	5 716.12
	其中:外来人口(万人)	644.15	646.50
	比重(%)	12.62	11.31

表 6.4 2016 年江苏省行政村外出人口情况表

全家外出 3 年及以上	户数(万户)	43.07
	占外出户数(%)	41.90
	人数(万人)	135.70
	占外出人数(%)	40.32

三、乡村新型社区大量出现

21 世纪以来,大量农村劳动力向城镇转移,尤其是在经济发达地区,伴随着越来越多的乡村劳动力弃农务工、办厂、经商,农村中出现了大量因废弃闲置而导致利用不合理、不充分的住宅和建设用地。为了有效整合、高效利用土地资源,也为了优化乡村居住环境和条件,在地方党委政府组织安排下,通过建设集中居住的安置小区并引导农民入住,从而形成了新型农村社区。据第三次农业普查资料,2006年以后江苏新建的农村居民定居点达8 380个,占全省自然村总数的4.79%。新型农村社区一般是由一个较大的行政村建设而成,或是按照地域相近、规模适度、集约配置公共资源的原则,由若干个行政村整合在一起,既不同于城市社区,也有别于传统的行政村,需要建立与其相适应的新的农村治理机制。

四、农村经济成分日趋复杂

随着农村经济高速发展和农村体制不断变革,农村经济的总量、成分、类型都在不断增长,各种经济成分对乡村治理提出了不同的要求,为乡村治理增加了不小的难度。2016年末,全省乡镇农业经营户1 028.04万户,其中规模农业经营户14.96万户。全省农业经营单位8.45万个。在工商部门注册的农民合作社总数9.63万个,其中,农业普查登记的以农业生产经营或服务为主的农民合作社3.93万个。农村企业总数达69.27万个,企业从业人员1 505.41万人。

表6.5　2016年江苏省农业经营主体数量

	全省	苏南地区	苏中地区	苏北地区
农业经营户(万户)	1 028.04	185.21	316.34	526.49
其中:规模农业经营户(万户)	14.96	3.47	4.33	7.16
农业经营单位(万个)	8.45	1.92	2.11	4.42
其中:农民合作社(万个)	3.93	0.88	0.81	2.24

注:农民合作社指以农业生产经营或服务为主的农民合作社。

五、乡村治理要求不断提高

不断发展的新形势、新情况对乡村治理提出了新要求。党的十九大报告提出:"加强农村基层基础工作,健全自治、法治、德治相结合的乡村治理体系",为未来的乡村治理指明了新方向。建设自治、法治、德治相结合的乡村治理体系,既是全面推进国家治理体系现代化的必然要求,也是乡村经济社会发展的必然结果。同时,农民结构的多元化,农民利益诉求的增加,也使得乡村社会的治理难度相应增大。

第四节 江苏乡村治理存在的主要问题

现行的乡村治理存在着党政不分、"乡政"与"村治"之间的过度博弈和不协调、村民自治组织行政化、乡村财力不足等诸多问题,与乡村治理现代化的要求之间还存在一定差距。

一、对乡村治理主体职能定位模糊

正确定位乡村党组织、乡镇政府、村民委员会的职能,明确其相互关系和权力边界,是处理好乡村、党政之间关系,进而完善乡村治理体制的基础。由于对乡村治理主体职能定位模糊,乡村治理过程中普遍存在着乡镇对村、村党支部对村民委员的越权现象。

1. "乡政"对"村治"的过度干预

"乡政"以国家政权的强制力为后盾,具有行政性和集权性,作为"乡政"主体的乡镇政府掌控着大量的乡村社会资源;作为"村治"主体的村民委员会则是乡村基层群众性自治组织,具有自治性和民主性。从组织性质和职责看,"乡政"与"村治"之间本应是一种指导与被指导的关系,"乡政"和"村治"相互配合并在各自的领域内发挥作用。但现实更多地表现为"乡政"对"村治"的行政干预,村级自治组织承担了许多本应由乡镇政府承担的行政性事务,进而影响了其职责的充分履行。

2. 一些地方村"两委"关系尚未完全理顺

党的基层组织发挥领导核心作用,支持、保障村民开展自治活动,直接行使民主权利。但由于具体制度不健全、工作机制不完善,一些地方村"两委"关系始终没有完全理顺。村党支部的权力来源于法律和党的章程自上而下的授予,而村民委员会的权力来源于人民群众通过选举自下而上的授予,权力来源不同,致使"两委"在村治实践中的关系难以理顺。在村级治理的实际运作中,权力高度集中于党支部尤其是党支部书记手中,村党支部书记也被形象地称为"一把手",而民选的村委会必须服从于村党支部,自治权实际上被党支部直接掌握,由此容易引发"两委"之间的摩擦。一个重要表现是"两委"权力缺少边界,权责不清,村民自治的主体地位难以真正行使。"两委"关系不顺,使传统的省、县(市)、乡镇、村党委上下贯通的领导体制受到冲击,在一些地方甚至受到阻断,一些农村政策难以有效落实到基层;农民利益表达渠道不畅,甚至被忽视。①

二、村民自治整体水平不高

在工业化、城镇化进程中,原有相对封闭、同质性的农村社会结构被逐渐打破,取而代之的是更加具有开放性以及异质性的现代农村社会。传统乡村熟人社会、伦理道德的村民自治制度,在农村社会治理环境的变化中面临着巨大的挑战。当前村民自治存在着村民参与不足、发展不平衡等突出问题,村民自治整体绩效欠佳。

1. 传统农村社区村民自治参与度明显不足

近年来,随着工业化和城镇化进程的加速,大批农村劳动力选择背井离乡进城务工,农村空心化现象日趋加剧,村民参与自治的意愿和能力都明显衰退,这种现象在经济欠发达的苏北地区表现得尤为明显。苏北地区农村外出人口比重已达7.01%,远高于苏南的3.93%(见表6.6)。村民自治既缺少高素质、能够带领村民致富的村干部,也缺少有文化、懂技

---

① 朱余斌:《建国以来乡村治理体制的演变与发展研究》,上海社会科学院博士论文,2017年。

术、会经营的新型农民。村民会议或村民代表会议,作为村级治理权力机构召集组织农民群众参加的难度越来越大,不仅使得组织自身功能和作用难以充分发挥,而且也致使普通村民对村庄事务的知情权、监督权难以得到有效保障。而村民从村集体获得的分红偏低,也影响了其参加村级公共事务的积极性。2016年,江苏农民人均从村集体获得的收益(分红)为261.68元,其中苏北农民人均从村集体获得的收益(分红)仅129.11元(见表6.7)。

表6.6 2016年江苏省行政村全家外出人口情况表

	户籍人口总数(万人)	外出人口总数(万人)	外出人口比重(%)
全省	5 603.63	325.79	5.81
苏南地区	1 270.14	49.94	3.93
苏中地区	1 372.21	68.35	4.98
苏北地区	2 961.28	207.50	7.01

表6.7 2016年江苏省农民人均从村集体获得的分红收益表

	全省	苏南地区	苏中地区	苏北地区
人均分红(元)	261.68	426.76	401.61	129.11

2. 新型农村社区外来利益主体难以有效参与社区自治

随着土地确权流转的深入以及农村二三产业的发展,有些乡村外来人口数量激增。这在经济发达的苏南地区表现得尤为明显。苏南地区农村外来人口比重已达25.78%,远高于苏北的5.26%(见表6.8)。乡村的一些公共事务,如道路维修、水利设施建设、环境保护等,与他们的切身利益紧密相关,大量外来人口参与社区自治的意愿呈上升趋势。但由于缺失相应的法律政策依据,他们参与乡村治理的程度和效果主要取决于当地镇村领导的态度,随意性和不确定性十分明显。

表 6.8　2016 年江苏省行政村外来人口情况表

	常住人口总数(万人)	外来人口总数(万人)	外来人口比重(%)
全省	5 716.18	646.50	11.31
苏南地区	1 673.52	431.50	25.78
苏中地区	1 316.78	71.72	5.45
苏北地区	2 725.88	143.27	5.26

3. 乡村民间社会组织发育程度低

江苏村民自治没有达到应有效果和目的,一个重要原因在于农村民间组织普遍存在着发育程度低、自身功能定位不准、自我治理能力弱、行政依赖性强等问题,难以承担应有的治理之责。乡村民间社会组织不仅面临经费不足、组织不力的问题,而且缺乏人力支撑而难以为继。合作社等经济组织发展较快且有一定实际作用,但农村红白事理事会、乡贤理事会、老年人协会、棋牌协会和农民专业协会等发展相对滞后,组织化程度较低、组织间协调整合不够,难以满足农村经济社会发展的需要。

三、部分村干部素质有待进一步提高

村干部总体素质在不断提高,但江苏部分行政村也存在村干部人员老化严重、组织功能欠缺、工作动力不足等问题,这在经济欠发达地区和经济薄弱村表现得尤为明显。

1. 部分村的村干部力量薄弱

全省村干部中,年龄小于等于 25 岁和大于 60 岁的村支书、村主任分别占 2.67%、3.53%;初中及初中以下文化程度的村支书、村主任分别占 9.09%、23.99%。经济薄弱村村干部年龄大、学历低、能力差的问题更为突出。2017 年,盐城市 79 个未脱贫经济薄弱村党支部书记中,50 岁以上 46 人,占 58.23%;高中及以下学历 54 人,占 68.36%;29 人无个人致富项目,占 36.7%。

2. 部分村的村干部报酬偏低

村干部报酬偏低,造成部分村干部工作动力不足。2016 年,全省村党支部书记人均劳动报酬 46 597.2 元,最高的苏州市 122 923.8 元,最低的徐州市仅 20 795.5 元;村主任人均劳动报酬 39 554.8 元,最高的苏州市 103 557.4 元,最低的徐州市仅 14 196.9 元。

四、乡村财力较为薄弱

充足的财力是乡村开展有效治理的基础。我国公共财政体制的设置上,呈现出财权上移、事权下移这种财权事权不对等的局面。

1. 乡镇财政困难

2000 年江苏开始农村税费改革试点,逐步取消农业税,苏北一些欠发达乡镇主要依靠上级财政转移支付维持运转,向乡村社会提供公共产品和公共服务财力大为减弱。2016 年,江苏乡镇平均公共财政收入 2.35 亿元,公共财政支出 1.55 亿元;资产总额 2.54 亿元,债务总额 2.69 亿元,债务总额是资产总额的 1.06 倍。

表 6.9 2016 年江苏省乡镇资产负债及财政收支情况表

	平均每个乡镇（亿元）	平均每个户籍人口（元）	平均每个常住人口（元）
公共财政收入	2.35	4 000.81	3 854.03
公共财政支出	1.55	2 629.45	2 532.98
资产总额	2.54	4 315.29	4 156.97
债务总额	2.69	4 574.74	4 406.90

2. 村级财务收支状况不佳

随着城乡一体化进程的不断推进,以及"美丽乡村"建设目标的确立,村级治理工作标准日益提高,治理事项日趋增多。从村级治理的实际状况看,在村级集体收入增加有限的情况下,村级财务收支矛盾突出,村级组织承担提供公共产品和公共服务的能力不足。2016 年,江苏村均集体收入173.70万元,其中经营收入69.69万元,占村集体收入的40.12%,补助收入45.09万元,占25.96%。年末村均集体资产总额1 062.75万元,其中经营性资产310.96万元,占29.26%;村均集体负债总额356.40万元,村均集体债权总额385.30万元;全年村均集体固定资产投资完成额106.86万元;村均村级办公支出总额76.46万元,占村级收入的44.02%(见表6.10)。

表6.10 2016年江苏省行政村资产负债及收支情况表

	平均每村（万元）	平均每个户籍人口（元）	平均每个常住人口（元）
村集体收入	173.70	530.40	519.96
村集体资产总额	1 062.75	3 245.75	3 181.84
村集体负债总额	356.40	1 088.49	1 067.06
村集体债权总额	385.30	1 176.75	1 153.58
村级办公支出总额	76.46	233.52	228.93

分地区看,苏北地区村级财务更加困难。苏北地区村均集体收入58.02万元,仅为苏南地区的11.17%;苏北地区村均集体负债总额99.80万元,村均集体债权总额97.48万元,负债总额超过债权总额2.38%(见表6.11)。

表6.11 2016年江苏省行政村村均资产负债及收支情况表

	全省	苏南地区	苏中地区	苏北地区
村集体收入（万元）	173.70	519.62	123.98	58.02
村集体资产总额（万元）	1 062.75	3 485.46	680.16	289.86
村集体负债总额（万元）	356.40	1 176.11	201.83	99.80
村集体债权总额（万元）	385.30	1 301.48	214.70	97.48

随着农村经济社会的发展,村级日常行政运转、农村基础设施建设、环境整治、社会保障等经费支出日益增加。在经费不足的情况下,许多工作难以有效开展。至 2017 年底,苏北五市仍有 123 个村级集体经济收入不足 18 万元的省定经济薄弱村。据连云港市反映,由于乡村财政和村级集体经济薄弱,市县财政奖补资金有限,造成村庄环境整治资金缺口较大,难以保持长期整治效果。

第五节 发达国家乡村治理的经验及启示

"他山之石,可以攻玉。"发达国家的乡村治理历经数世纪的发展,逐渐形成了符合本国特色的农村治理模式,其中的经验值得我们借鉴。历史发展和实践经验证明,合理的乡村治理模式对于缩小一国或地区的城乡差距、提高农民收入、改善农民生活质量、促进农村发展现代化等方面均具有较为明显的成效。

一、法国的"权力让与"治理模式[①]

法国是一个中央集权传统的国家,可以说,法国的农村基层治理实行的是中央高度集权下的地方有限自治的体制。市镇是法国地方自治性质的基层政权,其中 85% 的市镇是农村市镇。市镇的主要职能是发展公益事业,兴办和维修公共工程,为当地经济社会发展创造良好环境等。为了增强市镇的主动性和积极性,1982 年 3 月,法国议会通过了《有关市镇、省和大区的权力和自由法案》,即"权力下放法案"。其核心是层层下放权力,扩大基层自治范围。该法案扩大了农村基层市镇的权力,加强了市议

---

① 郁建兴、金蕾:《法国地方治理体系中的中央与市镇关系》,《马克思主义与现实》2005 第 6 期。

会的地位。市镇财政主要由市镇自主处理。之后,法国在下放权力方面还进行了一系列的改革,如1983年先后通过的《市镇、省、大区和国家权限划分法》《交通、公共教育、社会服务和保健权转移法》,分别赋予市镇对基础设施、社会、经济、保健、文化和科学的管理的国家职能,规划和住房的某些职能,以及交通、教育、环境等方面的职能,并对新职能给予明确的财政支持。同时,注重培植农村基层经济合作组织的自主性,合作社内部实行民主管理,董事会为最高权力机构,由社员大会直接选举产生,市镇充分尊重合作社的独立地位和自主性,不干预其内部事务。法国对基层市镇进行的这种"权力让与"增加了基层自我治理的责任心和自主性,在适宜的发展策略的有效推动下,法国只用了二十多年时间就实现了农村现代化建设。

二、韩国的新村运动:从政府主导到社区自主治理[1][2]

1970年起,韩国掀起了以"勤奋、自助、合作"为宗旨的"新村运动",目的在于把传统落后的乡村打造成为希望之乡。主要内容包括:改善农村的基础设施,提高农民的生活质量;采取有效措施增加农民收入;发展各类农协组织;兴建村民会馆;加大国家各项配套政策的力度。中央政府首先投资20亿美元,以提供免费水泥、钢材等实物和资金方式,支持村庄道路、桥梁、公共浴池等20多种乡村公共事业建设,贷款给农户帮助建房,整治村容村貌,改善农民居住条件。国家确定建设的内容,由基层居民根据实际需要民主决定具体的建设计划,保障了农村劳动力的使用和环境历史等的保护,而为此村民需要出资一半左右。由于历史上长期的封建专制传统,韩国民众的自治意识与积极性遭到扼杀,此时,开启民智就成为了新农村建设的重要内容。韩国将农民的思想启蒙贯穿整个新村运动

---

[1] 沈费伟、刘祖云:《发达国家乡村治理的典型模式与经验借鉴》,《农业经济问题》2016第9期。

[2] 韩立民:《韩国的新村运动及其启示》,《中国农村观察》1996第4期。

并将其作为全面振兴农村和农业的一个关键环节,以培育农民"勤勉、自助、协同"精神为新村运动的价值导向,培养农民勤奋向上的精神,凝聚农民共识,调动农民的参与积极性。通过构建政府、企业、民间团体多元协作供给的模式,韩国农村的基础设施和公共服务水平得到快速提升,基本上实现了城乡基础设施和公共服务的协调发展。目前,韩国农民收入已达到城市居民的 92.5%。政府在改革即将满十年的时候主动退出,实现了官方扶植到民间自主管理的转变,全体农民都或多或少成为各类自治组织的成员,由最初的政府在农村经济、资源分配、计划指导和组织动员上的加强干预,到民众自主行事的完善形态。

三、日本的乡村社区协议会制度[1][2][3]

日本采取的是相对温和的政府与社会组织合作,共同管理社会公共事务的模式。在此模式之下,各级政府分别承担不同的职能,基层政府负责管理与执行具体的社区事务,中层政府则偏重指导与支持工作,且各级政府均能提供一定程度的资金支持。1947 年制定并公布了《地方自治法》,日本农村开始建立起一整套现代自治管理制度。首先,在政治上推行民主政治选举。法律明确规定都道府县和市町村均为普通地方公共团体,必须设立各级地方议会并且由居民直接选举首长。总理府内设立地方自治厅(后升格为自治省)管理地方选举和财政支援等事务。其次,合并农村行政单位以提升行政效率。21 世纪初,日本农村开始第三轮行政单位大合并。由 1999 年的 3 232 个市町村自治体减少到 2013 年的 1 719 个,其中行政市为 789 个,行政町为 746 个,行政村 184 个。在合并町村的过程中,传统的自然村依然得以保存,形成了行政村和自然村的双

---

[1] 陈磊、曲文俏:《解读日本的造村运动》,《当代亚太》2006 年第 6 期。
[2] 于水:《乡村治理与农村公共产品供给问题研究》,南京农业大学博士学位论文,2007 年。
[3] 张弛:《公民社会视野下乡村社区治理路径研究》,苏州大学硕士学位论文,2015 年,第 5—16 页。

轨制格局。最后,农协与行政系统形成了相互合作的并轨制,这是日本现代农村治理的最大亮点。1948年,日本的《农业协同组织法》出台,规定日本最大的农业集团和农民团体为日本农业协同组合,并下设地方和基层三级农业协同组合组织。农户100%参加农协。农协以行政村为基本单位,向下深入自然村并形成联谊组织,向上建立县级联合会和全国联合会。农协通过村级组织扩大了农民的经营规模,通过县级组织垄断了农村商业市场,还通过全国中央组织建立了农协银行等。农协与政府共同服务于乡村民众的生产与生活,规避了小农生产的盲目性与脆弱性。与此类似,农村社会存在着诸多的自治性社会组织和社会团体,它们从自身利益出发来维护农业企业、农村社区和农民的利益。如,日本乡村社区住户自发组建了一种新的社区团体组织,即住区协议会制度,它是一个完全由乡村社区居民来参与公共事务管理的群众性自治组织,主要功能在于协调社区内出现的矛盾,代表社区同社区外的单位协商合作,将乡村社区居民的呼声传递到政府,为公共决策提供更多信息。

四、欧陆国家赋予农业新价值的乡村治理[①]

在欧陆国家,农村经济被视为整个国家可持续发展的重要内容。环境价值与乡村发展必须超越农业本身,农民的角色与价值不再只是生产作物者,更被赋予维护世人所赖以维生的土地与提供更高质量的作物的使命。随着环境问题日趋为世人所重视,农业唯有建立在维护环境的价值里才能凸显它的重要性。当各国农业产值不断萎缩,农业生产改变过去密集种植和带有大量化学成分助长的耕种习惯,融入到可持续发展经营理念之中,农业结构也要不断地进行调整以重建其价值。可见,欧洲各国的乡村政策已超越农业本身,横跨多种领域与议题。

---

① 王培刚、庞荣:《国际乡村治理模式视野下的中国乡村治理问题研究》,《中国软科学》2005年第6期。

从乡村管理来看,欧洲已经建立了在中央与地方政府"合作协调"的机制,各国政府已经普遍授权地方政府以及由下往上的策略与机制来促进乡村发展,强调"公-私伙伴关系"以及维护公众参与的机制。即使政府不再垄断公共事务,并建立种种制度性方案如"公办民营""公私合产""公私协力"等方式来让民间参与,但是非营利民间组织的经营与管理能力往往不够成熟,无法完全承担参与共同治理的责任。因此,政府通过不同的指导与训练过程,让非营利民间组织具备基本的"治理能力",这样非营利民间组织对公共事务欲分享"治理权"的诉求才具有正当性。同时,欧洲各国普遍采取的做法是在充分激励私人部门参与公共事务热情的同时,加强对其的责任监督机制。

五、英美国家倚重民间组织的乡村治理[①]

英国农民或者是农村社区的民间组织组成了各种农业利益集团,他们从自身利益角度出发,注重农业产业利益和农民的权利,他们收集各类乡村社区发展信息并适时向立法机关和行政机关反馈,在农业企业集团、农民与政府之间起到沟通桥梁的作用。由于联邦制的国家结构形式,美国乡村地方政府的种类较多,但与城市政府形式基本类似。美国的村存在三种基本组织形式:村长-议会模式、委员会模式以及村议会—经理模式。其中,真正发挥关键作用的是发达的社会组织和民间资源。曾经担任过美国哈佛大学肯尼迪政府管理学院院长的罗伯特·帕特南教授在他的名著《独自打保龄球——美国社区的衰落与复兴》中写到,美国社会发展的"镀金时代"与"进步时代",其中的关键就是社会的繁荣旺盛,而社区繁荣旺盛的关键又在于社区社会资本的发达,这又归功于当时社区中丰富的组织资源。这一点,也为托克维尔所证实,他在《论美国的民主》中写到,他所见到的美国社会是结社的社会,到处都是社会组织。可见,英美

---

① 李跃华:《从国际经验比较中学习乡村治理》,《群众》,2014年第11期。

乡村治理对社会资本的倚重值得我们学习借鉴。

发达国家乡村治理已经走过了漫长的历程，类型多样、特点各异，但其经验值得我们吸取、借鉴。第一，在农村地区引入治理理念，走多元主体的治理道路。各国都充分发挥了政府、社会组织、乡村精英、村民等主体的功能作用和内在价值，体现了多中心治理理论的思路，多元主体在治理过程中进行的良性互动、博弈、合作，能够多角度、宽领域、深层次地为乡村治理的现代化输入新生力量与资源。第二，社会组织在各国乡村治理现代化中扮演着重要角色。如，日本农协在造村运动中承担了提升农民素质和文化知识的功能；韩国农协金融机构吸引大量的村民存款，共同发展乡村经济；瑞士农协针对市场需求状况，及时反馈信息给政府和村民，以便正确做出判断，维护农民权益；法国农协提高农业与工业的对接能力，为新农村建设提供承接平台。第三，充分发挥农民的自主性和积极性。在美国的乡村治理中，农村的每部法律法规都要公民的积极参与，只有在广泛邀请村民积极参与的基础上，所形成的法律和政策才是有效的。在德国，村民的积极参与对村庄更新项目的完成起着决定性作用。瑞士农村的管理主要实行村民自治的形式，村民委员会由一名村长和四名委员组成，全面组织村民参与到农村公共事务治理与乡村社会经济建设的工作中来。村民尤其是乡村精英在乡村治理中作用的发挥，极大地加快了乡村改革的进程。第四，重塑农业价值。从欧陆乡村治理的经验中，我们应吸取其精华，重塑乡村农业价值，将乡村塑造成为一个提供不受污染农业产品的生产基地，成为一个为世人保护稀有自然资源以及提供最后一片清净之地的公共空间。

第六节　江苏乡村治理体制创新的可行路径

遵循以农民为主体、依法治理、因地制宜、可持续发展的基本原则,建立"多元治理、农民主体"的治理体制,健全以村党组织领导核心,村民会议或村民代表会议决策,村民委员会执行,村务监督委员会监督,集体经济组织、农民合作组织、社会组织为补充,自治、法治、德治相结合的村级治理体系。

一、乡村治理应遵循的原则

坚持以农民为主体。农民群众是乡村建设的主体和直接受益者,也是乡村治理成功与否的关键。在乡村治理的过程中,充分尊重农民意愿、满足其合理需求是激发农民参与乡村治理的内在驱动力。农民作为乡村治理、社会和经济发展的受益主体、权利主体以及市场主体,应具有在与客体的相互作用中发挥出来的功能特性,包括自觉性、自主性、能动性和创造性。

坚持依法治理。乡村治理成败的关键在于是否有具体的制度和正式的程序作保证。因而从现代化角度看,制度化、规范化、程序化等正式化的制度建构才是治理体系现代化的方向。因而,政府各部门要建立健全相关法律法规,大力开展"民主法治示范村"创建,深入开展"法律进乡村"活动,实施农村"法律明白人"培养工程,培育一批以村干部、人民调解员为重点的"法治带头人",并深入开展农村法治宣传教育。

坚持因地制宜。由于自然条件、经济发展水平以及乡村文化的不同,苏南、苏中和苏北地区乡村治理的进度必然存在较大差异,治理的起点有高有低,农民对公共产品的需求、标准也不同。为此,在乡村治理和乡村建设过程中要因地制宜,广泛听取民意,围绕农民需求进行谋划,形成多种类型的乡村治理模式,而不搞一刀切。对于苏南发达地区,乡村治理建设的步伐可以快一些,建设标准高一些;经济基础较差的苏北地区,步子要缓,建设标准要适当。

坚持可持续发展。生态环境问题是当今乡村社会治理面临的建设难题,要改变过去漫无目标或抄袭都市区块经济发展模式的做法,全面审视乡村土地应该如何利用以及乡村的发展方向等问题。要做到开采有节制,适当发展,构建乡村社会良好的生态环境,为乡村治理与建设提供充足的资源与动力,从而实现人地和谐,这是实现乡村社会建设的必由之路。

二、江苏乡村治理创新的路径选择

农民是真正的主力军,良好乡村治理的实现离不开政府相关部门的大力支持,也离不开社会力量的积极参与,只有政府和协调互动的管理公共事务的农村社会力量共同合作,并转变自身职能、明晰"两委"权责,充分发挥市场力量和农村多元体资源优势,避免公共资源的浪费,才能真正实现快速城镇化背景下的乡村治理的高效、有序发展,并最终提升江苏农村居民福祉。

1. 提高村民的主体地位,完善乡村治理机制

国外乡村治理的成功在很大程度上依赖于村民,尤其是乡村精英积极参与到农村发展的过程中来。农民主体性的获得除了不断提高公民素质、培养民主意识、自觉履行好村民的权利与义务外,还需要政府部门构建畅通的利益表达机制、参与机制、决策机制等,切实维护和实现农民的利益,培养农民的现代公民意识,不断提升他们的自治能力。

第一,提升农民的参与意识。培育和发展农村居民的现代公民意识和公共精神,树立一种参与到乡村社区内公共事务管理和社会公共服务供给方面的意识和意愿。开展多样性的社区活动,鼓励村民树立共同的生活理念,提升其对农村治理的认同感;建立畅通的参与渠道,为村民建言献策提供平台,提升农村治理的民主性。吸取和借鉴国内外先进经验,组织专业人士、村民代表对农民的意见和建议进行评审,为乡村治理的科学性提供保证。

第二,着力构建乡贤工作网络。吸引"新乡贤"回流,挖掘乡贤资源,培育时代精神,推动乡村发展。将老党员、老模范、老干部、老教师、老能人等"五老"人士及经济能人、农村教师、农村医生等乡村精英纳入村庄治理活动中,注意从农村教师、外出务工经商人员、返乡青年、退伍军人中选拔党员干部,重点注意吸纳返乡年轻人回乡参与乡村治理。推进乡贤基层组织建设,成立街道(社区)乡贤分会和有关部门乡贤工作室,建立乡贤文化组织网络。发挥现代乡贤熟悉当地风俗习惯和风土人情的优势,形成示范效应,凭借身份威望调节矛盾,用老百姓的"法儿"平老百姓的"事儿",塑造出兼具乡土性、现代性的新型乡村治理模式。

第三,加强教育宣传,提高村民的民主、法律意识和科技水平。哈特曾指出品德崇高的公民有四个方面特征:理解立国的重要文件、实践道德哲学,公民信念,能够承担起个人的道德责任和公民操守。乡村治理现代化离不开"村民现代化",由村民转变为现代公民。为此,乡村自治组织要利用宣传栏、方言广播、小报等形式宣传乡风文明。同时,借助社会服务组织、志愿者的力量,成立乡村学院,提高村民的民主、法律意识,普及科技知识。

2. 转变政府职能,推进基层政府规则治理

实现乡村社会的良治,迫切需要从当下的"全能型政府"转变为"有限政府"。为此,需要转变政府职能、厘清政府权力和责任清单、强化问责制度、发挥乡村社会组织作用以及实现乡村社会的整体性治理。首要问题就是乡镇国家权力的再造,基本取向是从"全政府"向"有限政府"、从"管制"向"服务"转变。

第一,改革乡镇政府的绩效考核制度。要改变单纯由上级政府制定

数字化指标的政绩考核制度,这是乡镇政府职能转变的关键。首先,由乡镇政府根据乡村地区实际情况制定乡村社会发展指标,并以县级经济社会发展指标为参考,提交乡镇人民代表大会审议。其次,把乡镇干部对乡村经济社会发展的实际贡献和群众的满意度,纳入其考核标准,而不能仅凭数字指标论政绩。最后,乡村社会发展指标的制定和乡镇政府考核应该充分考虑村委会的意见。唯有如此,才能形成乡镇政府、村委会与村民间的良性互动。

第二,理清乡镇政府的财权与事权。在乡村财政退缩的财政体制下,乡镇政府缺乏相应的财权,又要完成上级政府的任务和检查,承担了相对多的事权,这种财权与事权的不平衡,弱化了乡镇政府提供公共产品和服务的职能。因此,要尽快完善县乡间分税制改革,建立规范的财政转移支付制度,改变以往预算制度的分散化格局,建设统一的预算制度,厘清并由此理顺县与乡镇的财政关系。另外,通过多渠道筹措资金,建立乡村治理基金。

第三,进一步明确乡镇政府与村级自治组织的关系,明确村两委职责,划分领导权与管理权,厘清村党支部、乡镇政府和村级自治组织各自的权力范围,即:党支部行使领导权,主要体现在政治、思想和组织等基本方面的领导;政府行使监督权和提供必要的指导和帮助;村级自治组织行使管理权,管理着本村域的公共事务和公益事业,同时向政府反映村民意见、要求,提出建议;党务、政务和村务具体化、程序化。此外,村干部的责任追究机制,村级组织的民主理财等需要以法律制度予以明确规定。

3. 强化基层党建工作,发挥组织引领作用

基层党建与基层治理关系密切,只有依托党建引领,加强党组织建设,发挥党员干部的先锋模范作用,建立以基层党组织为领导、村民自治组织和村务监督组织为基础、集体经济组织和农民合作组织为纽带、其他经济社会组织为补充的村级组织体系。

开展网格化乡村治理模式,组织党员进网格参与共建共治,逐步实现网格内党组织全覆盖。依托各网格点、小区、商圈和市场或较大的企业,建设具有鲜明特色、功能齐全的区域性党群服务站点,推行"一站式"服务,将基层各项社会治理服务功能精准投送。试点推行党建引领社会治理创新项目,以党建促进社会治理,提升基层社会治理能力。

开展机关党员挂钩联系网格活动,组织机关党员到社区报到、到网格工作活动,采取实地体验、定期走访、政策宣传等多种形式,深度参与基层党建和网格治理工作,在服务网格居民中切实发挥党员干部的模范带头作用,把党的组织优势转化为基层治理优势。

4. 强化市场机制作用,提高乡村治理效率

乡村治理单靠政府和村民自治组织无法拥有充足的资源和能力,鉴于市场在资源配置中的决定性作用,在政府主导的发展模式下,充分发挥市场在乡村治理中的引导作用和对农村经济的带动作用,提高乡村治理效率。

第一,在乡村治理中引入市场机制事权。将农村民生和社会治理领域中属于政府职责范围且适合通过市场化方式提供的服务事项,通过"费随事转"、项目发包、公开招标向社会组织"购买"服务,使其与社会组织形成互惠关系,节约行政成本。从乡村自治组织的角度看,乡村社会事务主要分为决策性事务、选举性事务、管理性事务和监督性事务,其中,要充分利用市场机制解决以公共卫生、村民集体所有的土地和其他财产为主要内容的管理性事务。

第二,培养企业等经济组织的社会责任。加强以工带农、工农互惠政策的宣传,鼓励和引导工商企业走进乡村,服务乡村,培养企业等经济组织的社会责任意识。同时,分析并监督其外部经济效应。与企业等经济组织相比,农民在市场经济利益博弈中处于弱势地位,为此要大力发展农民专业合作组织,提高农民的组织化程度,通过集体合作避免小农生产带

来的经济损失,从而可以弥补政府、市场在乡村治理中存在的失灵问题。

5. 完善、规范村民自治组织,加强村自治组织服务功能

进一步规范村委会的运作,强化和保障村委会的自治功能。完善村民自治相关配套组织设置,保证村民对村务、财务的监督渠道。在苏南等外来人口聚集的地区,推动外来常住人口参与农村社区管理,逐步实现"村改居"社区由村民自治向居民自治的转变。

第一,要抓紧组织内部制度建设。完善村民(代表)会议制度,推进民主选举、民主协商、民主决策、民主管理、民主监督实践。实施"两推一选""公开竞选"和公开承诺制度,健全民主选举制度;民主恳谈会、村民民主议事点、"村务大事票决制"做到涉及村民利益的重大事务,一事一议,村民自己当家做主,深化民主决策制度;建立健全村民自治章程和各项工作制度,理清村支部、村委会、妇代会等村级组织之间关系,做好事权划分,完善民主管理制度;规范村级会计委托代理制,加强农村集体经济组织审计监督,开展村干部任期和离任经济责任审计,实施村干部向村民会议或村民代表会议报告工作制度,建立专门机构行使监督职能,强化民主监督制度。推广村级事务"阳光公开"监管平台,建立"村民微信群""乡村公众号"等,推进村级事务即时公开,加强群众对村级权力的有效监督。

第二,培养乡村自治组织的制度创新能力。乡村经济社会不断变化,特别是农民流动加剧,村民自治存在人才流失,监督主体缺失,村民大会、村代会法定人数不足,不易召集等问题。因此,要注重村民自治本身制度创新,丰富村民议事协商形式。探索建立"互联网＋网格管理"服务管理模式,提升乡村治理智能化、精细化、专业化水平。健全村民选举、民决、监督的委托制度,利用电话、网络新媒体等工具创新村民参与途径。利用电话、微信、QQ等加强与流动村民的沟通,保障流动村民在村庄当家做主的权利,有条件的村庄可以建立门户网站,在网上实现村务公开,听证会也搬到网上进行直播。

第三，完善乡村经济、社会发展方面的服务功能。村自治组织一方面要向乡镇反映村民意见和要求，配合做好治安保卫、公共卫生与计划生育等工作；加强与社会服务组织、企业等组织衔接的力度，支持服务性、公益性、互助性社会组织依法开展活动和集体经济组织依法独立进行经济活动，为村民提供满意的公共服务和公共产品。引导管理服务向农村基层延伸，为农民提供"一门式办理""一站式服务"，构建线上线下相结合的乡村便民服务体系。另一方面，组织村民开展多种精神文化活动，推动社会主义核心价值观落细落小落实，融入文明公约、村规民约、家规家训，通过新时代文明实践中心、农民夜校等渠道，加强社会主义核心价值观学习，充分挖掘乡村文化，丰富村民精神文化生活。此外，实施乡风文明培育行动。全面推行移风易俗，建立红白理事会、老年人协会、村民议事会、道德评议会等乡村社会组织，开展婚事新办、丧事简办、喜事廉办，抵制邪教和封建迷信；创建村规民约规范行为，通过制度规范引导村民远离低俗陋习，倡导邻里互助、尊老爱幼的良好风尚。

6. 明确"两委"权责，理顺"两委"关系

村"两委"矛盾的主要成因在于农村党政"二元权力结构"，制度根源是权责范围界定的制度缺失。因此，必须尽快完善有关村民自治的法律，科学界定村"两委"的职能与边界，把村治工作纳入法制化、体制化、规范化轨道，使村支部和村民自治组织的管理和村民权力的行使都在法制框架内规范运行，形成良性的村庄权力体系。

第一，创立"两委"分权合作制度。管理主体间的职权范围越完善，越有利于减少管理过程中的摩擦。为此，要合理划分村委会和村党支部的权力范围，减少有关组织对农村社会管理干预，同时建立两个委员会间分散合作协调机制，缓解两村委会之间的矛盾和冲突。党章中明确规定："党的领导主要是政治、思想和组织领导"，要把事务性、职能性和技术性的管理工作赋予村委会，最后由村委会去贯彻和落实。

第二,完善"两委"工作协调机制。建立科学的决策程序、民主监督程序等工作流程,规范两委的工作程序,实现两者关系的法制化、规范化。首先,建立"两委"联席会议制度,对于涉及全体村民的重大利益和事项时,必须要经过规范的决策程序,"两委"必须召开联席会议,形成初步的审议计划,最终由村民全会或村民大会再作出决定。其次,健全村民大会或村民代表会议制度,规范议事规则。实施村级财务支出"三笔会签"制度,即财务支出单据必须由经办人签字,由村民委员会的主任、村党支部书记、并由村民主理财小组通过检查审核之后,最后才可入账;重大财政支出集体研究决定;加大村民监督委员会对民主理财的监督力度,财务公开、集体资产保值考核规范化;实行村级会计代理制等。

7. 大力发展社会组织,形成多元化的治理主体和治理结构

唯有乡村丰富的社会组织资源参与到治理中,乡村的秩序才能得以稳定和构建,乡村内部的"有机团结"才能形成。为此,应为基层社会管理提供以政府政策为指导、村民自治为核心、农村自组织广泛参与的多元治理机制;把乡镇政府、村两委、民间组织和乡村精英更好地协调起来,使多元治理主体共同管理农村公共生活,进而实现公共利益的最大化。

第一,构建农村民间组织良性发育的体制机制环境。加强相关立法,改革农村民间组织管理制度,加大政府对民间组织尤其是农村民间公益组织在资金投入、人才引进、税收优惠等方面的扶持力度,为农村民间组织的发展提供更宽松的政策环境;加强对农村民间组织相关知识的宣传,让农民认识到农村民间组织与自己利益的相关性,提高他们参与的积极性。

第二,积极鼓励农民自愿组合(参与)村民与政府、农民与市场间的中介组织,借以改变单个农民在治理过程中的弱势地位。通过公益创投、设立项目资金、补贴活动经费等方式,引导社区民间组织向村民提供他们最关切、最急需的服务项目,实现基层管理服务与村民需求的无缝对接,形

成基层服务的合力,使中介组织成为基层治理过程中农民利益的代言人、公共服务的提供者、治理工作的参与者、利益协调的当事者。同时,大力培育农民与市场间的中介组织,将供销社、信用社改革以及新生合作社、专业协会的发展纳入村治框架,在乡村设置综合性的基层农协,确立其法人地位,以农协或农协式的村委会为主体实施村治,就可以同时借助市场中介机制,在自愿交易的基础上,从流通环节获取必要的盈余用于社区公共事务和公益事业。依托和发挥好农民协会的力量,将农协建设成为表达和实现农民利益、化解社会矛盾的有效组织,以促进乡村社会的稳定有序发展。

第三,积极调动城市、学校、企业、金融机构等主体共同致力于农村现代化建设。首先,通过加强城乡之间的交流合作,形成城市带动农村、城乡互利合作的模式。其次,高等院校是培育农民的有效平台,推动学校制订各种教学计划、课程体系、讲座报告等对农民进行技术指导,提升农民的文化素质,改变传统小农意识的束缚。再次,政府推动和鼓励大型企业在乡村兴办各类项目、产业基地和工业园区,为农民就业、创业开拓新渠道,创造新机会,防止村民大量外流出现"富人转村、能人弃村、穷人留村"的现象,并且企业应通过创新农业运营模式,优化农村产业结构,以此带动农村的经济发展。最后,农村金融机构,包括农村信用合作社、农村商业银行、农村保险公司等,能够最大限度地整合社会经济资源,因地制宜地发挥功能优势,实现乡村社会的稳定有序。

第四,通过政经分离、政社分离等方式改革农村基层治理结构。重新合理划分行政管理、村民自治和社区服务三大功能,重构农村基层利益和权力结构,理顺治理主体之间的关系,规范共建主体之间的职能分工,形成农村基层治理的利益协调机制。

8. 建立村治精英的产生和培育机制,提高村干部综合能力和报酬水平

村治精英是国家与农民互动的中介与桥梁,既是国家政策传达者,也

是村民利益分配和执行政策的代言人,在与中央政府、地方政府、普通村民之间的互动与博弈中起着举足轻重的作用。为打破村治精英更新机制不足的局面,需要做到:

第一,建立村治精英的产生机制。引入外部力量尤其是优秀的青年人来支持新农村建设。为此,要创造条件把本乡本土的农村能人纳入到党支部和村委会班子里,打破以村为界的选人用人模式,加大大学生村干部的选调力度,鼓励本村考出去的大学生回乡就业和服务,尝试选调本乡或者本乡邻村的大学生担任村干部;选派干部到村党支部挂职,针对一些地区乡村精英严重流失、基层党组织干部队伍弱化的情况,从县乡下派干部驻村主持村务,改变"以村为界""村人治村"的选人用人传统;探索和推行农村干部公职化管理模式,严格按照"工作目标化、考核定期化、决策程序化、待遇合理化"的原则管理农村干部。

第二,建立村治精英的培育机制。壮大"项目书记"队伍,深化青年骨干农民、"双带"党员和"双强"村干部"三向培养",建立村居干部储备人才计划。深入实施村干部人才培训工程,建立规范的培训制度;实施农村带头人队伍整体优化提升行动,着力打造政治引领强、创业富民强、文化善治强的"三强"型带头人队伍。通过脱产、函授等多种形式培训,提高、更新村干部的知识水平,以提高他们的政策认知和解读能力,设计规范执行计划工作方案的能力,以及依法行政、责任行政的职业素养。

第三,提高村干部和村组长报酬水平,增强对年轻人尤其是乡村能人的吸引力,特别是苏北地区。建立健全导向鲜明的村党组织书记考核奖惩机制,拓宽选人渠道、拓展发展空间、明确退出机制。实行村干部绩效工资制度,将其纳入县乡年度绩效考核范围,为其在任职期间办理养老、医疗等"五险"手续。对连续担任村干部10年以上,且业务能力强、有奉献精神、业绩突出的村干部,经过乡政府推荐,组织考核,人社部门办理,实行退休制。

参考文献

[1] 陈锋.分利秩序与基层治理内卷化资源输入背景下的乡村治理逻辑[J].社会,2015(3).

[2] 陈杨.国外城镇化进程中的乡村治理与我国的创新思路[J].求知,2017(12).

[3] 王培刚,庞荣.国际乡村治理模式视野下的中国乡村治理问题研究[J].中国软科学,2005(6).

[4] 李冰冰,王曙光.社会资本、乡村公共品供给与乡村治理[J].经济科学,2013(3).

[5] 沈费伟,刘祖云.发达国家乡村治理的典型模式与经验借鉴[J].农业经济问题,2016(9).

[6] 肖唐镖.近十年我国乡村治理的观察与反思[J].华中师范大学学报(人文社会科学版),2014(11).

[7] 徐勇.乡村治理的中国根基与变迁[M].北京:中国社会科学出版社,2018:168-173.

[8] 杨嵘均.论正式制度与非正式制度在乡村治理中的互动关系[J].江海学刊,2014(1).

[9] 杨云彦,褚清华.外出务工人员的职业流动、能力形成和社会融合[J].中国人口·资源与环境,2013(1).

第七章　提升农村公共服务能力

　　江苏省是东部沿海地区的农业大省。改革开放以来,江苏省全面实现了农产品供给、农民生活、农村产业结构和农村经济体制等多方面历史性跨越,形成了城乡统筹、工农协调、农村一二三产业融合发展的鲜明特色。农村公共服务在避免乡村衰落、拓展三农外延等方面与乡村全面振兴实现有机衔接。乡村振兴战略实施也对农村公共服务事业发展提出了新的要求。完善农村公共服务体系既是实现乡村振兴的基础保障,也是地方政府部门推动乡村振兴战略目标实现的关键抓手。

　　江苏省作为东部沿海发达地区省份,历来重视三农工作。提升农村公共服务能力,提高农村公共服务质量始终是江苏省委省政府关切的重大民生问题。2003年以来,江苏省陆续开展实施多轮农村实事工程,全力推进农村道路通达工程、农村教育培训工程、农民健康工程、农村环境整治工程、农村文化建设工程等五件实事工程的落实。近年来,江苏省在农村环境整治、基础设施投资、水利设施建设、医疗卫生和社会保障、教育、能源与信息化建设以及农村社会化组织等多个领域取得显著成效。当前,发展水平不高、供给结构失衡、供给质量不高、政策保障缺失等问题依然存在。江苏省应树立农村公共服务的高质量发展导向,建立多元化资金投入激励机制、完善公共服务项目的运营管理、加强项目监督法制规范、着力定向培养公共服务专业技术人才,在乡村振兴战略目标新要求下,推动江苏省农村公共服务事业高质量发展。

第一节 农村公共服务的内涵与意义

农村公共服务是包含农村地区基础设施、医疗保健、科教文化的综合体系。农村公共服务的缺失是造成城乡发展差距的重要原因,也是决定城乡基本公共服务供给能力差异的最终体现。本节首先对农村公共服务的概念、功能及其特殊性进行阐述,界定本章定义的农村公共服务的具体内涵,为进一步分析江苏农村公共服务发展现状与成效提供理论基础。

一、农村公共服务的概念、功能与特征

公共服务是构成国家公共产品体系的重要组成部分。与城市公共服务的内涵相似,农村公共服务同样涵盖农村地区的科教文化、医疗保健、基础设施等众多方面。农村公共服务是保障农村居民公共卫生和基本民生的重要公共产品供给,发挥着带动农村居民福利水平提升的重要基础性作用。在我国城乡二元经济体制的背景下,相较于城市公共服务而言,农村公共服务的供给更具有紧迫性和挑战性。

1. 农村公共服务的概念

农村公共服务指的是国家、政府及部分民间机构提供的,以解决农业经济生产、社会发展以及农民日常生活所要的各种公共服务的总称[①]。农村公共服务主要涵盖农村科学、教育、文化、卫生、医疗等涉及农民根本利益的问题,以及公共基础设施建设和公共服务用地,目的在于为广大农村居民参与社会政治、经济、文化活动等提供重要保障,是农村经济系统的

---

① 彭龙胜:《农村基础设施投入文献综述研究》,《科技视界》2017年第31期。

重要组成部分。

2. 农村公共服务的功能

农村公共服务是为满足农业生产、农村发展和农民生活共同需要的,为农村居民公众利益服务的事务,这些事务不能只受有关市场规则制约,而应由专门的组织与调控形式约束①。农村公共服务应能满足农村居民以下基本共同需要:一是确保每个农村居民享受基本福利或服务的权利,如义务教育、公共卫生、社会保障、社会救济、安全、交通、电力、通信等各种基本权利。二是保证农村经济、社会和土地的协调发展,促进相关集体的公共利益。三是创造农村经济、社会和环境协调发展的条件,考虑未来世代的长期利益。

3. 农村公共服务的特点

一是需求紧迫。相对于城市而言,农村地区更多属于经济发展水平滞后,农民生产生活条件落后的地区。尤其是农村的家庭农业生产规模决定了农业生产的组织程度很低,依赖农民自身的生产条件很难满足农民对公共服务的需求。因此,相对城市地区而言,农民对于公共服务的依赖性更强,需求更迫切。二是偏好差异。由于自然环境和区位分布的差异,农业生产所面临的气候条件、土壤类型、水利条件、乡村习俗和文化习惯的影响,农村社会对公共服务也会存在特殊需求。农民居于其中的社区生活方式和人文环境也不一致,对于公共服务的需求及偏好顺序存在较大差异。三是准公共产品。准公共产品是兼具公共产品和私人产品属性的产品。在公共产品和私人产品之间,还存在许多不具有纯粹的公共产品或私人产品的属性,但在一定程度上又或多或少地同时具有这两种产品性质的产品和服务,通常称之为准公共产品。这类产品通常只具备非竞争性和非排他性中的一个,而另一个则表现不充分。农村公共服务

---

① 张婷、庄海伟:《以公共服务推进乡村振兴》,《农业开发与装备》2018年第8期。

当中的教育、文化、广播、电视、医院、应用科学研究、体育、公路、农林技术推广等公共事业产品或服务均属于准公共产品的范畴[①]。

二、农村公共服务助力实现乡村振兴的理论机制

夯实农村公共服务基础条件,为农村地区提供完善的公共服务软硬件设施,是保障乡村振兴五大战略目标的基础和前提。农村基础设施、水利设施、医疗卫生设施、教育资源、社会保障与救助等公共服务建设与发展均是直接影响农村居民生产生活的重要方面。因此,在乡村振兴战略背景下,应将农村公共服务建设摆在空前重要的地位。理论而言,农村公共服务建设不应成为农村经济发展的附属品,农村公共服务理应成为助推乡村振兴的动力源和助推器。

1. 农村公共服务在乡村振兴战略中的重大意义

十九大报告指出,我国社会主义的主要矛盾已经转变为"人民日益增长的美好生活需要与不充分不平衡的发展之间的矛盾"。其中,发展的不充分主要指农村发展不充分,不平衡主要则是指城乡发展的不平衡。农村公共服务一直以来都是城乡发展差距和城乡不平衡发展的"短板"。在乡村振兴的战略背景下,只有实现农业的现代化,才能实现中国的现代化,只有实现农村的全面振兴,才能保障中国民族复兴伟大事业的实现。因此,发展农村公共服务事业,对于乡村振兴战略目标的实现具有重大意义。

首先,公共服务是实现乡村振兴的根本保障。城乡公共服务的差距是制约人力资本、实物资本、城市生产要素向农村流动的主要因素。能否实现乡村振兴的战略目标,缩小城乡公共服务领域的差距是关键因素[②]。在工业化和城市化为主导的经济增长方式下,大量的公共资源向城市地

---

① 范昕墨:《乡村振兴战略背景下的农村基础设施建设——基于公共经济学的视角》,《改革与战略》2018年第9期。
② 张婷、庄海伟:《以公共服务推进乡村振兴》,《农业开发与装备》2018年第8期。

区流动,造成城乡经济发展之间的差距,表现在公共服务领域的差距就更为明显。随着中国宏观经济增长方式的转型和区域协调发展战略的调整,农村地区的发展日益成为能否实现城乡一体化发展目标的重要一环。农村公共服务体系的完善是影响乡村振兴的重要方面。一方面,在城市化进程中,落后的乡村公共服务体系成为推动农民进城务工的直接原因,也部分导致乡村的"空心化"状态。另一方面,传统的户籍制度和城乡地域限制,也使农民无法享受城市地区较好的教育、医疗和社会保障等公共服务。因此,通过加大农村公共服务资金投入,提升农村公共服务供给质量和效益,能够提升农民在乡村当地的公共服务水平,减少农民在教育、医疗、社会保障等方面的成本支出,提升农民的可支配收入水平。

其次,公共服务是乡村振兴战略的关键抓手。地区经济社会发展对工业化和城市化建设具有反向推动作用。完善的基础设施、充分优质的教育资源、完善的医疗和养老服务机构以及文化娱乐设施能够吸引更多的城乡资本流向农村地区,促进人才向农村地区流动[①]。在提升公共服务水平的基础上,乡村振兴的产业、人才、文化、生态和组织振兴才有保障。受准公共产品属性的影响,地方政府必然成为农村公共服务的供给主体,提升农村公共服务水平,增加公共服务投入仍需主要依赖政府财政资金投入。因此,农村公共服务设施的建设和经营是地方政府推动乡村振兴的关键抓手。

2. 农村公共服务实现乡村振兴的作用机制

第一,增加公共服务投入避免乡村衰落。乡村过疏化、乡村人口老龄化、地域经济社会发展停滞、乡村公共服务落后、过疏地域公共交通设施落后、农村村庄集落荒废等一系列乡村衰落问题纷纷涌现。上述问题的

---

① 张振楠、张秀荣:《以农村公共服务为抓手推动乡村振兴研究》,《农业经济》2018年第8期。

出现很大程度上是由于农村公共服务投入力度不足所造成的。长期以来,各级政府忽视农村地区的基础设施、教育医疗、社会保障、文化培育等公共服务建设,重"生产"、轻"服务"的现象屡见不鲜。部分地区甚至直接将公共服务资金变相使用在农业生产和房地产开发领域。造成农村公共服务设施和机构的资金投入不足。然而,乡村振兴战略背景下,应当转变单纯重视经济发展的单维度思维模式,在推动乡村产业兴旺和经济发展的同时,更要重视乡村软实力的提升,增加农村公共服务领域的投入力度。遏制乡村衰落成为一种普遍的趋势。乡村不能、也不应成为经济发展的贫弱地区,社会治理的薄弱环节,生态保护的脆弱区域和文化传承的衰弱一极。

第二,完善公共服务体系拓展三农外延。以往处理"三农"问题时,主要涉及农业、农村和农民,更多是强调解决农业问题,如何推进中国农业现代化,在战略上对乡村发展的问题认识不足。特别是对乡村文化、乡村治理以及城市与乡村产业融合发展没有深入研究。现阶段提出用乡村振兴来统领"三农"工作,在内涵上更为丰富、要求更高。乡村振兴涉及乡村经济、社会、治理、公共服务体系以及文化等多个方面,正是中央针对三农工作所提出的重大战略思路调整。用乡村全面振兴推动乡村地区生产生活条件、公共服务水平、风景面貌的改善,才是乡村振兴战略的最终目标。

第三,提升公共服务质量助力五大目标。农村公共服务涉及农村最基本的生产生活条件改善。诸如基础设施、水利设施、医疗卫生设施、教育资源、社会保障与救助都是与乡村农民生产生活息息相关的。农村公共服务建设不应成为农村经济发展的附属品,在乡村振兴的战略背景下,农村公共服务理应成为助推乡村振兴的动力源和助推器。从乡村振兴的具体战略看,农村公共服务与五大战略目标之间均存在相关性。一是基础设施助力"产业兴旺",推动"生态宜居"。产业兴旺要求全面振兴农村二三产业，防止农村产业空心化，着力构建现代农业产业体系。上述目标的实现就需要完善农村公路、住宅、环境、交通、水利、能源等基础设施领域，提高农村基础设施质量能够有效实现产业兴旺和生态宜居目标。二是教育、医疗与社会保障事业助力"乡风文明"，加速实现"生活富裕"。吸引优质教育资源集聚乡村，提升农村地区教育水平能够推动实现乡风文明。完善医疗、养老、社会救助等社会保障体系则能够帮助农民消除后顾之忧，增加农民收入，提高农村民生保障水平，释放农民参与乡村治理、重温乡土文化的积极性和内生动力。三是发展村民自治组织推动"治理有效"。农民自治组织是实现治理体系和治理能力现代化，健全自治、法治、德治相结合乡村治理体系的关键。

第二节　江苏农村公共服务发展的成效与经验

党的十九大以来，党中央国务院大力实施乡村振兴战略。乡村振兴战略以农业农村现代化为总目标，以坚持农业农村优先发展为总方针，以产业兴旺、生态宜居、乡风文明、治理有效、生活富裕为总要求，最终是要让农业成为有奔头的产业，让农民成为有吸引力的职业，让农村成为安居乐业的美丽家园。江苏省历来重视新农村和美丽乡村建设。改革开放以来，江苏省农村公共服务事业发展取得显著成效。随着社会主义基本矛盾的变化，在迈向经济高质量发展阶段中的江苏农村公共服务事业也逐步走向城乡一体化发展的新阶段。本部分将着重从农村环境整治、基础设施投资、农田水利设施、医疗卫生与社会保障、教育、能源与信息化建设以及社会化自治组织七个方面阐述江苏省农村公共服务事业发展所取得的成效。

一、农村环境整治

"生态宜居"是乡村振兴战略的五大任务目标之一。生态宜居不仅对村庄的生态环境有更高要求,而且也要求整个农业走绿色发展道路、整个农村的生态环境有明显改善,建设人与自然和谐共生的农业农村现代化。乡村要摒弃传统经济发展的先污染、后治理的老路。打造乡村的绿水青山,将乡村田园风光融入发展体系,实现乡村生态环境优美。努力将以前的乡怨、乡忧,变成现在的乡愁、乡约。

改革开放以来,江苏省通过连续几轮的农村五件实事工程,先后大力推进社会主义新农村、美丽乡村、城乡一体化建设、实施乡村振兴战略,极大地改善了农村生产生活条件,通过农村环境整治,显著地提高了农村生产和生活环境。2008年,江苏省卫生厕所普及率仅为69.6%。自来水累计受益人口5 304.4万人。2008年至2017年,江苏省农村环境大为改善。2017年,卫生厕所普及率达到97.9%,接近100%,年均增长率为2.83%。农村家庭累计使用厕所户数为1 514.4户。2015年,江苏省自来水累计受益人口达到6 089.6万人,相比2008年增加14.8%。累计使用卫生厕所农户数由2008年的1 090.3万户,增加至2017年的1 514.4万户,同比增加38.9%。与此同时,江苏省积极推广实践农业循环经济,省辖区范围内,沼气池工程建设取得显著成效。2008年,江苏省沼气池产气总量14 372.6万立方米,大中型沼气工程2 080.1个,全省拥有生活污水净化沼气池27 197个。近年来,江苏省大力开展循环农业事业。2017年,全省沼气池产气总量达到29 666.2万立方米,大中型沼气工程18 239.3个,生活污水净化沼气池建设达到28 857个(见表7.1)。另据江苏省第三次全国农业普查资料显示,截至2016年底,江苏省有94.5%的村完成或部分完成改厕,98.9%的村生活垃圾集中或部分集中处理,36.5%的村生活污水集中或部分集中处理。

第七章 提升农村公共服务能力

表 7.1 江苏省农村环境整治情况

年份/指标	卫生厕所普及率（%）	自来水累计受益人口（万人）	累计使用卫生厕所户数（万户）	沼气池产气总量（万立方米）	大中型沼气工程（个）	生活污水净化沼气池（个）
2008	69.6	5 304.4	1 090.3	14 372.6	2 080.1	27 197
2009	76.7	5 331.1	1 204.3	19 188.1	4 995.5	29 974
2010	83	5 353.9	1 300.7	23 206.6	4 303.5	30 345
2011	87.4	5 850.7	1 372.7	28 698.2	8 000.2	32 659
2012	90.9	4 855.6	1 428.2	31 245.7	9 958.1	34 866
2013	93.1	5 845.1	1 462.6	30 459.4	11 094.9	35 639
2014	96.1	4 871.1	1 509.8	35 659.1	15 076.4	36 225
2015	96.9	6 089.6	1 522.4	32 347	14 495.4	31 635
2016	97.4			37 197.3	20 610.3	30 027
2017	97.9		1 514.4	29 666.2	18 239.3	28 857

资料来源：《中国农村统计年鉴》。

二、农村基础设施投资

基础设施建设进程中存在的城乡差距是造成城乡经济发展水平和人民生活条件存在较大的差异的根本原因。在工业化和城市化优先的发展导向下，城市地区能够获得各级政府更多的资金支持，城市地区的基础设施、交通设施、公共服务类基础设施条件也优于农村地区。当前，中国社会的基本矛盾已转变为人民日益增长的美好生活需要和不平衡不充分的发展之间的矛盾。人民对美好生活的需要具体到农民，就包括农民自身、或留在农村的人对美好生活的需要。因此，支持农村基础建设，对实现乡村振兴战略目标具有基础性和决定性意义。江苏省重视农村地区的基础设施投资，在农业生产、农民住宅、农村基本公共服务类基础设施等多个领域加大资金投入，全面改善农村基础设施条件。

1. 农村基础设施投资基本情况

江苏省农村基础设施投资总额逐年提高。2011年,江苏农村基础设施投资总额为379.2亿元。建筑工程总投资221.7亿元。住宅投资171.8亿元。2013年,江苏省农村总投资额增长至390.8亿元,其中,建筑工程总投资367.4亿元,住宅投资344亿元。江苏农村住宅投资构成江苏农村建筑工程投资的主体。2014年以来,江苏省农村基础设施投资总额持续增长,但到了2015年则出现下降。2014年,农村固定资产投资总额达到385.9亿元,随后的2016和2017年,农村固定资产投资总额下降至292.4亿元和276.8亿元。同时,农村竣工房屋投资和住宅投资总额均在2015年开始出现下降。农村房屋施工面积和房屋竣工面积也同比下降(见表7.2)。

表7.2 江苏省农村基础设施投资情况

(单位:亿元/万平方米)

年份/指标	投资总额	建筑工程	竣工房屋投资	住宅投资	房屋施工面积	房屋竣工面积	住宅
2011	379.2	221.7		171.8			
2012	380.5	228.8		213.7			
2013	390.8	367.4		344.4			
2014	385.9		269.9	237.2	3 079.9	2 679.9	2 474.3
2015	341.7		269.7	269.5	2 777	2 549.3	2 547.2
2016	292.4		174.4	168.2	2215	1 990.1	1 874
2017	276.8		148.7	138.4	1 933	1 729	1 645

资料来源:《中国农村统计年鉴》。

2. 分行业固定资产投资

从2011年至2017年的江苏省分行业农村固定资产投资情况可以看出,农林牧渔业是江苏省农村固定资产投资的重点行业。2011年,江苏省农林牧渔业固定资产投资为70.2亿元。2012年,则增长至72.4亿元,但随后出现大幅度下降。2013年,农林牧渔业固定资产投资额下降至57.6亿元。从2014年开始,农林牧渔业固定资产投资开始稳步回升。2015年,江苏省农村农林牧渔业固定资产投资为69.1亿元,占同期农村固定资产投资总额的20.2%。2017年,江苏省农林牧渔业固定资产投资达到历史高位的75.8亿元,占农村固定资产投资的27.4%。除农林牧渔业之外,房地产业是江苏省农村固定资产投资最多的领域。2014年,江苏省农村地区房地产固定资产投资为275.5亿元,占同期固定资产投资总额的71.4%。同时期,制造业、建筑业、交通仓储和邮政业、居民服务及其他服务业固定资产投资总额分别为36.1亿元、0.6亿元、0.7亿元和0.3亿元,分别占农村固定资产投资总额的9.4%、0.2%、0.2%和0.1%。2014年至2017年,江苏省分行业农村固定资产投资逐渐回归农业生产本质,在农林牧渔业行业投资比重逐渐提高,房地产行业投资比重逐渐下降。农村居民服务业或其他服务业投资占比显著增长。2017年,农林牧渔业固定资产投资占农村地区固定资产投资的比重上升至27.4%,同期交通运输业和居民服务及其他服务业占比则提高至2.8%和1.5%。房地产业固定资产投资占比则下降至60.0%(见表7.3)。

表7.3 江苏省分行业农村固定资产投资占比情况

年份/指标	农林牧渔业	制造业	建筑业	交通运输、仓储和邮政业	房地产业	居民服务及其他服务业
2008	2.3%	75.4%	0.5%	2.4%	6.6%	1.3%
2009	2.8%	72.0%	0.6%	2.9%	7.3%	1.3%
2010	2.9%	69.5%	0.5%	3.0%	7.5%	1.2%
2011	18.5%	7.9%	0.1%	9.3%	42.1%	14.2%
2012	19.0%	8.0%	0.1%	9.5%	41.7%	13.5%

(续表)

年份/指标	农林牧渔业	制造业	建筑业	交通运输、仓储和邮政业	房地产业	居民服务及其他服务业
2013	14.7%	0.6%	0.4%		77.1%	0.4%
2014	18.1%	9.4%	0.2%	0.2%	71.4%	0.1%
2015	20.2%	5.9%		1.0%	72.7%	
2016	24.2%	4.5%	0.5%	3.0%	65.1%	
2017	27.4%	5.6%	1.3%	2.8%	60.0%	1.5%

资料来源:《中国农村统计年鉴》。

同时,江苏省新农村建设和城乡一体化的推进,极大地改善了农村生产生活条件,提高了农村公共服务水平。江苏省第三次全国农业普查资料显示,2016年末,全省99.9%的村和96.1%的自然村和居民定居点通公路,30.3%和20.9%的乡镇有高速公路出口和码头。2016年末,江苏农业普查范围内的行政村(含涉农居委会)中,村内主要道路有路灯的村达到66.1%,村内主要道路路面为水泥和柏油路面的村占97.8%。在乡镇地域范围内,有火车站的乡镇占5.7%,有码头的占20.9%,有高速公路出入口的占30.3%;99.9%的村通公路[①]。

三、农村水利设施

农田水利设施是农业生产基础设施建设的重要组成部分。通过兴修为农田服务的水利设施,包括灌溉、排水、除涝和防治盐、渍灾害等工程,建设旱涝保收、高产稳定的基本农田[②]。农田水利设施是保障农业生产的重要基础设施之一。2014年以来,江苏省在农田水利设施领域持续加大

---

① 江苏省统计局:《改革开放40年——农村篇:全面推进农村改革 三农发展铸就辉煌》,http://tj.jiangsu.gov.cn/art/2018/11/12/art_4027_7877614.html。
② 蔡勇、仇荣:《以农村水利现代化建设助力江苏实施乡村振兴战略的思考》,《中国水利》2018年第15期。

投入力度。2014年,江苏省拥有水库1079座,水库库容量为35亿立方米,除涝面积2962千公顷,水土流失治理面积899.7千公顷,占江苏省耕地总面积的19.6%。除涝面积达到2962千公顷,占江苏省耕地总面积的64.6%。2017年,江苏省全省拥有水库1077座,水库库容量达35亿立方米,除涝面积增加至4014.4千公顷,占江苏耕地总面积的87.8%。水土流失治理面积达到918.8千公顷,占耕地总面积的20.1%(见表7.4)。

表7.4 江苏省水利设施建设情况

年份/指标	水库数（座）	水库库容量（亿立方米）	除涝面积（千公顷）	水土流失治理面积（千公顷）	耕地面积（千公顷）	除涝面积占比（%）	治理占总面积比重（%）
2014	1 079	35	2 962	899.7	4 582	64.6%	19.6%
2015	1 079	35	3 017.7	893.8	6 496	46.5%	13.8%
2016	1 079	35	3 125.6	907.9	4571.1	68.4%	19.9%
2017	1 077	35	4 014.4	918.8	4 573.3	87.8%	20.1%

资料来源:《中国农村统计年鉴》。

四、农村医疗卫生与社会保障

医疗卫生和社会保障是农村公共服务的重要组成部分。城乡医疗条件和社会保障差距也是城乡公共服务差距的重要方面。乡村振兴要求"乡风文明、治理有效、生活富裕",农村医疗卫生条件的改善和社会保障体系的健全是涉及上述三大目标的重要制度前提。只有建立城乡统筹的医疗卫生条件和社会保障体系,才能夯实农民生活富裕的基础,才能真正实现乡村地区的乡风文明和有效治理。作为东部沿海发达省份的江苏省,在重视农业生产和农民生活条件改善的前提下,积极打造城乡统筹的农村医疗卫生条件和农村社会保障体系,着力缩小医疗卫生和社会保障的城乡差距。

1. 村级卫生室及人员配备

江苏省农村医疗软硬件设施稳步发展。从农村医疗卫生设施硬件配置看,2009 年至 2017 年,江苏省村级卫生室基本保持在 15 000 个以上。设置卫生室的村占行政村总数的比例始终保持在 100%。乡村医生和卫生人员配备基本能够满足农村基本医疗服务的需求。截至 2017 年,江苏省村卫生室总数为 15 139 个,乡村医生和卫生人员数为 30 934 人。每千人农业人口对应的村卫生室人员 1.48 个(见表 7.5)。另据江苏省第三次全国农业普查资料显示,截至 2016 年末,江苏农业普查范围内的行政村(含涉农居委会)中,平均每个乡镇医疗卫生机构 18.3 个①。2018 年底,江苏全省 99.9%的乡镇有医疗卫生机构,99.9%的乡镇有执业(助理)医师,98.2%的乡镇有社会福利收养性单位。

表 7.5 江苏省农村卫生室和人员情况

年份/指标	村卫生室(个)	设置卫生室的村占行政村数(%)	乡村医生和卫生人员(人)	每千人农业人口村卫生室人员(人)
2009	17 124	100	56 819	1.53
2010	17 127	100	57 443	1.71
2011	16 694	100	54 999	1.77
2012	15 835	100	44 906	1.87
2013	15 575	100	39 774	2.01
2014	15 523	100	37 796	2.18
2015	15 391	100	34 615	1.33
2016	15 475	100	32 520	1.38
2017	15 139	100	30 934	1.48

资料来源:《中国农村统计年鉴》。

---

① 江苏省统计局:《改革开放 40 年——农村篇:全面推进农村改革 三农发展铸就辉煌》,http://tj.jiangsu.gov.cn/art/2018/11/12/art_4027_7877614.html。

2. 养老服务机构

与此同时,江苏省养老服务机构建设稳步发展。2009 年,江苏省拥有养老机构单位 1342 个,年在院总人口 32 611 168 人,2009 年末收养人数为 127 705 人。其中,女性养老人员 32 428 人,老年人 125 626 人。2012 年,江苏省养老服务机构总数达到 1 640 个,是历史最高值。年末收养人数 144 353 人,其中,女性收养人员 35 287 人,老人 141 844 人。从 2013 年开始,江苏省养老服务机构单位数、年末收养人数均有所下降。2017 年,江苏省养老服务机构单位数 1 252 个,年末收养人数为 112 620 人(见表 7.6)。截至 2018 年底,93.5%的乡镇有本级政府创办的敬老院。

表 7.6 江苏省养老服务机构发展情况

年份/指标	单位数(个)	年在院总人数(人)	年末收养人数(人)	女性(人)	老人(人)
2009	1 342	32 611 168	127 705	32 428	125 626
2010	1 319	34 407 749	130 687	33 492	128 932
2011	1 329	36 656 199	132 258	33 047	122 967
2012	1 640		144 353	35 287	141 844
2013	1 544		142 926	32 485	140 472
2014	1 278		124 574		
2015	1 285		120 866		
2016	1 271		115 464		
2017	1 252		112 620		

资料来源:《中国农村统计年鉴》。

3. 社会保障事业

1997 年开始,江苏省开始试点并有效地推进农村社会保障体系建设,并于 2005 和 2009 年分别全面建立了农村最低生活保障制度、新型农村合作医疗制度和农村居民养老保险制度,至 2018 年全省农村最低生活保障实现应保尽保,农村居民养老和医疗保险实现全覆盖。据统计,截至

2017年底,江苏省城乡居民医保参保人数达1 268.4万人,参保率99.8%,待遇领取人数1 051.7万人,领取率100%。养老保险待遇水平逐步提高,江苏省基础养老金最低标准由2009年实施新农保制度之初每人每月60元,提高到2017年城乡居民基本养老保险基础养老金每人每月125元,比国家规定的最低标准70元高出55元,全省1 000多万60周岁以上城乡老年居民直接受益。同时,江苏省农村社会救济和自然灾害救济得到快速发展。2009年,江苏省农村社会救济256 863.5人,同时期农村低保支出161 065.3万元。农村低保人数2 129 320人。自然灾害生活救助人数达30 374.9人。2010年至2014年,江苏省农村社会救济人数逐年提高。农村低保支出稳步增长。农村低保人数则出现小幅下降,单位低保人口获得低保金逐年增加。同时,自然灾害生活救助人数则逐步减少。2017年,江苏省农村地区特困集中供养人数为64 000人,特困分散供养137 000人,农村低保支出增长至398 000万元,农村地区享受低保待遇人数为972 000人(见表7.7)。

表7.7 江苏省农村社会救济费和自然灾害救济费发放情况

年份/指标	农村社会救济(人)	特困集中供养(人)	特困分散供养(人)	农村低保支出(万元)	低保人数(人)	自然灾害生活救助(人)
2009	256 863.5			161 065.3	2 129 320	30 374.9
2010	318 560.6			205 153	1 394 255	15 339.2
2011	434 887.5			294 395.6	1 417 110	14 140.2
2012	462 794.4			307 468.6	1 380 681	23 476.5
2013	462 093.7			342 565.5	1 301 395	21 365.3
2014	475 931.6			341 407.8	1 190 956	16 524.1
2015				361 095	1 147 947	
2016		71 000	127 000	390 000	1 099 000	
2017		64 000	137 000	398 000	972 000	

资料来源:《中国农村统计年鉴》。

江苏省农村最低生活保障已实现应保尽保,城乡低保标准差距逐年缩小。截至2017年底,全省农村低保对象56.9万户、104.2万人,平均保障标准达到611元/月。52%涉农县(市、区)实现城乡并轨。2018年底,农村低保对象共45万户、75万人,平均保障标准再提高至每人每月670元。全省有6个设区市、75个行政县(市、区)实现了城乡低保标准并轨,城乡低保一体化率达到78%,全省城乡低保平均标准之比达到1.06∶1,其中苏南地区已实现1∶1。新型农村合作医疗在2015年已基本实现全覆盖,居全国各省之首。2016年省政府整合城镇居民基本医疗保险制度和新型农村合作医疗制度,建立统一的城乡居民基本医保制度。2017年底,全省城乡居民医保参保人数达5 017.9万人,基本实现城乡居民医保应保尽保。农村养老保险制度稳步推进,并由新农保过渡到城乡居民保险。2018年底,全省基本医疗保险参保人数7 721.7万人,其中城乡居民基本医疗保险参保人数4 969.1万人,资助困难人员参保349万名,资助金额8亿元,全省基本实现城乡居民医保应保尽保;城乡居民养老保险参保总数达2 300.31万人,基础养老金发放率保持100%。

此外,江苏省积极探索农村低保与精准扶贫政策衔接体制机制保障政策措施。在全省推出实施"三个100%推社保扶贫精准举措,对建档立卡未标注脱贫的低收入人口、低保对象、特困人员等困难群体,确保100%登记参保,100%为其代缴全部不低于省定最低标准的养老保险费,100%享受城乡居民基本养老保险待遇。截至2018年底,平均每个乡镇社会福利收养性单位1.8个共为建档立卡未标注脱贫的低收入人口、低保对象、特困人员等困难群体78.63万人代缴保费1.48亿元,办理领取待遇75.13万人①。

---

① 江苏省统计局:《数说江苏70年:70年风雨历程"三农"发展铸辉煌》,http://tj.jiangsu.gov.cn/art/2019/9/5/art_4031_8703275.html。

五、农村教育事业

教育与人力资本投入是经济增长的动力之一。同时也是微观层面阻断家庭代际贫困陷阱,实现社会阶层合理动态流动的重要手段。江苏省将发展农村教育事业作为彰显农村后发优势,实现农村地区人力资本积累和积极持续增长的重要系统性政策举措。近年来,江苏省在教育基础设施建设领域增加财政资金支持力度,根据江苏省统计局数据显示:2016年底,平均每个乡镇拥有学校6.6个。所有乡镇中:99.8%的乡镇有幼儿园、托儿所,99.5%的乡镇有小学,36.0%的村有幼儿园、托儿所[①]。随着江苏省农村地区教育事业的稳步推进,江苏省农村适龄入学人口中文盲人口占比逐年下降,中等以上教育阶段人口占比逐年提升。2009年,江苏省6岁及以上适龄入学人口总数为164 931人,其中,不识字或识字很少人口为15 560人,占比为9.4%,小学学历人口54 336人,占比32.9%,初中学历人口73 122人,占比44.3%,普通高中学历人口18 105人,占比11%,大专学历人口3 808人,占比为2.3%。2017年,江苏省6岁以上适龄入学人口相较于2009年有所下降。但初中和大学专科学历人口占比有所提升,文盲比例下降0.6个百分点。在2017年110 136人适龄入学人口中,初中学历人口44 076人,占比40%,大专学历人口4 334人,占比3.9%(见表7.8)。

[①] 江苏省统计局:《我省乡村振兴与城乡融合发展研究》,http://tj.jiangsu.gov.cn/art/2018/10/31/art_4027_7858574.html。

表7.8 江苏省适龄入学人口学历情况

年份/指标	6岁及以上适龄入学人口(人)	不识字或识字很少	小学	初中	普通高中	大学专科
2009	164 931	9.4%	32.9%	44.3%	11.0%	2.3%
2010	124 101	9.0%	33.3%	44.0%	11.0%	2.7%
2011	83 271	8.2%	34.1%	43.5%	10.9%	3.4%
2012	106 359	8.0%	33.5%	43.0%	11.7%	3.8%
2013	106 597	7.6%	32.7%	43.5%	12.0%	4.1%
2014	112 879	8.3%	32.7%	42.6%	12.4%	4.0%
2015	240 230	8.5%	31.9%	41.4%	13.0%	5.3%
2016	116 863	9.3%	32.8%	39.6%	9.3%	3.5%
2017	110 136	8.8%	32.0%	40.0%	9.0%	3.9%

资料来源:《中国农村统计年鉴》。

六、农村能源与信息化建设

能源利用是产业发展和经济增长的动力来源。农村地区能源利用情况是体现农村能源基础设施建设和能源使用绩效的重要指标,农业生产过程中的机械化水平和自动化程度均对农业生产的电力能源使用有较大的依赖性。此外,农业信息化建设和农村地区信息化发展是农业现代化基础性工程。当前,大数据技术、物联网技术、设施农业和有机农业等现代科技农业均是建立在农村地区的坚实信息化建设水平基础上的。江苏省在农村电力使用和信息化建设方面始终走在全国前列,农村电力使用和信息化也对江苏省农业生产和农民生活条件的改善产生显著的积极影响。

1. 农村能源使用情况

2015年以来,江苏省被农业部确定为全国粮食生产全程机械化整体推进示范省。《江苏省乡村振兴战略实施规划(2018—2022年)》明确到

2020年整省实现粮食生产全程机械化。农业生产过程中机械化水平的提高对江苏省农业生产效率的提升有显著促进作用。以江苏省农村电力使用情况为例,2005年以来,江苏省农村农林牧渔业年用电量稳步提高。2005年,江苏省农林牧渔业用电总量为29.12亿千瓦时,占同期江苏省全社会用电量的1.33%。同期,江苏省农业排灌用电量为12.05亿千瓦时,占农业用电总量的41.38%。2006年至2010年,江苏省农业用电量占全社会用电量比重略有下降,但2013年至2017年,江苏省农业生产用电量占比逐年提升。2017年,第一产业用电量为66.78亿千瓦时,占全社会用电总量的1.15%。农业领域排灌用电量占第一产业用电量逐年下降。2017年,排灌用电量为13.54亿千瓦时,占同期第一产业用电量的20.28%(见表7.9)。

表7.9 江苏省农村电力使用情况

年份/指标	全社会用电量（亿千瓦时）	第一产业	第二产业	第三产业	排灌占一产比重
2005	2 193.45	1.33%	81.76%	7.76%	41.38%
2006	2 569.75	0.97%	82.13%	7.78%	36.00%
2007	2 952.02	0.83%	82.63%	7.89%	36.45%
2008	3 118.32	0.75%	81.12%	8.64%	32.39%
2009	3 313.99	0.77%	80.27%	9.19%	33.16%
2010	3 864.37	0.73%	79.84%	9.34%	31.52%
2013	4 956.62	0.88%	77.56%	10.52%	25.62%
2014	5 012.54	0.93%	78.34%	10.82%	25.87%
2015	5 114.70	1.03%	77.28%	11.35%	23.86%
2016	5 458.95	1.13%	75.59%	11.93%	23.26%
2017	5 807.89	1.15%	74.35%	12.72%	20.28%

资料来源:《中国农村统计年鉴》。

2. 农村信息化建设

2016年末,江苏省通电的村和通电话的村达到100%,安装了有线电视的村和通宽带互联网的村达到99.7%和99.3%,有电子商务配送站点的村也达到37.4%。能源、通信方面,全省100%的村通电和电话,14.2%的村通天然气[①]。2009年至2017年,江苏省农村邮政、宽带和电话事业快速发展。2009年,江苏省农村邮政投递路线258 311公里。农村电话年末用户数为968万户,有822万户农村住宅安装电话。2017年,江苏省农村邮政投递路线拓展至262 951公里。城市和农村地区宽带接入用户数稳步提高。2011年,江苏省城市宽带接入用户764.9万户,农村地区宽带接入用户406.1万户。2017年,城市和农村地区宽带接入用户分别提高至1 953.2万户和1 152.9万户。随着信息化和网络化发展进程的加快,江苏省农村地区电话使用量和年末住宅电话用户均有所下降。2017年,江苏省农村电话年末用户数和住宅电话年末用户数分别由2011年的978.4万户和802.1万户,下降至508.9万户和403.9万户(见表7.10)。

表7.10 江苏省农村信息化建设

年份/指标	农村投递路线(公里)	城市宽带接入用户(万户)	农村宽带接入用户(万户)	农村电话年末用户数(万户)	农村住宅电话年末用户数(万户)
2009	258 311			968	822
2010	261 298			971	809.9
2011	267 426	764.9	406.1	978.4	802.1
2012	266 263	811.2	539.5	1 046.2	840.3
2013	261 629	856.2	575.2	1 014	815.5

① 江苏省统计局:《我省乡村振兴与城乡融合发展研究》,http://tj.jiangsu.gov.cn/art/2018/10/31/art_4027_7858574.html。

(续表)

年份/指标	农村投递路线(公里)	城市宽带接入用户(万户)	农村宽带接入用户(万户)	农村电话年末用户数(万户)	农村住宅电话年末用户数(万户)
2014	259 663	935.2	588.2	910.7	715
2015	260 729	1 464.5	881.8	755	606.1
2016	255 754	1 682.3	1 002.9	611.4	500.6
2017	262 951	1 953.2	1 152.9	508.9	403.9

资料来源：《中国统计年鉴》。

七、农村社会化组织

在农村市场经济发展的条件下，农民需要更多的社会化组织提供专业化生产和社会服务。江苏省积极发展农村社会自治组织，推广村民自治实践经验。2009年至2017年，江苏省农村村民自治组织个数保持稳定。随着城镇化步伐的加快，江苏省农村村民委员会减少，社区居委会逐年增加，而村民委员会和社区居委会职工人数均出现逐年增加的趋势。2009年，江苏省村民自治组织21 893个，村民委员会16 393个，社区居委会5 500个。年末村级社会组织职工数为11万人。其中，女性职工3.1万人。村民委员会职工8万人，社区居委会职工数2.9万人。2017年，江苏省社区居委会数量快速增加至7 201个，村民委员会个数减少至14 462个。2015年，江苏省村民委员会职工7.3万人，社区居委会职工数为3.8万人（见表7.11）。

表7.11 江苏省社会化组织建设情况

年份/指标	自治组织(个)	村民委员会	社区居委会(个)	年末职工数(万人)	女性职工(万人)	村民委员会职工(万人)	社区居委会职工(万人)
2009	21 893	16 393	5 500	11	3.1	8	2.9
2010	21 645	15 803	5 842	10.9	3.1	7.8	3.1

(续表)

年份/指标	自治组织（个）	村民委员会	社区居委会（个）	年末职工数（万人）	女性职工（万人）	村民委员会职工（万人）	社区居委会职工（万人）
2011	21 708	15 625	6 083	10.9	3.1	7.6	3.3
2012	21 510	15 173	6 337	10.9	3.1	7.4	3.5
2013	21 355	14 538	6 817	10.8	3.3	7.1	3.6
2014	21 400	14 428	6 972	11	3.4	7.2	3.8
2015	21 495	14 486	7 009	11.1	3.4	7.3	3.8
2016	21 556	14 477	7 079				
2017	21 663	14 462	7 201				

资料来源：《中国统计年鉴》。

第三节　江苏农村公共服务存在的问题及成因

由前文的分析可以看出，作为东部沿海发达省份的江苏，在农村公共服务领域的成效显著，拥有许多农村公共服务建设与发展的宝贵经验。改革开放40年来，江苏秉持制造业强省的发展战略，坚持工业化带动城镇化的发展道路，在依托长三角城市群这一全国最具活力的区域经济板块，以较低的劳动力比较优势和相对完整的制造业产业链体系，快速融入全球供应链和价值链体系。经济增长的同时，江苏始终坚持经济增长与民生发展的"双轮"驱动发展思路，及时有效地将经济增长的成果汇入民生和城乡融合发展领域，着力缩小区域及城乡发展差距，在农村公共服务发展以及保障城乡公共服务均等化方面取得显著成效。然而，实践中江苏农村公共服务发展领域依然存在发展水平不高、供给结构性失衡、供给质量较低以及政策保障缺失等问题。本节重点剖析江苏农村公共服务依然存在的突出问题,旨在阐释当前江苏农村公共服务领域存在的重难点问题,为提出进一步完善江苏农村公共服务体系建设提供参考。

一、发展水平不高

由于农村公共服务的公益性和低收益性,更多的财政资金倾向于投资在农业生产领域,对农村公共服务领域的投资整体规模相较于城市公共服务仍显得偏少,更是与江苏经济大省和经济强省的地位不匹配。尽管江苏已有部分地区开展社会资本参与农村公共服务建设的试点并取得一定的成效,但社会资本在参与农村公共服务建设时依然存在手续复杂、程序繁琐、限制条件多、门槛高等问题。加之适宜社会资本参与农村公共服务的法律体系并不完善,农村公共服务领域投资市场化进程缓慢,上述问题的存在已成为制约江苏农村公共服务高质量发展的重要体制机制问题。

1. 资金投入积极性不高

在城市优先发展的战略导向下,更多的社会资源和公共服务资本向城市倾斜,造成江苏省农村地区公共服务投入的总量资金存在明显不足,江苏省部分农村地区的公共服务建设长期处于缺少资金投入的尴尬境地。首先,投入主体较为单一。从公共经济学的视角看,农村公共服务产品属于公共产品,公共产品的非竞争性和非排他性造成大量"搭便车"现象的存在。在缺乏市场机制和定价策略的条件下,极少有社会资本会参与农村公共服务的投入中来,进而造成江苏省市县一级地方政府只能成为农村地区公共服务的供给主体。然而,在经济进入"新常态"和地方政府债务逐年增加的情况下,部分地方政府融资平台在考虑资金投向时,也不得不在财政硬约束的前提下,对特定资金投向产业进行筛选和甄别。由于农村地区公共服务设施投入的特殊性,极易造成市县一级政府投资时的偏向性,加剧市县一级政府对基层公共服务设施投资的忽视。在财权和事权不对称的条件下,市县一级地方政府对农村公共服务设施建设过程中,更容易产生利用财政支农建设资金填补财政空洞的冲动,而不会将稀缺的财政资金投向短期内很少,甚至没有收益的农村公共服务项目。

2. 社会资本参与度较弱

农村公共服务设施兼具公益性和准公益性。从国外发达国家的经验看,地方政府可以将部分具有盈利能力的农村公共服务项目推向市场,通过吸引社会资本参与的方式,缓解甚至解决农村公共服务项目融资力度不够的问题。然而,江苏省大部分农村地区,特别是苏北部分农村地区经济发展程度不高,人民生活水平仍相对城市地区较为滞后。同时,按照已有的乡村振兴"三步走"时间表,到2020年,乡村振兴取得重要进展,制度框架和政策体系基本形成,到2050年,乡村全面振兴,农业强、农村美、农民富全面实现。上述时间进程对于追求短期收益和利润率的市场化企业主体而言,仍显得过于漫长。江苏省农村地区要实现乡村全面振兴,依然需要经过一个特定的历史时期和过程,加上在乡村振兴的过程中,投资农村公共服务设施属于风险高、效益低、回收慢的投资活动,社会资本是不会考虑投资时间长、见效慢、效益不确定的农村公共服务设施建设的。同时,乡村振兴建设中对于农村公共服务设施的社会参与仍未全面放开,目前也仅有江苏省苏北部分乡镇开展社会资本参与乡史馆等公共服务设施的试点案例。社会资本在投资农村公共服务设施时依然面临手续复杂、程序繁琐、限制条件多、门槛高等问题。此外,社会资本参与农村公共服务设施投资的相关法律法规仍不健全,如投资收益的分配、投资风险分担等重大实践问题依然没有明确的法律规范,也造成社会资本参与江苏省农村公共服务建设投资意愿的下降。

3. 市场化发展相对滞后

缓慢的市场化进程是造成江苏省农村公共服务市场化发展水平依然相对落后于城市地区的重要原因之一。当前,江苏省农村地区公共服务市场的开放度明显不高①。一方面,缺少农村公共服务的有效供给主体。乡镇政府是农村公共服务的主体,即便江苏省农村部分地区开展公开招标,涉及农村公共服务领域的招标往往流于形式。另一方面,农村公共服务具有较强的地域性特征。只有在充分了解乡村文化、气候和基本生产生活条件的前提下,才有可能提供合适的公共服务。因此,通过竞标的外来乡村公共服务供给主体很难打破地域限制参与农村公共服务的供给竞争。上述问题进一步加剧了农村公共服务主体的单一性,不利于农村公共服务市场的建立。与此同时,农村公共服务市场与乡镇政府职能转变相对滞后,造成农村公共服务市场管理体制机制不健全、市场主体较难确立、市场竞争不充分等问题,上述问题又会反过来影响农村公共服务供给主体的多元化发展。

二、供给结构失衡

目前,江苏农村公共服务领域仍存在一定的供给结构性失衡。具体表现为如下三个方面:一是农村公共服务供给规模与农村公共服务需求规模之间的失衡。二是苏南、苏中和苏北由于区域经济发展水平的差异以及地方财政支出规模差异所造成的农村公共服务供给的区域失衡。三是农村公共服务产品内部重视硬件服务设施建设,忽视软件服务能力提升所导致的"软硬件"失衡。

1. 供求失衡

随着江苏省农民人均可支配收入和生活水平的不断提高,农民对物质文化的需求不断提升。然而,江苏省农村地区基本公共服务仍然不能满足农民的实际需求,在现行的公共服务机制下,地方政府是决定农村公共服务供给的主体,如何选择公共服务项目,如何安排公共服务资金流向

---

① 范昕墨:《乡村振兴战略背景下的农村基础设施建设——基于公共经济学的视角》,《改革与战略》2018年第9期。

基本上由上级政府决策,这种"自上而下"的农村公共服务决策机制不利于发挥基本农民参与的积极性。基本公共服务供给数量和质量均由政府决定,也很难反映基本农民的实际需求。农村公共服务供给体制不完善,已有的政策基本上是"一刀切",公共服务供给对基础农民需求的引领作用不明显,监管责任也不到位。目前,除苏南部分已经实现城镇化的乡镇之外,江苏省大部分农村地区的基本公共产品供给中缺乏基层农民的民主参与机制,较难准确把握农村居民的公共服务需求,对提升公共产品供给的针对性与时效性存在不利影响。

2. 区域失衡

农村公共服务供给能力受当地乡镇政府财力的直接影响。在江苏省乡镇经济发达的地区,农村公共服务供给水平就高,而在乡镇经济欠发达的地区,农村公共服务供给水平就低。上述地区经济发展水平的差异直接导致区域之间农村公共服务的非均衡化。江苏省农村公共服务发展同样呈现明显的区域失衡,在苏南乡镇经济发达的区域,农村公共服务水平明显处于较高水平,甚至超过当地城市地区的公共服务水平。在苏北地区,基层政府提供农村公共服务能力明显不足,在部分经济薄弱村,村集体经济都未能实现达标,对农村公共服务的投入和建设更是无从谈起。整体而言,江苏省苏南和苏中地区的农村公共服务的均衡度较高,而苏北大部分地市的农村公共服务的均衡度较低[①]。农村公共服务失衡是江苏省农村公共服务领域存在的长期问题。首先,农村公共服务配置标准不明确,国家层面并没有出台关于农村公共基础设施的统一标准,部分地区省级公共服务标准与基层的现实需求之间存在错位。其次,农村公共服务投资和建设过程中,缺少相应的政府体系配套,部分农村地区涉及公共

---

① 李凤:《实施乡村振兴战略村镇化与城镇化双轮驱动》,《农村经济与科技》2018年第6期。

服务供给的资金分配、管理和维护方面的政策严重不足。再次,基层公共服务项目管理能力不足。部分基层政府对公共服务设施建设重视度不高,建成以后的公共服务设施没有明确的监督管理部分,在建成后也没有明确的维护标准和管理规范,甚至造成资源浪费。

3."软硬件"失衡

"软硬件"失衡是江苏省农村公共服务供给结构失衡的另一个重要方面。一方面,硬件公共服务设施投入资金量大,项目建设较多,基本上已经满足当地农民的公共服务需求,甚至出现"供给过剩"[①]。由于硬件公共服务设施,如文化馆、体育场、市民广场、科技文卫设施、健身器材等项目建设周期短,短期内见效快,建成之后具有较强的"面子"和"形象"效应。因此,硬件类公共服务设施的供给基本满足农民需求。另一方面,乡镇政府农村公共文化服务供给、乡风文明文化馆、乡史乡情科普馆、传统民俗类文化普及能力不足。软件类的公共服务供给依然稀缺,特别是,基层政府对涉及乡村民生发展领域的公共服务关注较少,在苏北部分地区,农民的"看病难、看病贵,上学难、上学贵"的难题依旧存在。

三、供给质量不高

江苏农村公共服务供给的整体质量不高,农村公共服务对当地居民福利提升作用不明显。一方面,江苏农村公共服务设施的标准化程度不足。各地级市以及县级市在农村公共服务"软硬件"产品供给方面缺乏统一的标准,对各自辖区内农村公共服务产品供给缺少发展定位以及中长期的发展规划,由此降低了农村公共服务供给产品的服务能力。另一方面,江苏农村公共服务设施依然存在供给精准度不高的问题,传统"一刀切"的农村公共服务建设模式不利于实现农村公共服务的供需平衡。

---

① 陈楚洁、袁梦倩:《化传播与农村文化治理:问题与路径——基于江苏省J市农村文化建设的实证分析》,《中国农村观察》2011年第3期。

1. 标准化不足

江苏省农村基本公共服务标准化普遍存在标准缺失的问题。一是公共服务供给产品质量标准缺失。目前,对农村地区公共服务产品的质量标准没有国家和省级层面的统一标准,对于基层公共服务应达到什么水平、具备何等质量都没有统一规定。在地方经济发展水平存在差异的条件下,很难确定统一的标准定额。二是地方保障标准趋势。江苏省初步制定了包括教育、基础设施、文化体育、社会保障等在内的基本公共服务体系要求,但是这些标准覆盖面不够全面,而且标准定额要求较低。三是农村公共服务的资金保障标准不足。省级财政对苏南、苏中和苏北地区农村公共服务资金保障标准缺失,造成地方在制定公共服务预算、公共服务建设资金配套等方面缺乏科学依据。

2. 精准度不高

"自上而下"的农村公共服务供给很容易造成农村公共服务千篇一律[①]。当前,江苏省借鉴国内外发达地区的经验对农村公共服务供给进行统一的规范,但上述"一刀切"的建设模式严重制约农村公共服务的供需平衡。一方面,对于低端公共服务需求主体而言,基本公共服务设施落后,对"低保户"和低收入家庭的公共服务落实不均,新农合、农村养老保险与城镇医保、社保之间仍然存在较大差距。另一方面,对于较高层次的农村公共服务需求主体而言,已有的公共服务水平仍未充分满足高端农户的服务需求,很难实现农村公共服务的精准供给。

3. 福利提升不明显

在标准化不足和精准度不高的影响下,农村公共服务往往时效性不强,自然就会出现福利拉动效应不高的情况,使基层农民对农村公共服务供给的满意度不高。一方面,乡镇政府的基本服务意识不足。长期以来

---

① 李云:《乡村振兴战略背景下农村公共服务精准供给研究》,《决策咨询》2018年第5期。

"唯上不唯下"的基层政权形式,造成基层乡镇政府更愿意迎合上级政府需求,而忽视对基层农民公共服务需求的关注。地方政府部门也很少关注基层农民对农村基本公共服务的满意度和信息反馈,很难了解农民的真实需求偏好。另一方面,基层乡镇政府工作人员的素质相对较低,年龄结构较大,对现代化网络信息和市场经济运作规则了解不足,很难适应乡村振兴战略背景下,农村公共服务的供求变化,造成公共服务对农村居民福利提升效应不明显。

四、政策保障缺失

受以 GDP 增长为目标的单维度地方政府考核机制的影响,江苏地级市以下各级政府,特别是农村地区对地方经济发展、人均 GDP 增长、产业发展以及劳动力转移就业等方面的关注较多,在短期内较难获得明显收益或政绩的农村公共服务建设领域关注较少,进而造成地方政府对农村公共服务发展与建设的重视力度不足,以至于农村公共服务领域的法律配套措施不足,政府考核的监督与奖惩机制不完善。

1. 配套法律保障不足

农村公共服务法律制度的缺失使农村公共服务事业的地位和作用不能得到有效地保障;在配套法律法规措施不健全的条件下,农村公共服务事业可持续发展能力不强。首先,江苏省农村公共服务相关规章制度欠缺,部分规章制度在执行过程中主观性较强,财政约束机制不健全。基层很难形成农村公共服务供给的硬性财政预算约束标准,造成主观因素影响农村公共服务资金供给。江苏省仍未建立农村公共服务的硬性细化的约束机制,且执行力不强。其次,省级部门并没有专门针对农村社会保障及公共服务的立法体系,对农村社会救济、优抚安置及社会福利等方面基本没有系统性的立法措施。已有的部分决定、条例、通知与文件,也存在相互衔接不足的问题,难以形成系统性的法律保障体系。比如,江苏省在农村公共服务救济、农村金融服务、公共服务设施建设、医疗卫生公共服务事业发展基金等方面就均存在立法缺陷。

2. 监督奖惩机制不完善

缺乏必要的监督奖惩机制是制约江苏省农村公共服务健康发展的重要因素。农村公共服务的需求主体是农民本身。来自农村基层的农民对基层公共服务有更为清晰的认识。人民群众对基层医疗卫生机构、教育事业、公共基础设施建设的情况最为了解。尽管江苏省在上述领域取得显著发展成效,但农村地区医疗机构网点分散、规模小、设施简陋、专业人员数量不足的现象依然普遍存在,很大程度上是由于基层医疗卫生机构监管不到位造成的。受基层医疗现有的体制机制影响,监管部门很难做到对部分农村地区的村卫生所的实时监督。高昂的监管成本也会严重制约监管机构监管的频率和力度。此外,从省级层面到各级乡镇政府没有建立对农村公共服务建设的奖惩机制,没有形成对公共服务软硬件设施的全程评估和管理机制。在缺乏科学评价机制和评价体系的条件下,很难对基层公共服务设施建设的投融资行为、项目建设、中期项目管理以及运营使用情况进行全面系统的管理,也没有形成科学客观的公共服务评价奖惩机制。

第四节　江苏农村公共服务高质量发展的对策

在系统梳理江苏农村公共服务领域建设取得成效及存在问题的基础上,本节针对江苏公共服务领域仍存在的不足,在乡村振兴战略目标导向下,提出推进农村公共服务高质量发展的思路与对策,以期为指导"十四五"时期江苏建设高水平农村公共服务体系提供政策参考。

一、树立高质量发展战略导向

高水平建设江苏农村公共服务需要统筹规划,顶层设计,尤其是需要在充分了解江苏不同地区农村公共服务现实需求的基础上,加强对农村公共服务体系的中长期发展规划。应着力构建因村制宜的农村公共服务供给体系,建立省级层面农村公共服务体系的联动发展机制,提升农村公共服务的供给质量。

1. 因村制宜建设

在充分调查研究了解基层公共服务需求和供给情况的前提下,开展江苏省农村公共服务设施和机构的建设。坚持因地制宜、因村制宜的基本原则,不搞"一刀切"式的公共服务建设。着力构建基于差异化、突出特色优势的农村公共服务建设体系[①]。结合不同村庄的实际情况,从当地的政治、经济、社会发展水平出发,保证所制定的农村基本公共服务标准体系与当地的公共资源承载能力以及政府的公共服务供给能力相适应,避免出现标准体系脱离实际的情况,从而增强农村基本公共服务标准的科学性与可行性。

2. 建立联动机制

农村公共服务建设是涉及基础设施建设、教育、医疗卫生、社会保障、文化体育等方面的综合体系,在实际的建设过程中,涉及财政、水利、交通、民政、教育、卫生、社保等多个职能部门。因此,发展农村公共服务事业,需要省级层面到地方层面涉及的各个部门的联合参与和行动。摆脱单一开发和单项目推进的传统发展模式,推动建立农村基本公共服务标准化的合作推进与联动机制。可通过统一部署、制定宏观工作计划,并调动地方以及各个部门参与,构建科学的标准化体系并推动严格地贯彻落实[②]。

---

① 李云:《乡村振兴战略背景下农村公共服务精准供给研究》,《决策咨询》2018年第5期。
② 张振楠、张秀荣:《以农村公共服务为抓手推动乡村振兴研究》,《农业经济》2018年第8期。

3. 完善质量标准

从农村居民的基本公共服务需求出发制定较为完善的标准体系,并以市场为导向及时更新并完善基本公共服务,不断提高政府基本公共服务供给的质量与效率,不断满足农村居民的需求[①]。紧密围绕乡村振兴战略大背景,树立江苏省农村公共服务的高质量发展战略导向,坚持质量优先,标准先行的农村公共服务建设发展目标,推动公共服务标准化建设的可持续发展。从长期、中期、短期等维度进行合理的规划,对发展方向、资源配置效率、具体执行运转等层次进行明确的职责分工,从而保障农村基本公共服务标准化体系的可持续、健康发展。

二、建立多元资金投入激励机制

多元化的资金投入机制是农村公共服务供给侧改革的重点。单纯依靠政府从事农村公共服务建设较难建立长效的资金配给机制。因此,江苏农村公共服务亟待建立社会资本积极参与的公共服务资金体系。受到公共服务公益性和低收益性的影响,社会资本参与公共服务建设本身存在较大的难度,对于经济基础较弱的农村地区更是如此。鼓励和吸引更多的社会资本参与农村公共服务建设是江苏农村公共服务高质量发展的关键环节。

1. 加大政府资金引导

政府作为农村公共服务的投资主体是长期难以改变的现实。基层政府肩负着乡村振兴和提高乡村公共服务供给水平的双重职能。地方政府依然是乡村振兴战略背景下,农村公共服务供给的主导力量。因此,建立多元资金投入激励机制首先需要政府积极引导投资。政府在推动农村公共服务投资力度不断增大的前提下,可以通过不同类型的财政税收、金融

[①] 李凤:《实施乡村振兴战略村镇化与城镇化双轮驱动》,《农村经济与科技》2018 年第 6 期。

信贷、发展基金、信托业务等多种优惠政策来鼓励和引导社会各种投资主体将更多的社会资源投入到农村公共服务设施建设中。在增加政府主导投资力度的基础上,通过适度放宽农村公共服务的市场准入条件,鼓励更多的社会资本投入江苏省农村公共服务设施建设。

2. 创新传统融资模式

按照"公益性服务政府承担、福利性服务适度补贴、经营性服务推向市场"思路,筹集运行维护项目资金[①]。创新传统融资模式有助于实现农村公共服务的多元化资金投入。一是采取BOT模式开发农村公共服务项目。由地方政府或项目管理部门提供的特许协议作为融资基础,企业作为投资方和经营方安排融资建设、经营和维护。二是采用PPP模式,实行业务分离,采取市场竞争和变通竞争、经营相结合,使公共机构和私人企业机构明确各自的权利和义务,共同出资经营,共担风险,共享利益。第三,除了PPP、市政债、产业基金等传统基础设施建设融资模式之外,农村公共服务项目建设还可以尝试探索发展ABS(城建资产证券化融资)、REITs(房地产投资信托基金)、市政债券等新型融资模式[②]。通过发行结构化证券筹集资金的过程,吸纳社会资本,解决公共服务项目的融资困境。

3. 完善财政政策体制

改革省级和地方政府的财政投入机制,强化各级政府对农村公共服务的资金投入能力。逐步建立财政资金优先保障、金融资金重点倾斜、社会资本积极参与的农村公共服务多元化投资格局。优化政府对农村公共服务投入的资金管理机制。积极鼓励社会资本参与农村公共服务投资。利用市场机制、社会力量、农村社区和农民自身的力量,完善项目投入的

---

① 张振楠、张秀荣:《以农村公共服务为抓手推动乡村振兴研究》,《农业经济》2018年第8期。

② 孟祥熙:《乡村振兴战略下农村公共文化服务供给研究》,《广西师范学院》2015年。

多元化机制。在政府主导的前提下强化市场机制、竞争机制对农村公共服务项目建设的积极作用,改善农村公共服务供给质量。

三、完善服务项目管理运营机制

不公开、不透明的资金运作模式和资金使用投向是制约农村公共服务较难吸引更多社会资本和资金支持的难点问题。因此,江苏农村公共服务领域需要建立完善的公共服务项目管理运营机制。建立农村公共服务运行维护管理机制,处理好已有项目和新建项目之间的关系。同时,需要充分发挥基层民主在公共服务项目决策和管理过程中的积极作用。公开资金分配依据、分配结果,保证资金及时到县、乡镇、村使运行维护项目实体发挥效益。

1. 完善公共服务供给机制

一是建立农村公共服务运行维护管理机制。处理好已有项目和新建项目之间的关系。加强对已有农村公共服务项目的维护工作,在完善已有农村公共服务项目的基础上,提升已有公共服务项目的供给质量,合理有序地推进新建公共服务项目。有针对性地甄别苏北经济相对落后地区亟需的公共服务项目。二是因地制宜地开展公共服务项目建设。明确江苏省农村公共服务项目的基本建设方向和中长期发展目标。统筹规划,因村制宜,循序渐进地开展农村公共服务项目建设。三是确保项目建设运营过程的透明化和公开化。杜绝乡镇政府、村两委及相关管理部门农村公共服务管理职能部门开展不公平竞争行为,杜绝利益"寻租"现象的出现。在法律法规许可的范围内,增加农村公共服务部门的公益性岗位设置,有效解决基层低收入农户、失业人员、弱势群体和留守人员的就业问题。

2. 建立公众参与决策机制

充分发挥基层民主在公共服务项目决策和管理过程中的积极作用,开展基层公共服务项目的民主协商试点工作。探索实行公共服务项目的

"三议三公开"民主协商议事机制。其中,"三议"是指群众代表或村民治理委员会初议、村两委及村民小组审议、群众大会最终决议;"三公开"即征求群众意见结果公开、群众大会决议公开、实施结果公开[①]。在民主参与的基础上,构建公众参与的项目决策机制。通过了解基层农民对公共服务的需求,实现公共服务项目全过程"大家事、大家议、大家定、大家管"的项目决策机制。努力做到公共服务项目的实施程序规范。同时,借鉴苏南部分地区乡镇网格化管理模式,将乡村社区管理纳入网格。在开展议事平台建设试点的基础上,实现农村公共服务项目的共建共享共治。

3. 完善项目考核奖惩机制

一是加强省级层面对农村公共服务项目的监管力度。建立以抽样调查为主要形式的行政村年度公共服务建设和使用情况考核调查,直接将考核结果作为下一轮县级财政资金分配的重要依据。二是巩固县级政府监管的主体地位。坚持以县级政府考核为主,乡镇、行政村联合考核为辅的三级考核模式。由县级政府职能部门制定农村公共服务项目投融资综合考核管理制度,将对农村公共服务运营及维护工作加入县级政府对乡镇的年度考核目标当中。以县级政府是否制定出台了相关管理制度、是否规范执行、项目维护实际质量如何等绩效考核结果为依据,做到资金安排公正;基于财政透明度要求,及时公开资金分配依据、分配结果,保证资金及时到县、乡镇、村使运行维护项目实体发挥效益[②]。

四、加强农村公共服务监督规范

农村公共服务体系的构建,涉及不同的利益主体,存在着相互交织的利益博弈,因此,要加强农村公共服务监督规范建设,保证公共服务规范发展。

[①] 孟祥熙:《乡村振兴战略下农村公共文化服务供给研究》,《广西师范学院》2015年。
[②] 李云:《乡村振兴战略背景下农村公共服务精准供给研究》,《决策咨询》2018年第5期。

1. 建立项目监督规范

建立高效率的农村公共服务监督机制是应对农村公共服务供需错位问题，实现农村公共服务健康供给的必要前提。探索建立多层次、多元参与的江苏省农村公共服务监督管理体系：转变传统政府既是"运动员"又是"裁判员"的项目管理模式，尝试聘请第三方专业机构对农村公共服务项目进行监督管理，实现独立监管格局。也可以协同非政府组织或行业协会等组织机构对农村公共服务项目进行监管。通过聘请各级专业协会团队组织，加强农村医疗卫生事业、教育事业、基础设施经营管理项目、养老服务机构的监督管理。通过立法或规章制度的形式明确第三方监管机构的责权范围、评估指标和评价体系，建立合理的农村公共服务第三方评价机制。同时，制定出台科学合理的农村公共服务财政资金使用与分配机制，加强农村公共服务运行、建设与维护资金的安全使用。

2. 强化基层监督参与

建立有效的农村公共服务监督机制。加强社会公众，特别是基层公共服务需求主体对地方政府公共服务项目决策和运营的监督管理。充分发挥地方人大的监督管理职能，提升地方财政审计部门对项目资金使用和运营绩效的监督，加强社会公众的监督参与水平。逐步建立并完善多层次、多元化的农村公共服务项目监管参与机制，确保农村公共服务真正实现农村公众利益的提升，保障公共服务项目的有效性和针对性，形成相互协调互促互动的基层公共服务监督管理机制。

3. 夯实管理法制保障

一是重点关注农民居住条件、环境整治、污染防治等方面的公共服务设施和组织机构的法律规范。量化涉及农民基本生产生活条件领域公共服务的建设标准和规范，加强对农村居民基本生产生活权利的保障以及自身可持续发展权益的保护。二是逐步建立针对农村公共服务工作制度标准的法制化管理。通过建立健全相关法律规定，对于农村基本公共服务标准化工作制定相应的法律规范，提高对于农村基本公共服务的重视程度与建设水平。三是省级层面出台地方性法律法规，对农村公共服务建设、管理、运营、执行过程中标准执行结果的审计、评估等工作进行法律规范。强化财税、金融、土地使用审批、财政预算开支与上述公共服务标准执行情况相衔接的制度性规范。参照欧美发达国家和国内先进地区的经验，对教育、医疗卫生、就业、社会救助、文化服务、交通基础设施、农业生产设施等进行细化规定，为农村基本公共服务体系的建设提供稳定、安全的发展环境。

五、培养农村公共服务定向人才

在加强江苏农村公共服务供给的资金投入，推动公共服务硬件设施完善的基础上，提升农村公共服务供给质量，改善农村公共服务软件设施配套同样是决定江苏农村公共服务发展水平的关键。在公共服务的软件方面，应重视农村公共服务领域定向人才的培养，强化农村公共服务领域专业人才队伍建设，激励更多懂农业、爱农村、爱农民的公共服务人才投入江苏农村公共服务建设。

1. 培养专业人才

一方面，加强对已有农村公共服务人员的专业技术培训。当前，江苏部分农村地区公共服务人员多是村委会成员兼职，对于专业性公共服务知识了解程度不够，很难与乡村振兴战略背景下江苏农村公共服务高质量发展相匹配。各级政府应重视公共服务领域的专业人才培养，特别是对于养老、医疗、教育等直接与农民相接触的行业人才的培养。上述行业关系到农村地区的民生工程，在实践中，养老、社会救助以及教育事业是基层农民最为关心、与他们生产生活息息相关的行业。因此，要特别重视加强对于农业生产、农民生活相关性较强的科技、教育、卫生及文化等公共服务的人才培养。

2. 强化人才队伍

在培养专业人才的基础上,要加强农村公共服务领域专业人才的队伍建设。建立一支懂农业、爱农村、爱农民的人才队伍。建立年龄梯度合理、专业分工明确、有志于服务农村基层公共服务事业的人才班子。给予上述专业人才特定的优惠待遇政策,加强人才评选、职称定级、优秀人才选拔、晋升提干等工作待遇政策对基层公共服务事业从业人员的倾斜。以人才队伍推动乡村振兴背景下农村公共服务事业的高质量发展,更好地实现乡村公共服务精准供给的需求。

3. 完善人才甄选

加强农村公共服务人才的甄选机制建设。将发展农村公共服务事业、人才助力农村公共服务事业摆在重要的位置。一方面,可以采取对口培养的方式,以定向委托和意向性招生为手段,鼓励大专院校毕业生毕业之后定向从事基层医疗卫生、教育、交通基础设施、社会保障等行业的工作。对于上述定向委培专业毕业生免除全部学杂费,鼓励更多的年轻人投身农村公共服务事业。另一方面,通过科技农业、人才农业、订单培养的方式,从农村发达地区或城市地区抽调、选派公共服务专业人才对口支援江苏省农村公共服务事业。特别是,在医疗卫生、教育事业等领域,充分利用省内城市地区优质的医疗卫生与教育资源,鼓励年轻医生、教师对口支援农村基层医疗教育事业。对于参与上述支援项目的城市医生教师给予倾斜性的待遇和晋升机会,进一步完善农村公共服务领域的高素质人才输入。

参考文献

[1] 成功.农村公共产品供给与农民收入问题研究[J].党政干部论坛,2006(4).

[2] 何碧玉,郭海健,王建明.江苏省基本公共卫生服务均等化分析[J].南京医科大学学报(社会科学版),2019(3).

[3] 贾康,孙洁.新农村基础设施建设中PPP模式的应用[J].地方财政研究,2006(5).

[4] 梁琳.江苏公共服务PPP模式可持续发展的路径研究[J].财经界,2019(22).

[5] 刘传明,张春梅,任启龙.基本公共服务与经济发展互动耦合机制及时空特征——以江苏省13城市为例[J].经济地理,2019(4).

[6] 刘承芳,张林秀,樊胜根.农户农业生产性投资影响因素研究——对江苏省六个县市的实证分析[J].中国农村观察,2002(4).

[7] 彭代彦.农村基础设施与农业解困[J].经济学家,2002(5).

[8] 马建富.新型城镇化进程中农民工人力资本提升的职业教育培训路径[J].教育发展研究,2014(9).

[9] 沈建华.中国乡村振兴的时代抉择——江苏乡村特色田园建设的多维观照[J].江苏农村经济,2018(2).

[10] 宋潇君,马晓冬,朱传耿.江苏省农村公共服务水平的区域差异分析[J].经济地理,2012(12).

[11] 徐扬.江苏省区域基本公共服务、人才流动和产业转移升级[J].经济研究参考,2019(9).

第八章　增加农民收入与脱贫攻坚

"三农"问题始终是关系党和人民各项事业发展的全局性和根本性问题,也是全面实现小康社会的关键所在。"三农"工作的根本目的是让农民的收入不断地增长,农民生活水平得到较大水平的提高。党的十九大报告指出,中国要富,农民必须富,要支持和鼓励农民就业创业,不断拓宽农民增收渠道,切实增加农民收入,让广大农民平等参与现代化进程,共同分享现代化成果,才能确保打赢脱贫攻坚战,确保我国全面建成小康社会。改革开放40年以来,江苏省农业综合生产能力显著提升,农民收入水平发生了翻天覆地的变化。但同时也看到,全省农村相对贫困问题依然较为严重。因此,积极拓展农民就业创业增收空间,促进农民更高质量和更充分地就业,持续推进脱贫致富奔小康工程,才能确保我省农民收入持续较快增长。

第一节　农民增收与脱贫攻坚主要理论

乡村振兴作为新时期国家提出的一项战略性任务,对于农业农村现代化具有重要意义。在乡村振兴背景下,如何实现农民增收与打赢脱贫攻坚冲刺战,需要从理论和实践两个层面去把握核心目标与重点任务。

一、农民增收与脱贫攻坚的意义

我们党站在历史的高度,提出了全面建成小康社会的宏伟目标,要实现这一目标,关键在农村,重点在农民,核心在增收与脱贫,没有农村的小康,就没有全社会的小康。农民增收问题不仅关系到农民生活水平的提升,更关乎农村社会的稳定和可持续发展,而脱贫致富奔小康工程肩负着助推贫困农民增收的伟大使命,依然是目前我省的重要任务。坚持精准扶贫精准脱贫,突出产业扶贫,强化就业扶贫与社保兜底,以农村低收入人口增收和经济薄弱村转化为重点,构建结对帮扶责任体系,开展扶贫开发攻坚行动,才能确保基本现代化在江苏乡村大地如期实现。

二、农民增收与脱贫攻坚的内涵

关于农民增收与脱贫攻坚的相关内容,学术界已进行了大量的研究,借助前人的研究成果,下面将对农民增收与脱贫攻坚的相关概念进行详细概括与阐释。

1. 农民收入

农民收入是指农民从事多种经济活动方式所获得的收入总和,按照收入来源,主要分为经营性收入、工资性收入、转移性收入和财产性投资收入四类收入的总和。农村居民家庭纯收入指的是农民当年从各个来源渠道得到的总收入,相应地扣除从事生产和非生产经营费用支出、各种税赋、上交承包集体任务金额以后剩余的,可直接用于进行生产性、非生产性建设投资、生活消费和积蓄的那一部分收入。农村居民家庭可支配收入指农民可用于最终消费支出和储蓄的总和,即可以用来自由支配的收入。可支配收入既包括现金,也包括实物收入。农民人均收入指的是按农村人口平均的农民收入,反映的是一个国家或地区农村居民收入的平均水平。

我国官方统计年鉴把农民总收入、农民人均纯收入及除去税费的人均可自由支配收入等相关指标都纳入"农民收入"的范畴,具体包括:

(1) 农村居民家庭工资性收入是指在一定的时期内,农村居民家庭成员在单位工作或被个人雇佣,出卖劳动力的方式获得的报酬;(2) 农村居民家庭财产性收入是一种回报性收入,指农村住户拥有的金融资产或有形非生产性资产,向其他单位或个人提供资金或将有形非生产性资产供其使用得到的收入;(3) 农村居民家庭经营性收入是指农民以家庭为主要生产经营单位,进行生产筹划和管理获得的收入,其中不包括暂时性和意外获取的收入;(4) 农村居民家庭转移性收入是指国家、单位、社会团体等机构对农村居民家庭的各种转移支付和对农村居民家庭间的收入转移,包括在外人口带回的收入和救济、补偿金等项目。

2. 农民增收

农民增收体现的是农民实际收入的增长趋势,这种趋势一般是与前一周期相比而言,比较周期通常为一年。农民增收所体现的不只是一般意义上的数值增加,更是收入增长速度的体现。所以对于农民增收的理解需多角度、全方位去把握,这样的理论指导才是有价值的。农民增收的内涵应从以下几方面理解:第一,农民增收重点关注点应该是收入水平的相对增长,将农民的收入和从事其他产业人员的收入进行比较,农民收入与其他产业收入增长速度基本相当才有可能实现真正的增收,否则容易趋于相对的贫困;第二,农民的收入还须与消费水平结合起来分析,农村居民和城镇居民的消费习惯差别较为明显,在两者的可支配收入大致相当的情况下,除去消费支出,农民的收入剩余往往较多,如果把这种结余也视作农民收入的增加额,就会造成对农民增收的实际含义的错误理解,得出农民增收的假象。

3. 精准扶贫

精准扶贫是一种扶贫方式上的革新,指的是扶贫方式精细化。针对贫困区域环境以及贫困农户状况的不同,这种扶贫方式可做到对目标对象直接加以扶贫干预,且针对每一个贫困对象摸索出一条合适的增收之路,达到增收脱贫的目的。在扶贫工作中做到"切实落实领导责任、切实做到精准扶贫、切实强化社会合力、切实加强基层组织",实现"扶贫对象精准、项目安排精准、资金使用精准、措施到户精准、因村派人精准、脱贫成效精准"六个精准。消除贫困与改善民生,实现共同富裕的社会主义奋斗目标是我们党坚持全心全意为人民服务根本宗旨的重要体现,也是党和政府肩负的重大使命。党的十九大明确把精准脱贫作为决胜全面建成小康社会必须打好的三大攻坚战之一。脱贫攻坚的核心在精准,必须坚持精准扶贫与精准脱贫的基本方略,才能确保扶真贫、真扶贫,脱真贫、真脱贫。脱贫攻坚要确保可持续,可持续是检验脱贫质量的重要标尺。因此,加强后续跟踪帮扶和积极改进创新帮扶方式方法等都是脱贫攻坚工作的重要环节。

第二节 稳步提高农民收入水平

改革开放以来,在国家各项制度改革和农业政策的支持下,江苏省农村居民收入渠道不断增多,收入结构得以优化,收入水平呈现出稳步增长的态势。

一、江苏农民收入增长现状

江苏农民收入增长速度在不断波动中趋于比较稳定的水平,收入绝对水平和相对水平都有了较大程度的提升。

1. 农民人均收入增速波动中趋于平稳

改革开放 40 多年来,农村家庭联产承包责任制的实施确立了我国农业发展的基本经营制度,打破了人民公社时期的农民收入水平长期徘徊与停滞的状态。江苏省农村居民人均收入除个别年份稍有小幅波动外,整体上实现了快速的增长。从 1978 年的 155 元增长到 2018 年的 20 845

元,其绝对值40年间扩大了将近135倍。1978—2013年,剔除价格因素(1978年不变价折算)之后,农民人均收入(纯收入)年均实际增长率达到8.02%;2014—2018年,农民人均收入(可支配收入)年均名义增长8.65%。其中,增长速度最快的1979年实际增长速度为27.5%,增长速度倒退的1991年为-5.8%,2000年以后趋于平稳增长。改革开放40多年来,江苏农村居民收入增长表现出了明显的阶段性特征(图8.1)。[①]

(1) 农民人均收入快速增长期(1978—1985年):农村家庭联产承包责任制的实施,使得农民生产的积极性得以快速释放,同时,随着农副产品收购价格的提高,这一时期农民家庭经营性收入迅速提高,对农村居民收入增长起到了极大的促进作用。农民人均纯收入由1978年的155元增加到1985年的493元,剔除物价影响因素外,年均实际增速高达20.42%。

(2) 农民人均收入增长波动期(1986—1996年):这一时期我国经济发展的重心由农村转至城市,由此开启了中国的城市经济时代。城市化和工业化的推进对农业农村产生了巨大的冲击,农业税负持续加重,农产品价格下滑,加上对乡镇企业由扶持到全面紧缩的转变,农民人均经营性收入和工资性收入大幅下降,使得农村居民收入增长严重受挫,1986—1991年年均实际增速仅为0.18%,1991年甚至出现了负增长;1993年之后,由于农产品收购价格提高政策的实施,以及乡镇企业和农村第三产业的发展,农民收入实际增长速度由1993年的3.0%提高到1996年的12.6%,1993—1996年年均实际增长高达9.34%。

(3) 农民人均收入低速增长期(1997—2003年):这一时期农产品出现了阶段性供过于求的情况,农产品增产但不增收问题突出,出现了"谷

[①] 温涛、何茜、王煜宇:《改革开放40年中国农民收入增长的总体格局与未来展望》,《西南大学学报(社会科学版)》2018年第4期。

贱伤农"的局面,农业收入对农民收入增长的贡献大幅度降低。同时,乡镇企业的发展遭遇瓶颈,农民的非农收入增长也严重受限。农民人均纯收入实际增长率从1996年的12.6%迅速回落到1997年的4.4%,随后一直徘徊不前,2003年实际增长率仅为5.2%,1997—2003年年均实际增速仅为4.73%。

(4)农民人均收入平稳增长期(2004—2018年):这一时期中国经济改革的重心再次转到农村,政府全面取消了农业税、实行种粮农民直接补贴和良种补贴等措施,农业农村的发展活力得以有效释放,农民收入增长再次进入改革开放以来的又一次快车道,重新恢复了良好的增长态势,实现了"十五连增",这也是农民收入在相对较高水平条件下实现的第一个真正增长"奇迹"阶段。2005—2010年农民人均纯收入名义增长速度11.56%,剔除价格因素后年均实际增速8.17%。"十二五"时期,随着各项惠农支农政策的大力推进及居民收入倍增计划的实施,农民收入水平得以快速提高。2010—2018年,江苏省农民收入增长速度连续8年超过城镇居民,年均名义增速达到10.89%。

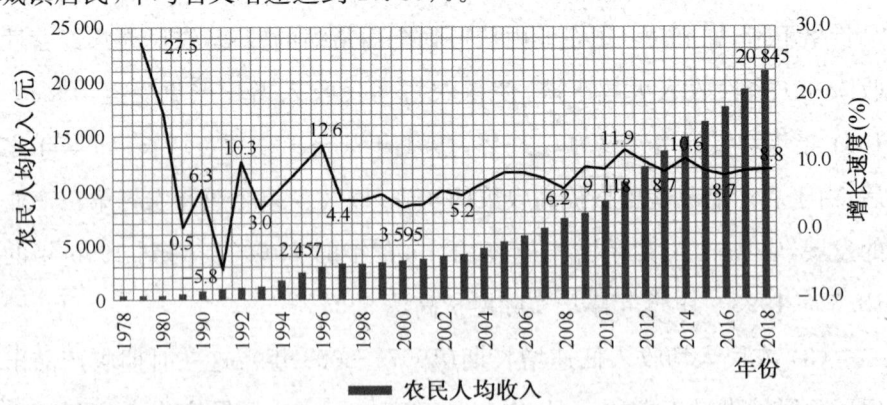

图8.1 江苏农村居民人均收入及增长率

注:数据来源于历年《江苏统计年鉴》及江苏省国民经济和社会发展统计公报;2013年及以前的农民收入绝对数为"农村居民人均纯收入",2014年后变为"农村居民人均可支配收入";2013年及以前的增速都为实际增速,2014年起增速都为名义增速。

2. 农民四类收入呈现"一降两升一平稳"的态势

1990—2017 年的 20 多年间,江苏省农村居民的收入结构变动较大。具体情况如下:第一,农村居民工资性收入所占比重在波动中稳定于 50% 左右,从 1990 年的 34.05% 增长到 2015 年的 49.30%,再到 2017 年的 49.66%,是目前江苏农村居民收入的主要来源。第二,农民家庭经营性收入所占比重逐年递减趋势较明显,从 1990 年的 63.01% 减少到 2017 年的 29.33%。第三,转移性收入在农民收入中所占份额逐年增加,1990 年仅为 2.49%,而 2017 年达到 17.46%,转移性收入增长绝对值和增长幅度都较明显。由于近年来各项支农惠农政策力度加大,很大程度上助推了农民转移性收入的增加,在江苏农村居民收入增长中扮演的角色越来越不容小觑,它不仅是对农村居民收入的一大补充,更是对农村居民生活水平的最低保障。第四,江苏省农村居民财产性收入所占比重虽然略有波动,但是总体上波动并不明显。造成这一现象的原因可能有以下三点:随着经济水平的提高,江苏省农村居民的理财观念并没有太大改观;农村的投资渠道过少,需要进一步拓展延伸;优质资源向城市倾斜,使得农村居民的财产性收入始终处于弱势地位。从以上几点大致可以得出如下结论:江苏省农村居民收入结构呈现"一降两升一平稳"的态势,这种趋势使得农村居民的收入结构虽然发生了较大的改变,但家庭经营和工资性两项收入的比重总和基本稳定在 80% 左右(图 8.2)。

3. 农民收入增长速度逐步超过经济增长速度

1985—2018 年,江苏省人均地区生产总值的名义值增长了 109 倍之多,而农村居民人均收入名义值仅增长了 42 倍,且 2010 年之前,江苏省农民收入实际增长速度一直远低于经济增长速度,说明农村居民分享到现代经济发展成果十分有限(图 8.3)。因此,农民收入在国民生产总值中的占比持续下降,直到 2011 年才开始有所回升,两者增长速度上的差异直接导致了农民消费需求受到一定的抑制。由于农民收入较低,同时,农

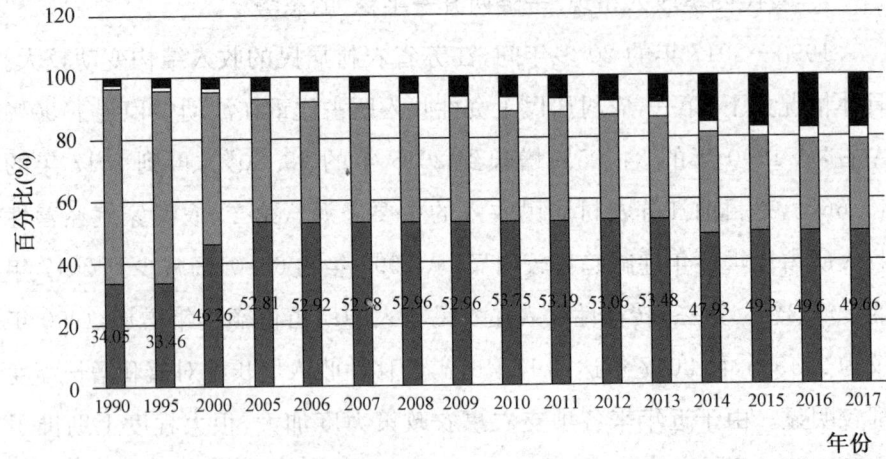

图 8.2　江苏省农村居民收入结构演变

注：数据来源于历年《江苏统计年鉴》。

民享受到的公共服务和社会保障相对较少，从而导致农民预防性储蓄意向较强，消费倾向则较弱。

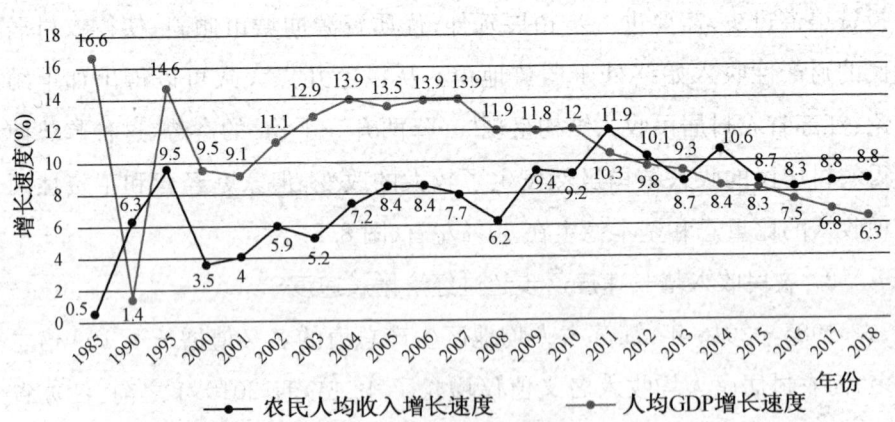

图 8.3　主要年份农民收入与 GDP 增长速度比较

注：数据来源于历年《江苏省统计年鉴》及江苏省国民经济与社会发展统计公报等，人均 GDP 增速均为实际增长速度，2013 年及以前的农民人均收入增长速度为实际增长速度，2014 年以后的增长速度为名义增长速度。

二、江苏农民收入增长存在的问题与制约因素

整体来看,当前江苏省农村居民收入仍存在不少问题,如区域间农民收入差距不断加大,与发达省市相比仍有差距,持续增收的长效机制尚未形成,等等。

1. 江苏三大区域间农民收入差距不断加大

苏南、苏中和苏北三大区域农村居民收入呈现逐渐拉大的趋势。2010年,苏南、苏中和苏北农村居民人均收入分别为12 978元、9 626元和7 724元,苏南地区比苏中和苏北地区分别高出3 352元和5 254元;2014年,苏南地区农民人均收入突破2万大关,达到20 954元,高出苏中和苏北地区5 478元和8 284元,2017年继续增大到6 759元和10 258元的差距!分市来看,苏州和无锡市的农村居民收入一直稳居全省前两位,2010年,苏州农村居民人均收入已高达14 657元,同期农村居民人均收入最低的宿迁只有6 745元,相差7 912元,苏州是宿迁的2.17倍,2017年,宿迁和苏州农村居民收入相差高达14 709元(表8.1)。

表8.1 江苏区域农民人均收入比较

(单位:元)

地区	2017年	2016年	2015年	2014年	2013年	2012年	2011年	2010年
南京	23 133	21 156	19 483	17 661	16 531	14 786	13 108	11 128
无锡	28 358	26 158	24 155	22 266	20 587	18 509	16 438	14 002
常州	25 835	23 780	21 912	20 133	18 643	16 737	14 838	12 637
苏州	29 977	27 691	25 580	23 560	21 578	19 396	17 226	14 657
镇江	22 724	20 922	19 214	17 617	16 258	14 518	12 825	10 874
苏南	**26 759**	**24 638**	**22 760**	**20 954**	**19 107**	**17 160**	**15 213**	**12 978**
南通	20 472	18 741	17 267	15 821	14 754	13 231	11 730	9 914
扬州	19 694	18 057	16 619	15 284	14 214	12 686	11 217	9 462
泰州	19 494	17 861	16 410	15 076	13 982	12 493	11 046	9 324

(续表)

地区	2017年	2016年	2015年	2014年	2013年	2012年	2011年	2010年
苏中	20 000	18 320	16 862	15 476	14 375	12 877	11 396	9 626
徐州	16 697	15 274	13 982	12 811	12 052	10 762	9 490	7 955
连云港	15 273	13 932	12 778	11 698	10 745	9 589	8 434	7 039
淮安	15 601	14 319	13 128	12 010	11 045	9 838	8 645	7 233
盐城	18 711	17 172	15 748	14 414	13 344	11 898	10 511	8 751
宿迁	15 268	13 929	12 772	11 677	10 703	9 495	8 344	6 975
苏北	16 501	15 102	13 841	12 670	11 769	10 502	9 246	7 724

注：数据来源于历年《江苏统计年鉴》。

2. 江苏与沿海省市农民收入相比尚有差距

2017年，江苏省农村居民人均可支配收入为19 158元，高出同期的广东省3 379元，但比上海市和浙江省分别低了8 667元和5 797元，为两者的68.85%和76.77%。从发展趋势来看，江苏与广东的农村居民人均收入间的差距呈现先扩大后缩小的趋势，1978年，广东农民人均纯收入高出江苏38元左右，1993年达到最大差距408元，之后江苏与广东差距逐年缩小，直至2001年江苏赶超广东之后一路领先；然而，与上海、浙江相比，江苏农民人均收入相对偏低，且差距呈现逐年拉大的趋势，1980年，江、浙两省农民人均收入基本相当，2017年绝对差距达到5 797元，江苏与上海间的差距由1990年的781元扩大至2017年的8 667元。

同处沿海发达省市，不同省市间农村居民收入结构差异也较为明显。首先，虽然沿海四省市的工资性收入都在农村居民收入中占主导地位，但浙江和上海的占比明显较高，分别高达61.94%和72.92%。江苏和广东省基本相当，工资性收入占比达50%左右。其次，江苏农村居民的经营性收入和财产性收入占比高于其他三个省市，2017年，江苏省农村居民经营性收入占比达29.34%，高出上海市24.41个百分点，也高于广东和浙江省。四省市财产性收入占比差别不大,江苏省位居四省市第一位(表8.2)。

表 8.2　2017 年沿海发达省市农村居民收入水平及结构的区域比较

(单位:元/%)

地区	农民人均可支配收入	工资性收入		经营性收入		财产性收入		转移性收入	
		金额	比重	金额	比重	金额	比重	金额	比重
江苏	19 158	9 513	49.66	5 620	29.34	680	3.55	3 345	17.46
广东	15 779	7 854	49.78	4 119	26.10	415	2.63	3 391	21.49
浙江	24 955	15 457	61.94	6 112	24.49	718	2.88	2 668	10.69
上海	27 825	20 289	72.92	1373	4.93	862	3.10	5 301	19.05

注:数据来源于 2018 年《中国统计年鉴》。

3. 农民持续增收的长效机制仍未建立

虽然近年来农民收入保持了持续增长态势,但农民增收的基础仍比较薄弱,增收的渠道仍较为单一,城乡间收入差距呈不断扩大之势,说明促进农民持续增收的长效机制尚未完全建立。随着农业农村改革的深入推进,江苏农民人均收入逐年增加,城镇与农村居民的收入比随着时间推移趋向稳定,但城乡居民收入绝对差距不断扩大,从 1978 年的 133 元扩大到 2018 年的 24 464 元。从相对差距看,2001 年之前的 20 多年,城乡居民收入比维持在 2∶1 之内,但 2002 年以来,城乡居民收入比直线增加到 2009 年的 2.57∶1,随后由于农民人均收入增幅连续超过城镇居民收入增幅,城乡居民收入相对差距逐渐缩小,2014 年之后稳定在 2.30∶1 左右(图 8.4)。尽管农民人均收入大幅度不断增加,但与城镇居民人均收入相比,农民收入仍然长期维持在一个相对较低的水平上,不及城镇居民收入的一半,与世界城乡居民收入比平均水平 1.5∶1 还相差甚远,而且以上都为名义收入上的差距,如果把城乡居民在社会福利上的差距考虑在内的话,城乡居民收入差距会更大。

城乡居民收入差距持续扩大的根本原因是农民收入基数低,同时,受现有国民收入分配格局的影响,农民收入增长速度低于国民经济增长速度和城镇居民收入增长速度的局面将存在较长时期,这种状况得到根本改善还需经过一段时间的努力,需多方施策以遏制城乡收入差距继续扩大。

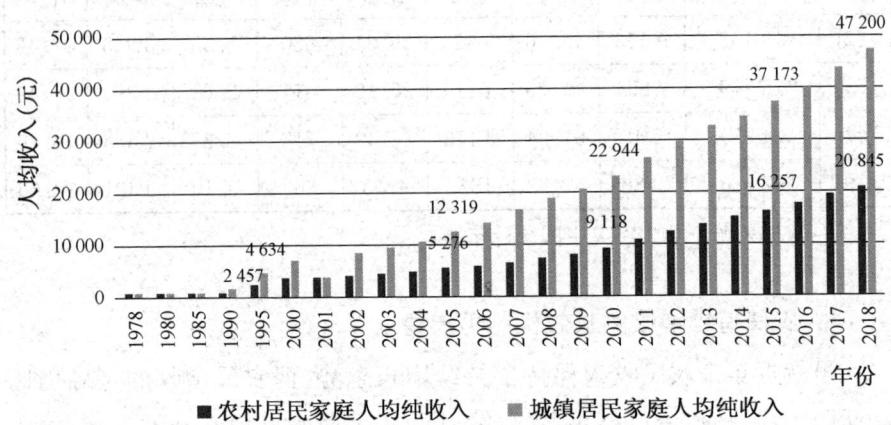

图 8.4 城镇与农村居民家庭人均收入比较

注:数据来源于历年《江苏统计年鉴》及江苏省政府工作报告。

4. 生产要素整合度不能提供增收有力支撑

一是缺乏定向施策。在农村经济社会发展的关键领域和薄弱环节,没有精准发力、定向施策,譬如农业龙头企业的发展缺少用地、用电等优惠政策。二是强农惠农扶持资金使用效益不高。目前强农惠农资金渠道较多,涉及农业、水利、水务和海洋渔业等部门,资金分散使用导致整体效益不高问题较为突出。三是突破性改革进展较慢。金融支农力度不够,有效抵押物门槛较高,导致很多农业经营主体很难破解融资难的顽症痼疾;农村产权改革积极性不高,产权交易平台虽已搭建,但实质性交易量很少,农村的经营要素尚未完全被激活。

三、促进江苏农民增收的建议

从农业和农村内部入手,促进农村产业振兴,激活农村各类资源,建立农业农村导向型农民增收长效机制。加大农村改革力度,强化城乡统筹,全面落实强农惠农富农政策,充分调动广大农民的积极性、主动性与创造性。①

1. 加快现代农业发展,挖掘农业增效潜力

加快发展现代农业,挖掘农业内部增收潜力,提高土地产出率、劳动生产率和综合效益,是促进农民增收的有效途径。加强农业基础设施建设,推进高标准农田整治工作,强化耕地质量保护,提高农业综合生产能力。扎实推进农业供给侧结构性改革,做精做优稻麦、水产和蔬菜等传统优势农产品,实施品牌引领战略,大力发展名特新优农产品,积极培育江苏农产品知名品牌,促进农业提质增效。多形式推进农业适度规模经营,促进农业规模增效的同时,农民亦可获得租金和到经营大户、农业龙头企业等就地、就近就业,成为真正的农业产业工人,获取经营性收入和工资性收入。推行农业标准化,打造安全放心农产品,推广生态循环生产模式,促进农业绿色增效。

2. 加快三产融合发展,分享产业链增值收益

在做强做优农业的同时,探索更有效的组织方式、更紧密的利益联结机制,延伸农业产业链条,打造农业全产业链,使农村一二三产业更好地融合发展,创造更多增值收益,通过订单生产、服务就业带动和股份合作等多种形式,让农户共享产业链增值收益。一是通过龙头企业带动,采取"订单"生产。创新"协议利益联结分享机制",企业与农民签订"农资供应—生产—购销"合同,农户按照企业要求生产方案进行生产,企业按照合同约定的价格进行订单收购,并常伴有二次返利等措施让农民获得产

---

① 魏后凯:《建立农民稳定增收的长效机制》,《四川党的建设》2019年第13期。

业增值利益,提升农民高质量生产产品的积极性。二是通过服务带动,发展"节本"生产。主要表现为龙头企业向农户提供生产作业服务、技术服务和农资服务等,这些服务不同程度地促使农户增产提质、节本增效和企业的轻资产、高回报运行。三是通过高端平台建设,发展"专业"农民。创新"股份利益联结分享机制",按照"合作社＋企业＋农户"等模式,引导农户以土地经营权、农机具等入股农民合作社,合作社再入股或投资兴建龙头企业,农户以股东身份获得收益。

3. 改善农村创业环境,带动农民持续增收

大力改善农业农村创业就业环境,加快推行以创业带动就业、以就业实现创业的路径,有效带动农民增收。一是加大政策扶持力度,适当放宽农民创业准入条件,发挥以创业带动就业的倍增效应。二是更好地落实金融扶持政策,针对农民私有经济发展中存在的资金短缺以及经营基础薄弱等问题,应更大力度地给予支持,如提高小额贷款额度、贴息及加大减免税费力度等。三是积极做好农民创业服务工作,为有创业意愿和条件的农民提供创业登记、培训、指导和项目推荐等服务,为农民创业创造良好条件。加大农村劳动力创业培训力度,规范培训渠道,整合培训资源,推行创业培训补助政策。① 四是加大促进农民增收工作推进力度。政府各相关部门加强沟通联系和工作协调,共同推进促进农民创业就业各项政策措施的落实。引导农民通过发展家庭农场、合作社和休闲创意农业等途径,在农村领域广泛创业就业。各部门联合起来,定期开展活动,分析农民增收形势,针对存在的相关问题提出解决对策。通过多种努力,确保我省农民收入增长继续保持与经济发展同步目标,农民收入增幅高于城镇居民收入增幅。

---

① 姜长云:《当前农民收入增长趋势的变化及启示》,《人民论坛·学术前沿》2016年第14期。

4. 培育新型经营主体,激发农村发展活力

构建新型农业经营主体系统工程,注重农业龙头企业、家庭农场、合作社和种养大户等的培养培育。一是积极扶持发展一批新技术、新产品与新工艺结合的"高新"农业龙头企业,鼓励龙头企业联合重组,培育一批产业关联度大、辐射带动能力强的集团企业。充分发挥龙头企业的带动作用,建立龙头企业与合作社、农户等的多种利益联结机制,实现龙头企业、合作社和农户等的多方合作共赢。二是依托主导产业,大力发展农民专业合作经济组织,按照因地制宜、发挥优势的思路,积极推进农民合作经济组织转型升级,赋予合作社自我管理、自我发展、自我服务和自主经营的职能,不强求规模,不过多干预,不过度考核,做到实实在在的服务扶持。探索兴办水利、农机、植保、种苗、农资等专业化服务组织,在提高农民组织化程度中带动更多群众增收致富。三是建设一批职业农民创业培训基地、示范基地、职业农民孵化园。用工业人才培育理念,培育孵化一批高质量的现代职业农民,使他们成为现代新型农业经营的投资者、创办者和管理者,让农民不再成为一种身份的象征,而是一份令人向往的职业,充分激发出农业农村的发展活力。

5. 深化产权制度改革,增强农村发展动力[①]

加大农村改革力度,突破体制机制约束,赋予并维护农民更多的财产权利。开展清产核资,创新土地、农房、水面等资产和资源租赁、入股经营形式,完善利益联结机制,切实维护好农民财产权益。一是不断深化承包土地"三权分置"改革。完善土地流转价格指导机制,推行流转费"实物保底、货币结算"办法,探索开办土地流转履约保证保险,平等保护土地流出流入双方的承包收益权和土地经营权。二是建立健全资源性资产管理制

---

① 廖小静、沈贵银:《新常态下江苏省农民增收创新模式与路径》,《江苏农业科学》2019 年第 13 期。

度,探索公益性资产统一运营管理机制,扩大集体经营性资产"量化到人、固化到户"改革试点,科学制定实施方案,确保集体经济成员身份界定准确有据、清产核资全面彻底、股权配置公开公正。加强农村产权交易服务体系建设,完善市场交易监管规则,强化交易市场标准化建设,确保集体资产资源交易"应进尽进"。三是强化农村集体"三资"管理。拓展、整合与优化现有农村"三资"监管模块,抓好长效管理和系统功能完善。操作层面上,注重推动线上、线下管理相互配合。监督层面上,通过风险预警提醒,实现事后监督向事前、事中前移。四是完善农村金融服务体系。积极推进农村金融改革,鼓励发展镇村银行与农村担保公司等新型金融机构,方便农民办理抵押担保贷款等业务。加大政银农合作力度,积极推动土地经营权、土地流转履约保证保险保单抵押融资,切实解决农业经营主体融资难问题。

第三节 坚决打赢脱贫攻坚战

江苏省委省政府一贯对扶贫工作高度重视,积极创新扶贫工作理念,持续强化扶贫工作机制和管理体制,努力走出了一条发达地区的减贫之路。自1992年以来,江苏省有序实施了多轮扶贫开发行动。2011年底,全省基本消除了2 500元以下的绝对贫困现象,2012年,全省部署了脱贫奔小康工程,2015年底,411万农村低收入人口整体上实现了4 000元脱贫目标,江苏成为东部地区率先基本消除绝对贫困的省份之一。"十三五"时期,江苏开始实施新一轮扶贫开发计划。

一、江苏扶贫脱贫现状

"十三五"时期江苏扶贫工作进入新的历史阶段,以缓解相对贫困、缩小收入差距与促进共同富裕为目标,扎实推进"脱贫致富奔小康"工程,圆满完成了阶段性脱贫攻坚任务。

1. "十三五"扶贫开发重点对象

江苏省新一轮扶贫开发的重点对象主要分为以下四类：一是农村低收入人口。以2015年农民人均收入6 000元为标准，全省农村低收入人口总量共为276.78万人，全部集中在苏北、苏中地区。其中，徐州、淮安、盐城、连云港、宿迁苏北5市有260.36万人，占总量的94.07%；南通、扬州、泰州苏中3市有16.42万人，占总量的5.93%；省重点帮扶的苏北地区12个县（区）共有6 000元以下农村低收入人口143.99万人，占全省总数的52.02%，占苏北地区总数的55.30%（表8.3）。二是省定经济薄弱村。全省共确定821个经济薄弱村，全部分布在苏北、苏中地区38个县（市、区），其中，苏北地区35县（市、区）有771个，苏中黄桥老区3县（市、区）有50个。三是扶贫开发重点片区。"十三五"全省扶贫开发重点片区为"6+2"格局，即在苏北确定6个重点区域，苏中苏南以黄桥、茅山革命老区为主。苏北6个重点片区分别是成子湖片区、西南岗片区、涟沭结合部片区、石梁河水库片区、丰县湖西片区和灌溉总渠以北片区，共涉及苏北5市13个县（区）的49个乡镇，总面积约4 038平方公里，总人口约240万人，其中建档立卡农村低收入人口33.48万人；行政村总数为834个，其中省定经济薄弱村176个。四是扶贫开发重点县（区）。苏北地区低收入人口和经济薄弱村相对较多的丰县、睢宁县、灌云县、灌南县、淮安区、淮阴区、涟水县、响水县、滨海县、沭阳县、泗阳县、泗洪县等12县（区）继续作为省重点帮扶县（区），派驻省委帮扶工作队实施重点帮扶。[①]

---

① http://www.sohu.com/a/77095252_115239.

表 8.3 "十三五"时期江苏省建档立卡低收入人口情况

地 区	贫困户数(户)	贫困人口(人)	一般贫困人口(人)
全 省	1 032 916	2 767 764	1 840 369
苏 中	92 686	164 146	56 431
南通市	34 690	61 647	26 561
扬州市	14 846	28 370	10 318
泰州市	43 150	74 129	19 552
苏 北	940 230	2 603 618	1 783 938
徐州市	262 838	682 202	488 949
淮安市	151 360	479 411	362 188
盐城市	183 642	418 565	238 896
连云港市	136 578	360 581	255 759
宿迁市	205 812	662 859	438 146

2. 2016—2018 年脱贫成效

江苏省委省政府积极响应中央"打赢脱贫攻坚战"号召,在"十三五"时期继续积极实施脱贫致富奔小康工程。作为经济大省,江苏脱贫攻坚工作始终走在全国前列,低收入人口和省定经济薄弱村正在有序地推进着脱贫计划,6 大重点片区和黄桥、茅山革命老区面貌得到了显著改善。2018 年,江苏省人均收入 6 000 元以下低收入农户共有 267 674 户、675 383 人如期实现脱贫。全省有 244 个省定经济薄弱村集体经济收入超过 18 万元,扶贫工作交出亮眼"成绩单"。其中,苏北 5 市脱贫 255 046 户、653 051 人,占全省脱贫人数的 96.7%。苏中扬州市、泰州市脱贫 12 628 户、22 332 人。苏北 12 个重点县(区)脱贫 126 548 户、352 630 人,占苏北 5 市脱贫人数的 54.0%。苏北 5 市脱贫 236 个村,占全省脱贫村总数的 96.7%;苏中泰州市脱贫 8 个。苏北 12 个重点县(区)脱贫 140 个村,占苏北5市脱贫村的59.3%。① 2016—2018年三年间,累计下达省以上财政专项扶贫资金46亿元,全省累计212.3万低收入人口实现脱贫目标,724个省定经济薄弱村集体经济年收入稳定达到18万元。②

3. 贫困地区农村收入变化情况分析

全省贫困人口增收及重点片区发展步伐加快。2017年,苏北5市低收入农户人均可支配收入为6 766元,较2016年增加1 263元,增长23.0%,高出苏北农村居民人均可支配收入增速13.7个百分点。截至2017年,落实省级以上扶贫专项资金29亿元,省委驻县帮扶工作队协调投入资金30.29亿元,262家后方单位无偿出资5.16亿元。江苏六大重点片区23项关键工程项目全部开工建设,黄茅革命老区强村富民三年行动计划成功实施,宿迁扶贫改革试验区建设进一步深化。江苏省重点片区及低收入农户的生产生活条件及医疗、教育、就业等待遇得到有效改善。

二、江苏推进脱贫攻坚的主要做法

近年来,全省上下以习近平总书记关于扶贫工作的重要论述为行动指南,认真贯彻落实中央和省委、省政府决策部署,坚持走中国特色的减贫发展道路,坚持精准扶贫精准脱贫基本方略,坚持高质量减贫和缓解相对贫困"两眼紧盯"、开发式扶贫和制度机制创新"两手齐抓",全力推动新一轮扶贫开发四类重点对象加快实现脱贫目标,为高水平全面小康奠定坚实基础,探索形成了一批缓解相对贫困的做法与经验成果。

1. 全面整顿扶贫作风

始终坚持以习近平新时代中国特色社会主义思想为指导,继续走中国特色减贫道路,解决好现阶段我省存在的以发展不平衡不充分为主要

---

① http://js.people.com.cn/n2/2018/0425/c360301-31502508.html.
② http://js.people.com.cn/n2/2019/0308/c360301-32717850.html.

特征的相对贫困问题。大力弘扬埋头苦干、真抓实干、敢抓敢干、善谋善干精神，不搞形式主义、不做表面文章、不搞数字脱贫。减少会议、减少文件、减少报表，深入基层、深入农户、深入人心，把扶贫工作做实、做细、做好。按照省里统一部署，以"三查三治"为重点，各地认真开展扶贫领域作风问题专项治理。充分利用"阳光扶贫"监管系统等多种手段，发现问题，解决问题，严格纪律，夯实责任，确保贫困户满意度逐年提高，完成转化的经济薄弱村群众满意率达标。

2. 夯实精准扶贫基础

合理设置相对贫困线，努力通过开发式扶贫，使低收入农户家庭年人均收入水平达到农民年人均收入平均水平的30%～40%，符合现阶段发展的实际和可能。按照中央相关政策，明确江苏地方扶贫标准。2020年我省全面小康农民人均收入的目标值大约为20 000元，6 000元标准是按照30%的下限来设置的。扶贫标准既要体现江苏发展水平和民生实际需求情况，又不能脱离实际。按照人均收入6 000元的扶贫标准，江苏组织有关方面进行了详细的调查测算，最终确定了需帮扶的贫困人口占乡村人口总数的6%左右。

为精确识别新一轮帮扶对象，全省各地各有关部门动员近16万名干部职工参与，全面完成了103.29万户、276.78万农村低收入人口建档立卡工作，并建立动态调整、信息化管理工作机制。严格标准、规范程序、阳光操作做好动态调整工作。认真按照"两公告两比对四公示"和"五签字五确认"程序做好脱贫认定，脱贫户认定坚持做到收入达7 000元并且"两不愁三保障"到位，确保脱贫成果得到低收入户、帮扶人认可。以"阳光扶贫"监管系统为依托，及时更新低收入户信息，实现精准识别有证可查、精准扶贫有据可依，确保了脱贫工作的基础数据真实、可靠，为脱贫攻坚打下坚实基础。组织专业力量，对建档立卡成果进行深度分析，将分析成果作为制定专项扶贫政策举措的主要依据，有针对性地解决突出问题。依据衡量村级发展能力的主要指标,筛选确定省级经济薄弱村821个,重点支持发展村级集体经济,增强对低收入农户增收脱贫带动能力。按照"有进有出、重在精准、兼顾公平"的原则,对6个重点片区范围进行适当调整,调出刘老庄、黄墩湖两个片区,新设丰县湖西、涟沭两个片区,适当调整西南岗、成子湖、石梁河、灌溉总渠以北四个片区范围,明确牵头帮扶单位,制定片区帮扶规划,落实帮扶项目1 353个;对黄桥、茅山2个革命老区继续实施富民强村行动计划,全省重点片区整体帮扶仍然保持"6+2"的基本格局。

3. 落实扶贫工作责任

根据中央对扶贫开发工作"省负总责、市县落实"的要求,江苏省委、省政府明确,省里重点抓好目标确定、项目下达、资金投放、组织动员、监督考核等工作;设区市党委、政府重点做好上下衔接、域内协调、督促检查工作;县(市、区)党委、政府承担主体责任,全面落实各项政策措施。为保证扶贫开发任务落到实处,省委、省政府与苏北5市党委、政府签订脱贫致富奔小康责任书,市对县、县对乡、乡对村也逐级签订责任书,层层落实工作责任。强化责任分工,省委办公厅、省政府办公厅下发《实施脱贫致富奔小康工程重要政策措施分工方案》,将53项重点任务分解落实到相关责任部门和单位。加强督促检查,制定市县党委、政府脱贫致富工作成效考核办法,充分发挥"指挥棒"作用,严格考核责任落实情况和实际工作成效。全省纪检监察、检察、审计机关积极介入,加强监督检查和违纪查处。

4. 完善政策制度体系

适应精准扶贫需要,完善全方位支持脱贫攻坚的政策体系。2016年以来,以省委省政府、省领导小组名义共制定出台宏观指导性政策文件10个,省有关部门和单位出台配套落实文件或实施方案82个。这些政策举措,覆盖低收入群体、经济薄弱村、重点片区、革命老区等重点区域,涉及财政、金融、土地、科技、人才等支持保障,对扶贫开发中许多"老大难"问题拿出了有针对性的措施。积极构建"1+2+8+12"扶贫开发制度保障体系,建立健全脱贫致富奔小康任务分工、工作考核、监督管理、督查巡查、动态调整、脱贫认定、科学评估等一系列工作机制,基本形成事前、事中、事后全程规范指导、严格管理的制度体系。各有关地区也积极出台和完善符合本地实际的政策措施,全省基本形成了较为完备的扶贫开发政策体系和制度体系。

5. 加强一线帮扶力量

组建和选派驻县区帮扶工作队,省和苏北各市县同步选派1 992名优秀干部,实行驻村定点帮扶,821个省定经济薄弱村和1 171个市县确定的经济薄弱村实现驻村工作队员派驻全覆盖。强化12个重点县区省级"五方挂钩"帮扶力量,组织262家单位挂钩帮扶重点县区,明确挂村帮扶任务。各级扶贫部门和工商联动员组织386家民营企业,与309个省定经济薄弱村开展村企结对帮扶。各地强化"三落实、四到位"措施,苏北各市县明确乡镇扶贫专职干部786名,确定低收入农户帮扶联系人33.7万余名,乡村两级扶贫工作得到有效加强。

6. 构建脱贫长效机制

一是加大结对帮扶力度。突出党员干部示范作用,全面发动全市机关、企事业单位参与脱贫攻坚,企事业机关单位党员干部与低收入户结对帮扶,积极推进低收入户结对全覆盖工作。各级机关单位定期走访经济薄弱村,为经济薄弱村、低收入户提供资金、物资、就业岗位等扶助举措。二是建立精准扶贫长效机制。以一般贫困户为帮扶重点对象,发动全社会力量,建立党员干部认亲帮扶、基层代表结对帮扶、社会力量关怀救助、经营主体就业帮扶、村干部走访服务、乡村医生健康关怀、帮扶单位联合会办等七大长效帮扶机制,对低收入户实行全方位、立体式帮扶。

三、江苏促进低收入人口增收存在的问题

江苏的扶贫开发虽然高于全国水平,但随着工作的深入推进,也面临着一些与全国相似的困难和问题,比如少数低收入人口内生动力不足,一些经济薄弱村缺乏统筹规划,少数地方扶贫资金使用绩效偏低,项目管理不规范,专业技术人员缺乏,政策"悬崖效应"不同程度存在,等等。

1. 低收入人口的瞄准度有待提高

首先,低收入人口的确定问题。当前,在我省脱贫奔小康工程实施中,省里对各县(区)下达了低收入人口总数的具体指标,但从实际情况来看,对于经济发达、低收入人口相对较少的县(区),存在下达指标数量偏高的问题,这就造成县(区)为了完成上级指标,将人均收入高于扶贫标准的农户作为低收入农户建档立卡;而对于经济困难、低收入人口较多的县(区)来讲,省里下达的低收入人口指标又显得偏低,不能将辖区内符合扶贫标准的全部低收入人口建档立卡,这在客观上难以达到"真扶贫、扶真贫"的目的,同时也降低了建档立卡户的数据质量和真实性,违背了精准扶贫的原则。此外,市、县、镇等各级政府对村级层面扶持力度较大,对基础设施建设等面上项目的需求较大,而对于量大分散的低收入人口脱贫的重视程度还有待进一步提高。其次,针对低收入农户的一对一帮扶措施未能覆盖全面。尽管省政府要求对低收入农户帮扶要做到"一户不漏",确保每一个低收入农户都有人帮、有人带、有具体脱贫措施,但国家标准建档立卡低收入的监测资料显示,该政策并未全部落实到位。

2. 尚未脱贫的低收入户脱贫难度大

当前脱贫攻坚形势更加严峻复杂。现有贫困人口的贫困程度更深、减贫成本更高、脱贫难度更大,"支出型返贫"时有发生,依靠常规举措难以摆脱贫困状况。首先,低收入户的自我发展能力较弱。全省未实现脱贫的低收入人口中,低保、五保户占比较大。同时,建档立卡户的监测数据显示,全省低收入农户中,1人户和2人户占比分别为27.38%和

27.49%，缺少必要的劳动力；平均年龄偏大，50岁以上人口所占比重为47.20%；从健康状况来看，长期慢性病、患有大病和残疾人口占36.78%；文化程度偏低，其中小学、文盲半文盲人数占比54.90%。由于缺乏必要的劳动生产能力，这部分低收入农户发展能力非常弱。这也说明，越是扶贫的后续阶段，低收入人口往往都是这些资源和能力匮乏的人，扶贫难度大。其次，低收入户收支结余少，返贫概率较大。一方面，低收入农户由于总收入水平较低，保证基本的生活消费支出后，能够用于投入再生产的资金非常有限。当前，江苏省扶贫标准虽比全国高出许多，但也只是解决了低收入人口的温饱问题。而在经济"新常态"的大环境下，经济下行压力较大，低收入农户增收渠道变窄。另一方面，低收入农户因病、因残、因灾、因缺劳动力致贫的情况较多。这部分低收入人口即使通过救助式扶贫实现脱贫，但由于其在医疗、教育等方面的支出较多，因而也非常容易返贫。加之，受宏观经济下行趋势的不利影响，贫困人口就业渠道狭窄，转移就业和增收难度大。扶贫产业发展活力不强，结构单一，市场竞争力不够，难以保证项目资产的持续收益。为保障脱贫攻坚成效，提高低收入人口的满意度，财政扶贫资金投入规模只能增加不能减少，未来省、市、县等项目配套经费压力不断加大。

3. 少数经济薄弱村持续增收难

从尚未脱贫的省定经济薄弱村来看，这些村庄普遍具有集体经济收入低、村民收入低、耕地流转比重低、农民合作组织化程度低和低收入人口占比高的共性特点，成为脱贫攻坚的显著短板。发展条件欠佳、优质资源不足、基础设施建设滞后、难以发掘增收项目、脱贫主体信心不强等，是造成经济薄弱村内生发展动力不足的本质原因。少数资产资源较少的经济薄弱村，虽通过帮扶新建一些产业项目，由于没有产业经营经验，收入不是很稳定。还有部分经济薄弱村仅靠帮助建设的标准化厂房、仓库等固定资产出租增加集体收入，由于地理位置不好，租金时高时低，收入也不稳定。这些类型的村实现持续增收有一定的难度,需要持续帮扶。

4. 扶贫体制机制有待进一步完善

首先,扶贫工作涉及部门多,条线多,扶贫对象信息及扶贫优惠政策的共享程度有待加强,这些资源的对接匹配工作增加了政策的落实操作难度。当前审计、纪检与环保工作是扶贫项目督查的高压线,扶贫资金拨付、项目立项及验收过程中间环节多、审批要求高、审查程序严格,造成了资金滞压、资金与项目建设进度不匹配等现象,增加了基层工作人员的推进难度,挫伤重大扶贫项目申报的积极性。各种优惠政策宣传力度还显不足,企业、低收入农户及部门执行人员的知晓率有待提高。其次,社会力量参与扶贫开发力度有待加强。目前,低收入人口的帮扶以政府部门为主体,社会公益组织、民间组织参与较少,真正的社会帮扶并没有充分动员起来。应该说,在农村扶贫中缺少的并不是政策和资金,缺少的是政府推动、市场引导的资源整合型的扶贫机制。因而,社会帮扶在政策激励、体制机制完善等方面仍需进一步细化。再次,重点片区内、外经济薄弱村扶持力度差别较大。在各类投入资金总量不变的情况下,由于扶贫政策区别,重点片区内的经济薄弱村不仅在财政上有专项扶持资金,而且还有其他倾斜性的扶持政策。因此,重点片区内经济薄弱村获得的扶持资金无形中挤占了其他非重点片区经济薄弱村的扶持资金。

5. 帮扶手段和效益有待改善

帮扶手段及目标呈现"单维度"趋势。增加收入及项目资金回报率是完成脱贫任务的年度硬性考量指标,对多维贫困以及多维精准扶贫的认识还显不足。依靠建设厂房、出租商品房及设施农业、光伏发电等较为一致的手段,容易加剧地区间同质化竞争。工业项目招商引资难度较大,农业项目市场需求刚性强,经营风险较难规避。同时,扶贫资金和扶贫收益惠及低收入农户的覆盖面和标准不高。由于扶贫资金涉及多个部门,检验标准不一,加上政府相关职能部门各司其职,各自掌握部门财政资金,各自按照自己的思路进行政策扶贫,因此各部门协作比较困难,资金整合的难度较大,难以发挥财政扶贫资金的整体效应。同时,扶贫资金存在边际效益递减的现象,扶贫资金通过各级政府扶贫部门逐级分配,到达集中村时由当地干部来决策,低收入人口没有决策权,从而造成扶贫资金供需脱节,在一定程度上降低了扶贫资金的使用效益。这致使扶贫资金和扶贫收益惠及低收入农户的覆盖面和标准不高。

6. 重点片区帮扶与普惠帮扶存在矛盾

在现行的扶贫工作机制下,重点片区与非重点片区享有的扶贫资源投入严重不对称。无论是省、市、县专项扶贫资金,还是行业或社会扶贫资金投入,均向重点片区倾斜。尤其是推进城乡发展一体化、发展现代农业、美丽乡村建设等方面的财政扶持资金,省市有关部门往往也有意识地向扶贫重点片区倾斜,兼为部门的扶贫业绩。虽然重点片区经济薄弱村确实得到了重点扶持,有的行政村每年均有数百万的扶贫资金投入,其经济、社会事业发展速度自然大大快于非重点片区经济薄弱村,表面看扶贫效果也十分显著,但其"光鲜"的背后带来的副作用值得深思:其一,扶贫资源分配严重不公,重点倾斜不仅挤占了非重点片区经济薄弱村的扶贫资源,也挤占了非扶贫专项财政扶持资源,导致非重点片区经济薄弱村,甚至于普通行政村干群的强烈不满;其二,重点倾斜扶持方式不利于培养经济薄弱村干群自力更生、自强自立的精神,使得贫困成为一顶不舍得扔的高含金量的"帽子";其三,重点倾斜扶持方式非但不能对非重点片区经济薄弱村产生积极的示范效应,反而进一步助长和强化其"等、靠、要"思维模式。

四、助推江苏扶贫开发的政策建议

"十三五"的中后期,全省紧密围绕高质量发展的要求,坚持问题导向,针对重点低收入人群、重点经济薄弱村和重点片区集中帮扶,进一步提高扶贫政策措施的有效性,全面完善因地制宜、因人而异的精准扶贫体制机制,全力提升精准扶贫工作质量。

具体来看,就是树立起"自上而下"救济式扶贫与"自下而上"参与式扶贫并行的思路,尽快建成统筹城乡的扶贫保障系统。注重从贫困人口及地区的真实需求及个性化特点出发,精准识别,分类施策。以优化产业项目为基础,盘活扶贫资产,激发内生动力,关注重点人群,完善工作体系,营造有利环境,全社会群策群力打好脱贫攻坚战,构建起长效稳定的脱贫机制。

1. 提高扶贫开发的到户率

在低收入人口的确定方面,不应下达总量指标,只设置控制性总量指标,由各地根据农户申请和评议审核情况确定对象和总量。突出精准扶贫,开展建档立卡低收入人口的普查工作,切实摸清底数,针对"重点帮扶户""社会救助户"两种类型的低收入农户,建立健全"一户一策一干部"的帮扶机制,针对不同的贫困原因,采取差异化的扶持办法,改"大水漫灌"为"滴灌",提高政策措施的针对性,切实推进扶贫搬迁、危房改造、安全饮水、技能培训、特色种养产业、信息化服务等到户项目的实施,确保低收入户直接得到扶持,直接受益。

2. 激发脱贫致富内生动力

持续加大贫困地区和贫困人口的精神援助与智力支持,切实阻断贫困代际传递。着力加强扶贫干部交流培训、专业技术人才对口支援,开展经济薄弱村党组书记和帮扶责任人政策业务培训。结合地方文化和自身价值观,充分激发贫困人群的自力更生和首创精神,不断提高贫困人口的"获得感"。大力弘扬"脱贫致富光荣"的理念,规范脱贫程序,构建精准脱贫退出机制。对主动申请脱贫的低收入人口及经济薄弱村给予政策性补助和奖励。[1]

---

[1] 尚雪英:《精准扶贫的精神实质:以人民为中心》,《兰州学刊》2018年第4期。

加快基础设施和公共服务向农村的有序延伸，为低收入农户就业创业提供良好条件。采取少交或免交个人应缴资金的办法，扩大医疗保险、养老保险对低收入户的覆盖面。加大教育扶贫力度，扩大对低收入农户子女在高中、大学时学杂费的减免和补助力度，确保低收入户子女读得起书，从根本上切断代际贫困，提高低收入农户的自我发展能力。应该从顶层设计入手，加快农村医疗体制改革，大力实施低收入人口需求紧迫的农村大病救助工程，加大低收入农户医疗费用的报销比例，切实解决农村人口因病致贫的问题。

3. 完善扶贫工作体制机制

构建以扶贫部门为牵头单位的多部门协调会办机制。扶贫政策以最快速度及统一标准下达各条线部门，加大统筹力度及职责意识，主动作为，争取教育、医疗、税务、金融、交通、国土、审计、财政、人社等各部门的深入理解及互相合作。对有争议或者不清晰的政策及时沟通协商。对惠民政策加大宣传力度，丰富宣传方式，提高扶贫企业、个人及执行人员的知晓率和参与率。进一步简化项目审批程序，出台项目责任主体及操作细则，增加扶贫政策的可操作性。

以"制度化＋信息化＋公开化"为路径，在全省市县乡村范围内建成、运行、完善"阳光扶贫"全程监管系统。严格执行扶贫资金报账制度和公示公告制度，加大损坏群众利益的典型案件曝光力度，持续保持高压态势。增加扶贫项目资金前期拨付比例，切实减轻实施推进过程中的地方财政及承建单位的经费支出负担。建立扶贫项目风险基金，优先保证贫困农户的财产权不受损失。建立法律顾问扶贫专家库，预防处置扶贫开发中的各类法律纠纷。

4. 实现扶贫资产保值增值

探索重点片区及经济薄弱村资产收益扶贫模式，制定"一村一策"发展规划。坚持和完善选派干部驻村帮扶制度，充分发挥挂钩帮扶单位优势和"第一书记"作用。深入开发镇村级资产资源优势,分类实施资源开发型、资产经营性、合作共享型、入股分红型、化债增收型等项目,形成稳定的镇村级增收机制。探索带项目建设标准厂房出租等有效形式。将无偿资金帮扶向金融信贷支持拓展,放宽参与资产收益扶贫的农村金融实体的融资限制,增加扶贫资金供给。

不断创新扶贫资产的运营机制。探索农村集体经营性建设用地使用权入市收益分配改革和水、电、矿产资源开发项目占用农村集体土地入股改革,将应计提的公积公益金和集体股权按一定比例量化给低收入人口。鼓励低收入农户将自有资产、资源入股新型经营主体。探索扶贫资金形成的增量资产股权量化模式和合理的收益分配制度,赋予经济薄弱村财产权和建档立卡低收入农户的收益权。推行集体扶贫股"所有权归集体、收益权归低收入人口"的分配方案。①

5. 营造扶贫开发有利环境

持续加大各级财政扶贫引导资金投入。提高贫困地区土地整理增减挂钩及占补平衡的市场交易比例,为扶贫开发集聚资金。精准定位金融扶贫对象和主体,发挥各项货币政策工具的正向激励作用。加强金融与财政政策配合力度,落实扶贫贷款汇率降低、涉农贷款增量奖励等政策。组建金融扶贫专家团,帮助低收入人口及项目主体量身定制专业化融资方案,提高融资对接成功率。完善普惠金融组织体系,推广非现金支付工具,改善贫困地区金融支付硬件环境。

加快形成政府主导下的全社会共同参与的复合式扶贫治理模式。推广政府与社会资本合作、政府购买服务等模式,拓展扶贫资金多元化投入渠道。倡导扶贫志愿者行动和社会专业人才扶贫服务,打造扶贫志愿活

---

① 汪三贵、梁晓敏:《我国资产收益扶贫的实践与机制创新》,《农业经济问题》2017年第9期。

动品牌。除企业、机关部门外，积极与各类慈善机构、民间组织、学校、医疗科研机构等社会团体共建。健全完善社会帮扶机制，全面落实扶贫捐赠税前扣除、税收减免、信贷支持、财政贴息、优先立项等优惠政策。

6. 出台倾斜性扶持政策

实施脱贫奔小康的重点在经济薄弱村，难点也是在经济薄弱村。由于多数经济薄弱村存在增收项目少、招引项目落地难的实际困难，建议省里出台扶持经济薄弱村集体经济发展的专项意见，明确经济薄弱村发展增收项目享有专项土地指标、信贷贴息优惠、税费优惠和水电费减免等方面的扶持措施，使经济薄弱村项目落地、招商更有吸引力。同时，建议省财政按照每村60万的标准，对村集体新发展的增收项目继续进行奖补，调动各地发展集体经济的积极性和主动性。同时，要给予非重点片区内经济薄弱村更多的关注。尚未实现新"八有"的经济薄弱村，尤其是有些不在重点片区内的薄弱村，更大程度上面临着缺资金、缺项目的难题，有的实际上比在片区内的薄弱村还要困难。因此，对重点片区外的经济薄弱村，省财政能否适当地给予一定的发展资金，或者能否适当降低村集体经济年收入18万的规定标准。

参考文献

[1] 邓刚. 构建农民增收长效机制的对策的研究[D]. 长春理工大学硕士论文,2010:2-4.

[2] 谢庆武. 包头市农民增收问题研究[D]. 河北科技师范学院硕士论文,2018:10-11.

[3] 齐涛. 精准扶贫视阈下五莲县农民增收研究[D]. 山东理工大学硕士论文,2018:10-12.

第九章 构建城乡融合发展的制度体系

2017年12月,中央农村工作会议提出大力实施乡村振兴战略必须大力推进体制机制创新,强化乡村振兴制度供给。2018年9月21日,习近平总书记在主持中共中央政治局就实施乡村振兴战略进行第八次集体学习上再次强调,实施乡村振兴战略,要走城乡融合发展之路,向改革要动力;要加快建立健全城乡融合发展体制机制和政策体系,为乡村振兴提供制度保障。总书记就实施乡村振兴战略的系列重要讲话和指示,为开启城乡融合发展,加快实施乡村振兴战略指明了方向。2019年4月,中共中央、国务院发布了《关于建立健全城乡融合发展体制机制和政策体系的意见》,再次全面系统地就如何建立健全城乡融合发展体制机制和政策体系,推进乡村振兴战略实施和农业农村现代化给出了明确安排。近年来,江苏在统筹城乡发展、推进新型城镇化方面取得了显著进展,但城乡要素流动不顺畅、公共资源配置不合理等问题依然突出,影响城乡融合发展的体制机制障碍尚未根本消除。要实现乡村振兴和农业农村现代化,就必须重塑新型城乡关系,走城乡融合发展之路。只有不断破除城乡融合发展的各种体制机制障碍,推动土地、人才、资本等要素在城乡之间双向流动,才能激发乡村发展活力,最终实现城市与乡村的同步发展、共同发展。

本章首先从理论层面阐述在新时代背景下,城乡融合发展的内涵和时代必然性;随后梳理江苏城乡融合发展的主要历程,总结江苏城乡融合发展的主要成效；其后，分析当前江苏城乡融合发展面临的主要障碍，并提出未来江苏城乡融合发展体制机制改革的主攻方向和重点；最后就如何加快城乡融合发展制度体系建设，提出相应的对策建议。

第一节　城乡融合发展的内涵与现实意义

城乡融合发展既是城市与乡村协同发展的高级阶段，也是实现城市与乡村协同发展的必由之路。准确把握城乡融合发展的基本内涵和现实意义，有助于理清发展思路，理顺发展逻辑，正确贯彻党的十九大作出的重大决策部署。

一、城乡融合发展的基本内涵

恩格斯是城乡融合的首倡者之一，他在 1847 年《共产主义原理》中最早提出了城乡的融合，他指出"通过消除旧的分工以及城乡的融合……使社会全体成员的才能得到全面的发展"[①]，城乡融合就是"将把城市和乡村生活方式的优点结合起来避免二者的片面性和缺点"[②]。英国城市学家埃比尼泽·霍华德在 19 世纪末创立的田园城市理论中提出"城市和乡村都各有其优点和相应缺点，而'城市-乡村'则避免了二者的缺点""城市和乡村必须成婚，这种愉快的结合将迸发出新的希望、新的生活、新的文明"。20 世纪 60 年代，美国著名城市学家刘易斯·芒福德也指出："城与乡，不能截然分开；城与乡，同等重要；城与乡，应当有机结合在一起。"[③]改革开放以来，为了迅速提升乡村发展水平，打破城乡二元经济社会结构，形成

---

① 《马克思恩格斯选集：第四卷》，人民出版社，1958 年，第 371 页。
② 《马克思恩格斯选集：第四卷》，人民出版社，1995 年，第 204 页。
③ 景普秋、张复明：《城乡一体化研究的进展与动态》，《城市规划》，2003 年第 27 卷第 6 期，第 30-35 页。

城乡发展一盘棋的格局,从十六大到十九大党中央陆续提出了"城乡统筹发展""城乡一体化"和"城乡融合发展"的战略思路。作为改革的延续和深化,党的十九大报告提出要"建立健全城乡融合发展体制机制和政策体系,加快推进农业农村现代化",这是党中央在深刻把握我国城乡关系动态演变的基础上提出的新的城乡发展要求。

从城乡统筹、城乡一体化到城乡融合发展,不仅是对城乡关系持续而深入地进行改革和塑造,也体现了不同时期的工作重点。十六大和十六届三中全会提出"城乡统筹发展",使得"三农"问题首次被置于最重要的地位,多年来农业和农村支持工业和城市的格局被颠覆,"工业反哺农业,城市支持农村和多予少取放活"的方针被确立,乡村和城镇的地位走向平等。农业税被全面取消,中央开始不断地加大对农业和农村的投入。十七大和十七届三中全会提出"城乡一体化发展",提出"尽快在城乡规划、产业布局、基础设施建设、公共服务一体化等方面取得突破,促进公共资源在城乡之间均衡配置,生产要素在城乡之间自由流动,推动城乡经济社会发展融合。"这一时期的主要工作重心在于从空间和产业布局等方面重视农村的发展,对农村的基础设施、公共服务、农村居民和转移劳动力的社会保障服务等方面进行补缺式投入。而党的十九大提出的"城乡融合发展"则标志着改革进入了深水期,将在前期改革的基础上,触碰一些较为根本和敏感的区域,在不断尝试探索的基础上,解决城乡二元结构的根本问题,实现城乡彻底的融合发展。这一时期的工作重点主要在于建立起城乡融合的要素市场,对农村土地制度、集体产权制度、户籍制度等进行改革。因此,城乡融合发展意在打破城乡二元经济社会结构,不仅包含了"城乡统筹""城乡一体化"的含义和内容,更是在此基础上加以延续和深化。其中,"融"体现了城乡的一体化、均等化,包含了两个方面的重要改变:第一,从市场角度而言,要打破以前城乡要素市场分割的状况,使得城乡之间的要素能够按照市场规律自由流动,实现效益最大化的配置;第二,从政府角度而言,要改变从前基础设施和公共服务在城乡之间的不平等供给,实现基础设施、公共服务和社会保障均等化,保证城镇和乡村地区拥有平等的发展环境和发展机会。"合"则体现了最终城乡合为一体,相互合作、配合,形成虽在经济、社会、文化形态上各具特色,但总体发展水平相一致相协调的发展态势。

二、加快城乡融合发展的现实意义

城乡融合发展不仅是理念上的重大转变,更是加快推进农业农村现代化,实现乡村振兴的重要指导方针。党中央在新时代中国特色社会主义建设的关键时期,提出加快城乡融合发展既具有时代必然性,又体现出高度的政策前瞻性。

1. 城乡融合发展是构建新型和谐城乡关系的必然选择

党的十九大报告明确指出,我国经济社会发展迈入了新时代,社会主要矛盾已经由"人民日益增长的物质文化需要同落后的社会生产之间的矛盾"转化为"人民日益增长的美好生活需要和不平衡不充分的发展之间的矛盾"。我国社会主要矛盾的变化是关系全局的历史性变化,着力解决好发展不平衡不充分问题,大力提升发展质量和效益,满足人民各方面日益增长的需要,是未来工作的重点。由于长期受"重城市、轻农村"发展理念的影响,与城市相比,农村显然成为经济社会发展最为薄弱的地区,同时,也是生产力发展最不充分的领域。城乡融合发展根本上就是要解决城市与农村发展不平衡不充分的问题。十九大报告提出的城乡融合发展要求既是对当前城乡发展不平衡不充分的历史呼应,也是对中国进入新时代如何认识新的城乡关系、构建什么样的城乡关系的现实回应。经过城乡统筹发展、城乡一体化发展的前期积累,从我国的城市化率、农民工市民化、城乡基础设施互联互通、城乡基本公共服务供给、城乡社会保障接轨等各个方面来看,城乡融合发展的基础和条件已经具备,同时,为了实现"两个一百年"奋斗目标,也必然要求通过城乡融合发展科学有序地缩小城乡发展差距,党的十九大也正是在科学判断我国城乡发展面临的新的时代形势与发展目标的基础上而提出"建立健全城乡融合发展体制机制和政策体系,加快推进农业农村现代化",城乡融合发展是适应城乡发展新形势,理顺城乡关系,构筑城乡发展新体制机制的科学选择和必然选择。

2. 城乡融合发展是人民群众共享改革成果的客观要求

实现共同富裕是社会主义的本质要求。邓小平同志指出:"贫穷不是社会主义,共同富裕是社会主义的本质特征,鼓励一部分地区一部分人先富起来,先富带动、帮助后富,最终达到共同富裕。"改革开放以来,我国经济发展的"蛋糕"不断做大,但分配不公的问题日渐突出,特别是城市居民与农村居民在收入差距、区域公共服务水平等方面的差距较大。必须承认,过去偏重城市发展的战略与政策体系在一定程度上限制了农村的发展,客观上造成了城乡发展差距不断拉大,并形成了比较固化的城乡二元结构,导致城乡关系一度对立紧张,部分地区群体性事件多发。但自从2003年底中央农村工作会议提出把解决好"三农"问题作为全党工作的重中之重,不断加大对农业农村农民的投入,深化农村改革,调整城乡关系,以城带乡、以工促农,城乡关系不断改善。党的十八届五中全会通过的"十三五"规划建议提出了创新、协调、绿色、开放、共享五大发展理念,其中共享发展就是指人人参与,人人尽力,人人享有,要让更多人参与中国的现代化进程,分享中国改革发展现代化的成果。党的十九大报告提出的2035年目标和2050年目标,都鲜明地体现了改善人民生活、缩小差距、实现共同富裕的要求。习近平总书记指出:"广大人民群众共享改革发展成果,是社会主义的本质要求,是我们党坚持全心全意为人民服务根本宗旨的重要体现。我们追求的发展是造福人民的发展,我们追求的富裕是全体人民共同富裕。"正是在这样新的时代背景下,要实现乡村振兴,使城市居民和农村居民共享改革的成果,客观上就要求在城乡统筹和城乡一体化发展的基础上,进一步加深城市与农村融合发展的深度和广度,只有实现城乡要素市场的自由流动和深度参与,以及城乡在经济、社会、文化、生态等领域的广泛协同发展,才能促进城乡优势互补,协调互促,最终推动实现全体人民的共同富裕。

3. 城乡融合发展是实现乡村全面振兴的必由之路

党的十九大提出的乡村振兴战略是新时代解决"三农"问题的主要抓手,为根本解决"三农"问题提供了方案。当前,虽然存在城乡发展差距、城乡居民收入差距等客观差距,但是应该看到党和政府正在持续加大对农村农业农民发展的支持力度,特别是十八大以来,乡村面貌加速改善、农民获得感幸福感安全感加速提高,这为乡村全面振兴提供了必要的物质基础和精神动力。但必须要看到,乡村振兴战略不是农村、农民、农业这一单一区域、群体和产业可以自己去实现的,乡村振兴不能只靠乡村自身关起门来搞发展,乡村必须对城市开放,城市也必须向农村开放。城市与乡村是一个相互依存、相互融合、互促共荣的生命共同体。城市的发展和繁荣绝不能建立在乡村凋敝和衰败的基础上,乡村的振兴也离不开城市的带动和支持,城乡共荣是实现全面小康和全面现代化的重要前提。城乡融合发展其实质就是要打通并逐步建立健全城乡融合发展的体制机制和政策体系,从顶层设计和底层架构双向发力,探索城乡融合发展的有效路径。要实现乡村的全面振兴就必须要把城市与农村看成一个平等的有机整体,走城乡融合之路。

第二节 江苏城乡融合发展的历程与成效

城乡融合发展是一个漫长的历史过程,对于它的最终实现既要抱有足够的历史耐心,同时也要拥有强有力的政策手段。江苏的城乡融合发展始终走在全国的前列,其根本原因就在于勇于先行先试,敢于重点突破,为全国其他地区提供可参考可借鉴的方法、模式和路径。

一、江苏城乡融合发展的主要历程

改革开放初期,江苏与全国其他地方一样,城乡二元结构特征明显。随着改革开放的深入,农工发展矛盾、城乡发展矛盾更为突出。为此,江苏先期采取"以工补农""以工建农"的形式,协调农工利益关系,后又实施以城镇(开发区)为载体的城乡工业联动发展。进入21世纪,又开拓了以大中城市为主导,以县域经济为基础,以小城镇为纽带的城乡协调发展新路。

党的十六大明确提出,要统筹城乡经济发展,把解决三农问题放到更大的宏观平台上,从体制机制改革的层面加以解决。从此开始,全国层面的城乡统筹发展拉开帷幕。党的十七届三中全会,明确指出要着力破除城乡二元结构,形成城乡经济社会发展一体化新格局。在上述背景下,中共省委江苏十一届三次全会明确提出按"五个一体化"的思路,研究制定具体政策措施,建立统筹城乡发展的体制机制,形成城乡经济社会发展一体化新格局。江苏省十一届五次全会明确提出,要把破除城乡二元结构作为今后一个时期农村改革的重点,作为全局改革的突破口,建立促进城乡经济社会发展一体化制度。随后,又提出要把"城市化战略"拓展为"城乡发展一体化战略",对加大统筹城乡发展力度,加快推进城乡经济社会发展一体化作出了具体部署,并将"由城乡二元结构向城乡发展一体化转变"作为推进经济发展方式"三个转变"的重要内容之一。此后,江苏省陆续出台了一系列改革举措。在战略规划上,把统筹城乡发展作为推进"两个率先"的重大战略任务,形成"工业化致富农民、城市化带动农村、产业化提升农业"的"三化"带"三农";在体制机制上,构建城乡发展规划、产业布局、基础设施、公共服务、就业社保"五个一体化"促进城乡生产要素合理流动、公共资源均衡配置;在发展形态上,促进"工业向园区集中、人口向城镇集中、居住向社区集中"的"三集中";在农村改革中,全面实行脱贫攻坚工程、农村实事工程,"四位一体"整体推进农民专业合作组织、农业适度规模经营、高效农业与农业特色产业基地建设,建立健全农村社会保障体系,统筹城乡社会管理。

二、江苏城乡融合发展制度体系建设的主要成效

党的十八大之后,城乡融合发展的体制机制改革进入深水区,城乡户籍制度改革、农村土地制度改革、农村集体产权制度改革等都面临上位法律法规的相关约束。鉴于此,江苏以国家级和省级农村改革试验区的建设为重点,在持续推进户籍制度改革、深化农村土地制度改革、明晰农村集体资产产权、完善农村基本经营制度、深化农业支持保护制度改革等方面做了许多积极而有益的探索,积攒了一定的改革试点经验,新时代城乡融合发展制度体系建设的成果初步显现。

1. 持续推进户籍制度改革

城乡二元社会结构是阻碍城乡融合发展的根本原因。造成城乡二元社会结构的一个重要因素就是没有建立城乡统一的一元户籍制度。农业户口和非农业户口的身份区别,又导致城乡居民在就业、教育、医疗以及基础社会保障等诸多方面存在严重不公,其结果致使农民无法获得与城镇居民同等的"国民待遇"。探索建立城乡一体的户籍制度已成为城乡融合发展的关键。户籍制度改革表面上是破除城乡二元户籍制度,但其背后涉及城乡经济、社会多方面的政策调整和管理体制的创新。城乡统一户籍管理制度的建立健全,必须完善政府有关部门相应的配套改革措施,继续弱化直至最后消解城市户口的附加利益。要使劳动就业、子女入学、保险政策、社会福利等与户口完全脱钩,逐步使户籍管理恢复到其本来只承担民事登记的社会管理功能。只有破除城乡居民二元户籍制度,实现城乡居民的同等待遇,才能最大限度发挥人的知识、能力,才能使人才这种最重要的资源得到合理配置,从而实现城乡融合发展,最终促进经济持续稳定健康发展和社会全面进步。

江苏作为经济发达省份,在城镇化过程中较早地遇到了二元户籍制

度管理带来的困境。江苏省的户籍制度改革总体是在国家户籍政策框架下,通过提前试点、有限突破的方式进行的。2002年,党的十六大明确提出将统筹城乡经济社会发展,破除造成城乡二元结构的相关制度障碍作为改革的重点。同年11月,江苏省政府发布《转批省公安厅关于进一步深化户籍管理制度改革意见的通知》,明确了要深化户籍管理制度改革,建立以居住地登记户口为基本形式的城乡统一的户籍管理制度,并就统一户口登记管理、取消进城人口计划指标管理、户口迁移等内容作出了明确安排。2003年,江苏在全国范围内较早实施城乡统一的户口登记制度,从形式上实现了城乡居民户籍的统一管理。随后,全省各市在上述规定下,结合自身经济社会发展实力开始进行有限突破。如城乡统筹和城乡一体化发展综合配套改革试点较早的苏州市,2003年出台了《苏州市户籍准入登记暂行办法》,明确取消农业户口,并建立以居住地登记户口为基本形式,以合法固定住所和稳定职业(生活来源)为户口准入条件的新型户籍管理制度。2007年又调整完善了《苏州市户籍准入登记暂行办法》。2010年,该市在全国率先颁布实施《苏州市户籍居民城乡一体化户口迁移管理规定》,并颁出台了《关于鼓励农民进城进镇落户的若干意见》等文件,这些文件对该市城乡户籍居民户口迁移政策进行了调整和放宽。2011年4月1日,该市颁布《苏州市居住证管理暂行办法》,在全省率先启动流动人口居住证制度,并于2012年7月实现流动人口居住证动态发放全覆盖。上述文件对于加快居民户籍制度改革和推进城乡居民自由迁徙、就业等起到了积极的推动作用。如苏州市管辖的昆山市因经济实力雄厚,在进行户籍制度改革的同时,在城乡医疗保险、公共服务和社会保障等领域采取城乡均等化的尝试,开始逐步实现城乡无缝覆盖。十八届三中全会之后,户籍制度改革再一次成为了全面深化改革的重点。2014年7月,国务院印发了《关于进一步推进户籍制度改革的意见》,标志着新一轮户籍制度改革正式启动。同年,江苏省政府出台《关于进一步推进户籍制度改革的意见》,此次改革主要包括:进一步调整户口迁移政策,创新人口管理模式,切实保障转移人口及其他常住人口合法权益,这三个方面的主要内容。依据改革要求,一些城市如南京市、苏州市等大城市开始制定和完善《户籍准入管理办法》《流动人口积分管理办法》等户籍改革文件,在立足本地实际的情况下,全面实施居住证制度,完善以居住年限为主要依据、以流动人口积分管理为管理手段,合法稳定住所和城镇社会保险参加年限为基准的"新市民"户籍准入政策。上述户籍制度及其相关配套改革在最大限度范围内确保了户籍制度改革的稳步推进,城乡融合发展最大的制度障碍正在逐步消除。

2. 全面深入农村土地制度改革

近年来,遵循"确权、赋能、搞活"的总体思路,江苏在农村土地制度方面进行了试点型、探索性的改革,农村土地要素市场逐步被激活,土地要素开始有序流转。自从 2015 年被农业部确定为农村土地承包经营权确权登记颁证整省推进试点省份以来,江苏探索发展出"653"工作路径,面向全省 1 100 多万农户全面开展了承包地的确权登记颁证。截至 2017 年底,全省 98% 应确权村完善了确权合同,90% 登记颁证完毕。同时,江苏采取了加强土地产权交易市场建设、规范统一土地流转合文本、组建农村土地股份合作社、建立土地流转财政补偿机制、出台工商资本租地监管实施意见等方式,促进土地流转。到 2017 年底,全省农村土地流转面积达 3 113 万亩,占全省承包地面积的 60%。在确权的基础上,江苏对如何充分灵活地实现农村土地的各项权能进行了探索。如常州武进区开展了农村土地经营权入股发展农业产业化经营的改革试点,有力带动了农户的土地经营权向家庭农场、专业合作社、农业龙头企业等新型经营主体流转,发展壮大了新型农业经营主体,实现了适度规模经营。苏州虎丘区开展了农村土地承包经营权自愿有偿退出的试点探索,根据"区分类型,因地推进"的原则,将试点对象分为失地(动迁)农户、预动迁农户和保留村庄农户三种类型,做好基本养老保障、医疗保障和基金管理工作,并尝试推进土地承包经营权和宅基地退出的双地联动机制。截至2017年底,全区3个乡镇29个村(涉农社区)共退出承包地8 065亩,涉及农户3 473户,各年龄段总人数10 600人,落实社会保障资金9.6亿元。

在农村集体经营性建设用地改革方面,常州市武进区作为全省唯一入选的试点,全面完成了入市改革的任务。武进区探索建立了"同权同价、流转顺畅、收益共享"的农村集体经营性建设用地入市制度,开发了农村集体经营性建设用地的网上交易系统,并和国有建设用地的网上交易并网运行,真正实现了城乡融合的建设用地市场。截至2018年底试点工作结束时,武进共完成了9 831宗农村集体经营性建设用地入市的交易,占全国总量的88%。在宅基地改革方面,江苏也于2019年开始在南京高淳区、无锡惠山区、常州武进区等六个县(市、区)开展闲置农房、宅基地的盘活利用试点工作。

3. 加快农村集体经济产权制度改革

随着人口城乡流动的日渐频繁,农村基础设施和公共服务的供给方式发生变化,农村集体资产留在集体内部用于本村公共事务的模式不再适用,新的农村集体经济产权制度亟待建立。江苏早在2005年就开始了农村社区股份合作制改革,要求各地尽可能地实现"资源资产化、资产资本化、资本股份化"。2014年南京市获批为全国第二批农村改革试验区,同时在苏州、扬州、泰州等地,农村集体产权股份合作制改革的试点工作也全面展开。2015年开始,苏州吴中区又被确定为国家级试点单位,探索实现农村集体资产股份权能的改革,开展农民对集体资产股份占有、收益、有偿退出及抵押、担保、继承权六项权能改革试点。2018年,江苏被确认为全国农村集体产权制度改革整省试点省份,目前已经完成全市农村社区的清产核资工作,到2020年全部实现经营性资产股份合作制改革。在这一过程中,全省各地在人员认定、股权确定、三资管理等方面因地制宜发展出了一套合理稳当的工作方法,使得改革工作顺利推进。

南京和苏州两地作为农村集体产权进行股份制改革的试点,已经形成了较为完备的改革方案。改革的内容都包含清产核资、成员身份认定、股份设置、政经(政社)分离、联合发展、权能拓展等。成员身份从户籍关系、土地承包、长期居住及义务履行等方面进行考虑。股份设置上,均设置静态股,避免频繁调整引发纠纷,吴中区尝试将家庭股和个人股结合,南京一般以个人股的人口股为主,并降低集体股比例。在管理上,逐步做到村(居)委会和农村集体经济组织的职能分开、人员分开、财务分开,努力形成在村(居)党组织的领导下、村(居)委会自治管理与农村集体经济组织自主经营、民主管理的新格局。在发展上均鼓励采取合作联社的方式,抱团发展。此外,南京市还尝试对集体资源性资产进行了折股量化,并且试行"村账村管"的财务管理模式。吴中区和南京市的改革探索均以保护农村集体经济组织及其成员的合法权益为核心,以理顺农村集体经济分配关系为基础,以创新农村集体经济管理体制和运行机制为重点展开,加快构建了归属清晰、权能完整、流转顺畅、保护严格的农村集体产权制度,促进了农村资产资源权属明晰化、配置机制市场化、产权要素资本化、管理监督规范化。

4. 逐步完善城乡融合的公共服务和社会保障体系

城乡基本公共服务和社会保障水平是衡量城乡融合发展的重要指标。长期以来,由于二元社会结构的存在,城乡在基本公共服务和社会保障领域存在着巨大差异。2006年党的十六届六中全会通过的《中共中央关于构建社会主义和谐社会若干重大问题的决定》首次正式提出:"要完善公共财政制度,逐步实现基本公共服务均等化……"城乡基本公共服务均等化的提出是在城乡统筹发展基础上的再次延续和扩展,如果说城乡统筹着重强调的是城市与乡村的统筹协调发展,那么城乡基本公共服务的均等化则是从以人为核心的视角,着重强调全体公民都能公平可及地获得大致均等的基本公共服务。

江苏的城乡基本公共服务和社会保障水平一直走在全国前列。早在2003年,苏南地区如苏州市就在城乡统筹发展过程中,开始尝试推动实现城乡居民医保、养老等领域的基本公共服务均等化。经过多年的努力,江苏的城乡基本公共服务和社会保障体系逐步完善,各项水平均保持较高水平。2017年,在《国务院关于印发"十三五"推进基本公共服务均等化规划的通知》的基础上,江苏省先后出台了《关于印发江苏省"十三五"时期基本公共服务清单的通知》和《江苏省"十三五"时期基层基本公共服务功能配置标准(试行)》等政策性文件,将江苏省基本公共服务清单明确为10个领域86个服务项目,对城乡基本公共服务进行了全方位和系统性的设计和规划。截至2018年,江苏基层基本公共服务体系建设和功能配置标准化的总体实现度分别达到96.3%和90%左右。江苏省统计局委托第三方专业调查公司组织开展的全省基本公共服务体系建设成效百姓满意度调查结果也显示,2018年全省基本公共服务建设百姓满意度82.7分,比上年提高了7.6分①。在社会保障方面,江苏省积极推进全民全面参保计划,2018年江苏各类城乡基本社会保险参保率在97%以上,且统筹层次和保障水平还在不断提高。

在提高农村公共服务的供给水平和供给能力方面,张家港市以村民自治试点工作为抓手,提供了一个先行先试的模范样板。在城乡一体化推进和新型城镇化建设步伐加快背景下,张家港的农村社区正面临户籍人口的"人户分离",非户籍人口大量涌入,村民利益诉求增加,各种矛盾交错。面对这种新形势,张家港市坚持党的领导,通过理顺机制、转变职能、整合资源、信息共享、社会协同、群众参与等手段,完善了村民自治格局,扩大了农村公共服务有效供给。特别值得一提的是"三社联动"机制,

---

① 江苏省统计局专项调查处:《2018年全省基本公共服务建设百姓满意度大幅提高》,http://tj.jiangsu.gov.cn/art/2019/9/9/art_4027_8706821.html,2019-09-09。

即通过社区居委会、社会组织和社工团队联动,实现服务体系社会化。通过硬件改造、软件提升,夯实社区综合服务平台建设。通过建立政府购买服务,社会组织承接项目,社工团队执行项目,面向社区实施项目的运作机制,全面提升了社区服务的专业化和综合性服务能力。张家港社区自治和三社联动机制等新模式正在全省其他地市积极推广。

5. 推动农村基础设施管护和农业生产性服务供给的社会化、市场化

农村基础设施和农业生产性服务是保障农业生产顺利开展的硬性和软性条件。经过几轮对农村基础设施建设的大力投入,江苏的乡村基础设施建设基本齐备,并且还在不断地完善中。2018年,全省新建农村公路4 838公里、桥梁2 874座、农桥6 216座,新增88个乡镇开通镇村公交,开通率达到83.7%,预计2020年底开通率超过95%。在此基础上,江苏努力推进农村基础设施管护机制和农业生产性服务供给机制的改革,积极引导社会和市场参与,政府充分发挥监督作用,取得了良好的成效。在具体基层的改革实践中,淮安市的洪泽区和苏州市的张家港市在上述领域进行了前期改革试点。

淮安市洪泽区从农村公共设施"建、管、护"三个层面出发,依据产权改革、机制创新、功能扩展的逻辑,试点推进水利设施产权制度改革和创新运行管护机制的改革,取得了良好的经济效益、社会效益和生态效益。通过建立农村水利工程建设公开公示制度,强化了所有项目的合同管理工作,避免了项目建设过程中的暗箱操作,提高了工程质量和项目资金使用效益,实现了参与方的多方共赢;通过农田水利工程产权改革,摸清了家底,明确了农田水利设施的产权和资产收益归属权,尤其是工程使用和管护主体及其责任,解决了工程管理主体不明的问题;在此基础上,通过探索农村水利产权抵押借贷融资有效解决了农田水利建设与管理融资借贷困难的问题,缓解了地方政府支持水利建设和管理的财政压力;通过推进农业水价改革,实现促进节约用水、降低农民水费支出、保障灌排工程良性运行、创新水利体制

机制的目标;通过探索财政资金购买农村公共服务方式,积极引入了第三方社会公共服务组织参与,降低了管护成本;通过建立绩效考核的奖惩办法等手段,有效整合了相关部门的人、财、物等资源,加强了对农村公共基础设施管护工作的常态化、动态化和长效化的监督管理,初步构建了农村"五位一体"长效管护机制,全面提升了农村公共设施管护效率。

张家港市围绕政府购买农业公益性服务创新的试点工作,坚持社会化、市场化和产业化运作,在农药集中配送、农作物种子统一供应、水稻集中育秧和畜禽疫病防控四个方面进行了积极探索,通过加大财政投入,建立采购配送流程,完善相关制度等措施,较好地推进了改革试点工作,有效降低了农民农业经营成本,取得了良好的社会反响。通过开展农药零差价集中配送,全市高效低毒农药和生物农药使用比例分别提高28%和10%,农药使用强度下降41.6%;通过稻麦统一供种服务,2016年全市统一供种率提高到99%,良种补贴发放362.5万元,有效降低了农户种植成本;通过水稻集中育供秧服务,全市建设集中育秧点42个,秧池面积618.25亩,投入补贴资金491.4万元,提高了全市水稻育秧能力;通过购买动物防疫服务,全面提升了镇兽医站的防疫能力和水平,既确保了全市无重大疫情,又提高了镇兽医站经营能力,实现了政府与企业的双赢。通过政府购买各类农业社会化服务,有力地转变了政府农业补贴方式,提高了政府农业补贴效率,降低了农业经营主体生产成本,对于实现农业绿色、安全生产具有重大的现实意义。

第三节 江苏城乡融合发展面临的主要问题

改革开放40多年来,江苏在城乡融合发展领域持续改革创新,城乡要素市场活力明显增强,劳动力、土地、资本等要素市场融合发展的机制已逐步开始建立,城乡基础设施和基本公共服务一体化和均等化水平均在显著提高,城乡融合发展的深度和广度在全国居于前列。但也应当看到,随着中国特色社会主义建设迈进新时代,江苏的城乡融合发展水平与建设"强富美高"新江苏的要求以及"两个率先"战略目标的实现仍存在不小的差距。本节将从要素市场融合、城乡基础设施和城乡基本公共服务三个层面阐述江苏城乡融合发展面临的主要障碍。

一、城乡发展要素双向流动依然受阻

劳动力、土地、资本是城乡融合发展过程中不可或缺的三大要素,只有建立城乡统一的要素市场,实现上述要素的双向流动,才能有力地支撑城乡融合发展。

1. 劳动力素质差异和户籍制度仍显著影响着城市化进程

依据发展经济学的基本理论和各国发展实践来看,随着第一产业生产效率的提高,农村剩余劳动力必然会从农村向城市流动,从农业产业向二三产业转移,城镇化和工业化的推进总是与农村剩余劳动力转移相一致的。在改革开放之前,由于我国户籍制度的严格限制,使得农村剩余劳动力无法自由地向城市和二三产业转移,城市化和工业化进程相对较慢。改革开放之后,随着户籍制度的逐渐放松,越来越多的农村剩余劳动力向城镇和二三产业转移。1978年江苏城镇化率为13.7%,一产就业人口比例为69.7%,到2019年底,江苏城镇化率70.6%,一产就业人口比例为15.5%,城镇化率提高了56.9个百分点,一产就业人口比例下降了54.2个百分点。截止到2019年全省累计转移1 975万人,转移率为76.1%。改革开放40多年以来,江苏城镇化率显著提高,一产就业人口比例大幅下降,取得了可喜成绩。但也应该看到,虽然江苏省城市化水平在逐年提高,但城市化的质量仍然不高,这其中最为突出的表现为大量的农村转移人口在城市无法从事稳定的就业,也较难取得与城市居民同等的社会保障待遇,也即农村转移劳动力的"半城市化"问题严重。而究其原因主要是城乡劳动力素质存在差异和现行的户籍制度、社会保障制度限制。

通过对比 2018 年江苏省城乡人口年龄和受教育程度的分布可以发现，与城镇人口相比，农村人口老龄化、低学历的特点突出。从年龄分布来看（表 9.1），乡村地区 60 岁及以上的人口占比最多，高达 32.9%，且明显比城镇地区要高；而 20~29 岁，30~39 岁年龄段的青壮年人口比例总共只占 17.8%，明显偏低。从受教育程度来看（表 9.2），乡村受过小学及以下，以及初中教育的人口比例占到了 80% 以上，明显要高于城镇地区；受过高中、大专以上教育的人口明显偏低，特别是受过大专及以上教育的人口，仅占乡村人口数的 4.7%。

表 9.1　2018 年江苏城乡人口年龄分布比例

年龄分布	总人口	城镇	乡村
0~19 岁	17.0%	16.5%	18.3%
20~29 岁	14.9%	17.2%	9.3%
30~39 岁	13.5%	15.5%	8.5%
40~49 岁	16.4%	17.2%	14.4%
50~59 岁	15.0%	14.3%	16.6%
60 岁以上	23.2%	19.3%	32.9%

表 9.2　2018 年江苏城乡人口受教育程度分布比例

受教育程度	总人口	城镇	乡村
小学及以下	30.0%	23.6%	45.6%
初中	35.4%	34.3%	38.1%
高中	18.1%	20.8%	11.5%
大专及以上	16.6%	21.4%	4.7%

数据来源：《江苏统计年鉴（2019 年）》。

城乡之间劳动力素质的差异，直接导致农村剩余劳动力在转移进入城市时只能从事较为底层的低技能职业，而这些底层的低技能的职业存在劳动力报酬低和就业不稳定的特性,这又影响了大量农村剩余劳动力在城市就业的稳定。同时,由于大中城市的户籍落户政策相对较严苛,加之社会保障水平与当地财力密切相关,上述多因素的影响,直接导致城市化进程放缓,城市化质量有待提高。此外,由于农业产业风险高、收益率低,加之农村缺乏在资金、政策等方面对各类创业人才和技术人才的实际支持,城市有创业热情和创业技术的人才往往对投身农村产业发展望而却步。由此出现农村人进得了城,落不了户;城里人想去农村,但又害怕去农村的局面,城乡之间的人才双向流动陷入困局。

2. 农村土地制度改革仍需进一步拓展和加深

土地是财富之母,无论是城市还是农村的发展都离不开必要的土地资源作为发展保障。同时,农村土地作为农村居民最为重要的资产,它的合理配置对于农村居民生存和发展至关重要。合理划定城市和乡村的发展边界,对农村土地资源"确权、赋能、搞活",有效盘活农村土地资源,逐步建立城乡统一的城乡土地市场是农村土地制度改革的方向。当前农村土地制度改革对象主要有农村承包地、宅基地和农村集体经营性建设用地三大类。对于农村承包地的制度改革,主要以所有权、承包权和经营权三权分置为主要思路,即从法律层面明确集体土地的集体所有的土地性质,以承包权长久保持不变巩固承包人的承包权,在此基础上进一步推动承包权和经营权的分离,加快承包地的流转、抵押等权能。对于农村宅基地的制度改革,目前基本确立了宅基地所有权、资格权和使用权三权分置的指导思想,其目的是要在确保农村居民有房可居的情况下,进一步优化现有宅基地的使用。对于农村集体经营性建设用地的制度改革,主要是探索"同权同价、流转顺畅、收益共享"的农村集体经营性建设用地入市制度。

从目前改革情况来看,江苏省农村承包地的改革进展相对较为顺利,而农村宅基地和农村集体经营性建设用地的改革尚处在谨慎试点阶段,尚没有在全省范围内大面积实施。在农村土地制度改革过程中,虽然突破了一些法律上的限制,但在改革的实际过程中,又带了一些新问题有待继续解决。以最先改革的承包地来看,随着农业税费的取消,各类与耕地承包权相捆绑的惠农支农补贴纷涌而至,再加上耕地承包权和经营权的分离(包括土地流转、代耕代种的普及推广等),农村居民拥有耕地的承包权成了一件权责分离、稳赚不亏的事。在这样的前提下,多拥有耕地的承包权就会带来更多收益,确定承包权的过程带来了很多群众间的以及群众与村集体间的矛盾和问题。此外,承包地确权之后,由于承包权和经营权出现分离,实际经营者未必是承包权人,与土地相关的一部分收益权,如政府补贴等难以划分归属实际经营者,这就导致了政府惠农补贴无效的现象,惠农资金并未有效促进农业生产。同时,由于承包权和经营权只是土地的部分权能,一块土地的实际经营者要实现土地的抵押、担保等扩展功能,这块土地的使用者必须拥有该块土地完整的土地权能,而在现实情况下,特别是通过租赁获得土地短期经营权的实际经营者,其往往难以获得银行的信贷支持,在上述情况下,承包权和经营权分离的实际经营者也不太可能对土地进行长期投资,一遇到风险很容易发生撂地、毁约的现象。

此外,农村宅基地改革目前也面临困境。当前,江苏农村人口数量不断减少,但由于农村宅基地管理制度以及维稳等问题,导致农村房屋因继承无法拆除,以及建新不拆旧等现象同时并存,致使农村宅基地占地面积有增无减,总量和户均占地均居高不下,农村宅基地超面积用地现象广泛存在,"一户多宅"现象较多。同时,由于近年来城镇房价的高涨和土地高价出让都充分显示了宅基地具有巨大的经济价值,受利益的驱动,部分地区的农民甚至村集体纷纷出现违章搭建、超标准圈地建房等现象,现有的农村宅基地面积仍继续增加,并且呈现出由城郊向远郊乃至传统农区蔓延的态势。农村人口流出造成的宅基地闲置和"空心村",加上经济利益刺激下的村庄外延式扩张,导致农村土地资源浪费严重。在此过程中,由于"一刀切"的宅基地管理体制,农户合理及不合理的需求夹杂,导致未批先建现象严重,甚至存在违规占用农用地的现象。同时,受宅基地稀缺性以及城镇住房价格高涨的影响,城镇周边农村宅基地的需求增加,宅基地私下交易频发,交易对象既有非本集体经济组织成员、城镇居民,也有企事业单位等,给宅基地的管理又增加了一重困难。

最后是农村集体经营性建设用地改革,依据《中华人民共和国土地管理法(2004年修正)》,农村集体土地的所有者为集体,但由于中国二元建设用地市场的存在,即集体经营性建设土地只有转为国有建设用地方可入市交易,这实际上就剥夺了集体对集体经营性建设用地的处置权,特别对于集体经营性建设用地这一可产生较高收益的土地,无法做到与国有建设用地同地同权同价。由于考虑到会影响土地市场的稳定运行,农村集体经营性建设用地直接入市一直存在较多争议和阻碍。常州市武进区集体经营性建设用地入市改革虽取得了部分成绩,但总体来看依然属于较小范围的改革。即便最新的《中华人民共和国土地管理法(2019年修正)》第六十三条①已对集体经营性建设用地使用部分内容做出了修改,但对于集体经营性建设用地入市细则仍在讨论和制定之中,相关制度体系建设仍有待时日。

3. 农村生产经营的金融支持体系仍待完善

城市和农村的发展都离不开资金支持,资金的来源无外乎政府的财政金融资金和社会资本两个方面。党的十六大以后,江苏开始逐步加大

---

① 《中华人民共和国土地管理法(2019年修正)》第六十三条:"土地利用总体规划、城乡规划确定为工业、商业等经营性用途,并经依法登记的集体经营性建设用地,土地所有权人可以通过出让、出租等方式交由单位或者个人使用,并应当签订书面合同,载明土地界址、面积、动工期限、使用期限、土地用途、规划条件和双方其他权利义务。前款规定的集体经营性建设用地出让、出租等,应当经本集体经济组织成员的村民会议三分之二以上成员或者三分之二以上村民代表的同意。通过出让等方式取得的集体经营性建设用地使用权可以转让、互换、出资、赠与或者抵押,但法律、行政法规另有规定或者土地所有权人、土地使用权人签订的书面合同另有约定的除外。集体经营性建设用地的出租,集体建设用地使用权的出让及其最高年限、转让、互换、出资、赠与、抵押等,参照同类用途的国有建设用地执行。具体办法由国务院制定。"

对于农业农村的财政和金融支持力度,并且从2005年开始就开展了涉农资金的整合工作,成效显著。2018年,省财政安排农林水支出996.67亿元,同比增长12.3%。2018年,全省农林牧渔贷款余额达1 674.23亿元,比上年增长12.5%。在推动社会资本投资乡村振兴方面,江苏也是先行省份。截至2017年底,江苏的农业固定资产投资已经达到了472亿元,其中民营资本占比66%,比2016年增加18%,高出全国平均水平10个百分点;加上其他社会资本,江苏的社会资本投资占农业固定资产投入超过80%。从总量上看江苏对农业农村发展的资金投入不断增加,但这些投入用于建设农业农村基础设施、园区平台、政府项目等较多,用于生产经营的融资问题依然较为严峻。农业生产特别是现代化上规模的农业生产经营,前期投入资本数额较大,且回收周期长,风险大,本身及其需要资金支持却又难以得到商业化的融资。从2014年起,省财政出资6.4亿元设立省级农业融资风险补偿基金,用于给予农业农村信贷的风险补偿,但因其商业性质,金融机构向新型农业经营主体提供金融支持时仍然非常重视安全性和收益性,因此为保证投资效果,金融机构要按照一定的标准选择支持对象,并要求支持对象提供相应的担保或抵押。而如前文所述,农村土地产权具备一定的特殊性质,使得农业经营主体发展现代农业缺乏必要的抵押物,在实际操作中很难获得金融支持。阻碍社会资本投入乡村的主要障碍也在于此,而农村建设用地的缺乏以及无法入市流动使得投资者无处投资,投资也无法变成资产,交易、转让、再融资等十分困难。这些都让社会资本投资者不敢轻易投资。

二、城乡基础设施一体化程度有待提高

城乡基础设施的差距是阻碍城乡融合发展的重要一环,长期以来由于重城市建设,轻农村发展,致使城市基础设施显著好于农村。江苏作为城乡融合发展推进较早的省份,在21世纪初就开始逐步加大对农村生产生活领域的相关基础设施建设,如1999年起,江苏便开始进行农村草房改造工程,比国家农村危房改造工程早了近10年。2006年,全省以推进新农村建设为抓手,在农村生产和生活基础设施建设领域出台了一系列的相关文件,全面加快补齐农村基础设施短板的工作。截至2017年底,江苏行政村实现"村村通"等级公路全覆盖,通达双车道四级公路的行政村达71%,镇村公交开通率达70%以上;农村地区宽带覆盖率达95%;城乡供水一体化行政村覆盖率达88%,区域供水入户率达97%;对生活垃圾和污水进行处理的村占比分别达90%和40%;农村无公害卫生厕所普及率达92%。综合来看,江苏农村基础设施水平得到了显著增强,农村基础设施及其功能基本得到了备齐和实现,为城乡融合发展奠定了良好基础。但应该看到,由于农村地区地域广阔,人口聚集程度显著低于城市,再加上各地区受财力、人力、技术等客观因素的限制,江苏的城乡基础设施一体化程度还有待提高。如镇村公交开通情况,苏南地区已经实现了100%的开通率,但苏中和苏北一些处在黄河故道、沿海滩涂等地理条件较差的镇村,镇村公交开通并未实现全覆盖。再如农村饮用水安全工程,江苏早在2012年底就已提前完成国家核定的农村饮用水安全工程建设任务,苏南、苏中地区已基本实现城乡一体化供水。但苏北连云港、徐州市少数村居仍使用自备水井;赣榆、淮阴、泗阳、宿城、宿豫等县(区)35.06万农村居民仍由农村小水厂供水,供水保证率不高;丰县、沛县、邳州3个县(市)尚有10.22万农村居民存在饮水型氟超标,且由于农村饮用水输送管道缺乏有效维护,农村饮用水质量显著低于城区饮用水质量。此外,农村基础设施建成以后,仍需要投入一定的资金和人力对其进行维护和管理,但目前由于受地方财力所限,大多数农村地区各类基础设施管护资金仍需自筹,各类基础设施的维护和管理工作就变得举步维艰,城乡基础设施的一体化过程还有很长的路要走。

三、城乡基本公共服务和社会保障均等化水平仍有差距

党的十八大以来,江苏省深入城乡公共服务体系建设,全省城乡基本公共服务均等化虽取得了显著成绩,但同时也应该看到,城乡居民虽然在基本公共服务可得性方面实现了均等化,但在获取基本公共服务的质量上仍存在显著的不平衡。以农村居民最关心的教育和医疗这两项基础公共服务而言,由于受乡村地区的资源和水平所限,城乡居民子女教育和农村居民就医质量方面仍存在较大差异。根据资料显示[①],到2020年全省义务教育学校缺口780所左右,大班额尚有1.2万个,近三成在农村;农村教师整体水平不高,优秀教师占比偏低,农村教学点生师比达标比例仅为75.97%,低于全省近7个百分点;全省义务教育阶段疑似辍学儿童近8 000人,大部分是农村残疾儿童;农村"两类学校"(小规模学校、寄宿制学校)较为薄弱,整体办学水平偏低,义务教育"城镇挤、乡村空"现象凸显。特别是基层实践中,很多外出务工人员子女无法在异地就学,流动人口子女就学和留守儿童问题依然严峻。同时,有资料表明,虽江苏三级医疗体系基本建成,但农村基层卫生人员数量不足,按照每万人配备35名基层卫生人员的国家标准,全省农村基层卫生人员缺口近3万人;对照国家分级诊疗县域内就诊率90%左右的目标,全省县域内就诊率为85.18%,距离实现"大病不出县"还有一定差距。同时,由于农村医疗条件和医疗质量都显著低于城市,超过一半的农村居民在就医时仍会选择乡镇以上医院就诊[②]。

在医疗、养老等社会保障水平方面,城乡居民享受的待遇也仍旧存在着较大的差异。如在医疗卫生服务保障领域,城乡居民医保统筹基金支出仍以住院和门诊大病为主,各地门诊统筹基金占居民医保基金比例在20%左右,距离2020年底达到30%左右的目标尚有一定差距;城乡居民门诊政策范围内基金支付比例41.2%,个人负担相对较重。在城乡居民

---

① 江苏省省委省政府文件:《江苏省农村义务教育保障水平提升行动方案》,2019年7月。
② 吕美晔:《江苏新农村建设与农村社会事业发展情况分析》,《江苏大学学报(社会科学版)》2015年第6期,第6页。

养老保障方面，2018年普通城乡居民退休人员养老金平均调整提高5%，而企业退休人员平均调整超过5.5%，原本城乡居民养老保险和城镇职工养老保险基数就有较大差异，再加上增速差距，其结果是两者绝对水平差距将会进一步拉大。此外，许多农村老人仅享有最低标准的城乡居民基本养老保险，每人每月仅135元（2018年）。虽然农村居民生活成本相对较低，但农村地区很多老人除此之外并无其他收入来源，城乡居民的收入差距依然存在较大差距。

第四节　江苏健全城乡融合发展制度体系的主攻方向

　　城乡融合发展关键在于促进城乡要素市场的融合发展，而建立融合发展的城乡要素市场，核心就是要继续深化农村土地改革，对农村土地要素进一步赋能和放活，唯此才能解决创业者和投资者的顾虑，吸引人才、资金投向农业和农村。有了这些发展的必备要素，对乡村发展的支持政策才能发挥功效，真正实现乡村振兴。在城乡基础设施、公共服务和社会保障的均等化方面，江苏前期已经打下一定的基础，且当前我省的农业农村尚处于转型期，经济和社会形态仍可能发生较大的改革。因此，当前在农村基础设施领域应在维持现状的基础上尽快补齐短板，并加快城乡一体化监管体制的建立；同时，在很难一步实现城乡公共服务和社会保障完全均等化的情况下，要优先推进城乡教育的均等化，并努力保障农村居民医疗和养老的底线。特别需要提出的是，城乡融合发展的前提是城乡平等，但由于历史原因，我国乡村地区的发展远远落后于城镇地区，所以城乡融合发展的重点和难点工作往往落在如何补齐乡村发展的短板，促进乡村的振兴，最终实现城乡的同步协调发展。

一、建立城乡融合发展的要素市场体系

坚决破除体制机制壁垒,促进各类要素能够在城市和乡村之间自由流动和平等交换,让土地、人才、资金、技术等各类资源按照市场规律合理配置,实现各类要素能流进来、转出去,为城乡的融合繁荣打下坚实的基础。在诸多要素中,土地是牵涉面最广、影响最深远的,也是关键性要素,农村土地制度的改革需进一步深入,也需慎稳推进;人才要素是核心,要创造良好的发展环境来争取和吸引;与此同时,在当前城乡发展水平尚且存在一定差距的背景下,仍应对乡村的发展给予一定的支持和保护。

第一,深化农村土地经营权和使用权的权能改革,探索有偿退出。对农村土地的经营权和使用权进行深入的权能改革,就是要梳理清楚农村居民和土地经营者之间的权力和利益分配关系,不让农民吃亏,也保障经营得以顺利进行。完善农村承包地"三权分置"制度,在依法保护集体所有权和农户承包权的前提下,平等保护并进一步放活土地经营权。健全土地流转规范管理制度,引导土地流转双方签订规范标准的流转合同,通过农村产权交易平台进行交易,维护流转双方的合法权益。要维护经营主体从事经营所需的各项权利,积极稳妥地拓展土地经营权的权能,保障稳定的经营预期。经营者对于土地的投资有权依照合同得到合理的补偿,有权在合同到期后同等条件下优先续租土地。建立有效的土地评估机制和机构,探索土地经营权入股、抵押贷款、再流转等功能,进一步放活土地经营权。加快完成农村集体建设用地使用权确权登记颁证,探索推进农村集体经营性建设用地入市,建立城乡融合的建设用地市场。试点推进农村宅基地所有权、资格权、使用权"三权分置"的改革,盘活闲置的农房和宅基地。最后,在苏南等有条件的地区开展承包地和宅基地的有偿退出,优化土地资源配置。

第二,创造良好的乡村发展环境,吸引创业者、投资者和技术人才。目前留在农业农村的劳动力年龄结构显著偏高,知识水平显著偏低,这在一定程度上也阻碍了农业的产业升级以及农村社会的和谐发展,推进城市有知识、有技术、有志向的劳动力投入农业农村发展,是转变农业农村人力资本结构的重要手段。综合利用财政、金融、税收等激励机制,健全乡村创业投资服务平台,深化"放管服"改革,营造公平、开放、透明、法治化、便利化的乡村营商环境,稳定市场主体预期,以乡愁乡情为纽带,吸引各类高端人才返乡入乡为城乡融合发展提供资金、产业、技术等支持。加大财政资金奖补力度,强化金融支持,降低各项税费等成本,构建支持社会资本投入乡村振兴的综合政策体系。加快现代农业产业园、农民创业园、农产品电商园等创业孵化平台建设,完善产权交易平台,建设科技支撑平台,为企业家创业和高端人才就业提供支持和便利。深化行政审批制度改革,完善政务公开制度,及时发布财政支农项目政策、项目申报信息等,确保项目立项公开公平公正,为乡村投资创业者提供及时公正的公共服务。

第三,要继续完善乡村支持保护制度,补齐城乡融合发展的各项短板。完善乡村产业、生态、文化发展的支持保护机制。在乡村发展的空间规划上,要编制城乡统筹、多规合一的发展规划,以特色小镇建设为节点,因地制宜,分类推进村庄的建设和打造。在乡村产业方面应以市场需求为导向,深化农业供给侧结构性改革,走质量兴农、绿色新农、品牌兴农、融合兴农之路,不断提高农业综合效益和竞争力。围绕发展现代农业、培育新产业新业态,支持农产品加工业、乡村电商物流以及乡村文旅产业的发展,构建乡村一二三产业融合,附加值不断升高的乡村产业发展新体系。在乡村生态方面,完善农业绿色发展制度,推行农业清洁生产方式,持续改善村庄人居环境,健全耕地草原森林河流湖泊休养生息制度和轮作休耕制度。在乡村文化的保护传承和发展方面,要注意保护好各类乡村物质和非物质文化遗产,合理开发,适度利用,推动乡村优秀传统文化创造性转化、创新性发展。

二、健全普惠共享式的城乡基本公共服务体系

城乡融合发展的一项重要职责在于推动公共服务向农村延伸、社会事业向农村覆盖，健全全民覆盖、普惠共享、城乡一体的基本公共服务体系，推进城乡基本公共服务标准统一、制度并轨。具体而言就是要在城乡教育、医疗、公共服务和社会保障等领域逐步建立起"起点公平、内容一致、发展同步"的全民普惠共享的体制机制。在基本公共服务和社会保障当中，因为教育直接关系到未来和下一代人的发展，因此要优先得以保障；对于医疗服务和养老保障，则要守住底线。

首要，优先发展农村教育事业，建立城乡教育资源的均衡配置机制。优化城乡学校布局，健全教师交流制度，促进学校办学条件、办学经费和师资力量的合理配置，完善教育信息化发展机制，实现优质教育资源城乡共享均衡、各类教育协调发展，教育质量持续提高。特别是在乡村师资的优化配置上，要建立统筹规划、统一选拔的乡村教师补充机制，通过稳步提高待遇等措施增强乡村教师岗位吸引力，推行区域内部城乡教师的交流轮岗和城乡教育联合体模式。

其次，对于医疗服务和养老保障要守住底线。全面建立分级诊疗制度，加强乡村医疗卫生人才队伍的建设，加快网络化服务体系的建设，鼓励建立城市大医院与县医院之间的远程医疗机制。继续完善城乡统一的基本医疗保险、大病保险和基本养老保险制度，巩固推广医保的异地就医联网结算，构建多层次的农村养老保障体系，创新多元化照料模式。

最后，健全乡村公共文化服务体系。从设施的布局、服务提供、队伍建设等方面，全面推动公共文化资源重点向乡村倾斜。引导居民参与公共文化服务项目规划、建设、管理和监督，建立城乡居民评价与反馈机制，推动服务项目与居民需求有效对接，推动公共文化服务社会化发展，鼓励社会力量参与。支持乡村民间文化团体开展符合乡村特点的文化活动。建立文化结对帮扶机制，推动文化工作者和志愿者等投身乡村文化建设。

划定乡村建设的历史文化保护线,保护好农业遗迹、文物古迹、民族村寨、传统村落、传统建筑和灌溉工程遗产,推动非物质文化遗产活态传承。发挥风俗习惯、村规民约等优秀传统文化基因的重要作用。

三、完善城乡一体化发展的基础设施建管机制

城乡一体化的公共基础设施建设是城乡融合发展的基础,目前总体来看,乡村无论是生产类还是生活类基础设施,与城市相比仍存在明显差距。未来,城市基础设施建设的重点是优化和提升现有基础,乡村则要利用后发机遇,加快补齐短板。一方面,在乡村基础设施建设过程中,要坚持先建机制、后建工程;要实现生产发展类与民生保障类基础设施同步提升,逐步实现城乡基础设施统一规划、统一建设、统一管护。另一方面,基础设施建设的投入成本巨大,而江苏乡村人口还在变化和流动中,镇村格局还可能发生改变,从资源节约和提高效率的角度而言,基础设施的建设管护需要分类有序推进。

首先,从建设重点上来说,优先保障道路、水利、生活用水等涉及基本生产生活条件的基础设施的建设。推动城乡路网一体规划设计,畅通城乡交通运输连接,加快实现县乡村(户)道路联通、城乡道路客运一体化,完善道路安全防范措施。统筹规划城乡污染物收运处置体系,严防城市污染上山下乡,因地制宜统筹处理城乡垃圾污水,加快建立乡村生态环境保护和美丽乡村建设长效机制。

其次,从建设和投资主体来说,探索发展一体化建设和多元化投资。应根据基础设施性质进行分类,构建事权清晰、权责一致、中央支持、省级统筹、市县负责的城乡基础设施一体化建设机制,并鼓励社会参与,多元化投资。对于道路、水利等必要性强、正外部性大的,应由政府主导投资;对于乡村供水、垃圾污水处理和农贸市场等有一定经济收益的设施,政府加大投入力度,积极引入社会资本,并引导农民投入;对乡村供电、电信和物流等经营性为主的设施,应引入企业投资和市场化运作。

最后,建立城乡一体化的管护机制。将道路、水利等公益性基础设施纳入一般财政公共预算,其余收益专属性较强的设施,应明确产权归属,建立起谁拥有谁受益则谁管护的机制;同时,可引入专业第三方企业,提高基础设施管护的市场化程度。

第五节 江苏加快城乡融合发展制度体系建设的对策

应当看到,江苏省城乡融合发展制度体系建设在基层实践中取得了明显成效,但由于城乡融合发展制度体系建设是一个系统工程,很多制度体系建设已经触碰到上位政策法规限制,再加之各主管部门存在利益冲突等体制机制原因,城乡融合发展的制度体系建设已经进入社会风险和政治风险高危区,要在继续保障社会经济稳定的情况下,持续推进城乡融合发展制度体系建设,可以从以下几个方面进行。

一、加强顶层设计,统筹推进制度体系建设

如前文所述,从宏观层面来看,城乡融合发展制度体系的主攻方向和重点现已基本明确,但在基层实际改革和操作层面,对于户籍制度、土地制度、基本公共服务等相互牵连、相互交织的重点领域,在制度体系建设的整体思路、基本方向、最终目标、改革顺序等方面,仍然需要有整体和长远的设计。如户籍制度改革,其不是简单地将二元户籍管理变为一元户籍管理就此成制度体系建设,其背后还涉及原农村居民户口的承包地、宅基地和医疗、教育等各类社会保障,在这种情况下,各地方政府必须慎重考察本地经济社会发展水平,避免单一改革带来的连锁式不良反应。再如农村宅基地"三权分置"改革,其基本目标有三个:一是要保障农民的居住权,让本村集体成员居有定所;二是要提高存量宅基地的利用效率,防止农村宅基地盲目、无节制地扩张和浪费;三是在上述两个目标实现的前提下,才能搞活宅基地使用权,盘活农村宅基地资源,促进乡村振兴,增加农民的收益以及分享宅基地增值带来的收益。这三个目标是层层递进的,特别是第三个目标必须是在保障前两个目标实现的前提下才可以追求的。若将第三个目标放在首位,那么必然本末倒置,会带来较大的社会风险。因此,只有做好顶层设计,不断优化改进改革方案,统筹推进城乡融合制度体系建设,才能确保经济社会稳定,有效防范各类风险,少走弯路,达到事半功倍的效果。

二、加大多部门有效联动,提高制度体系建设的成功率

城乡融合制度体系建设已经步入深水区,许多问题涉及多个部门、多种配套政策,破解难度日益加大。从江苏部分地区制度体系建设情况来看,由于目前各部门在制度体系建设时,更多地考虑部门利益,因此,在实际改革中多部门有效联动不够,使得制度体系建设的成功率大大下降。以农村集体产权股份合作制改革为例,集体经济组织改制成股份合作制组织后,股份合作制组织既不同于原集体经济组织,也不同于一般意义上的法人企业,故需要有一套特殊的登记、税收等政策。但由于相关配套政策仍缺少相应的改革,如税务部门对于改制后的集体股份合作制经济组织的门面出租以及合作社的经营,在税收上仍按照企业税率收缴,导致集体经济组织改制后,税务成本激增,严重影响了基层集体经济组织的改革动力,改革进程严重受阻。由此不难看出,城乡融合发展面临的一些重点问题仅仅依赖于单一部门改革往往是难以完成的。因此,只有破除各部门的利益壁垒以及体制机制障碍,加大多部门的有效联动,才能提高城乡融合制度体系建设的成功率。

三、加快建立改革容错机制,增强制度体系建设动力

构建城乡融合发展的制度体系,实质就是打破原有不符合城乡经济社会融合发展的旧有体系体制。新制度体系的建设过程必然要触碰一些上位法律法规以及相关政策的红线和约束。纵观江苏经济社会发展的每

一次大的进步,都大致经历了"试点突破—总结经验—制度创新—全面推广—再次完善"五个阶段。因此,既要保障经济社会稳定,又要保持改革创新地持续推进,这就要求在加强顶层设计的同时,又要尊重基层改革创新的首创精神,建立改革创新的容错机制。具体而言,就是要建立起广泛的社会参与机制,尊重改革相关利益主体的知情权、表达权和参与权,通过广泛宣传唤起基层参与意愿。同时,对于一些改革试验的重点内容和区域,要在更高层面通过一定的程序赋予改革试验区干部群众更大的"先行先试"权利,明确试错条件、免责措施、风险防控、考核评价等界限,在确保改革稳步运行、风险可控的基础上,给予试验区干部群众一定的试错权。加快建立改革的容错机制,就是要从制度层面让基层干部群众解放思想,放下包袱,只有激发广大基层干部群众愿干事、敢干事、干成事的热情,才能为制度体系建设提供不竭的动力。

四、加大制度体系建设的要素支持,助推制度体系建设进程

城乡融合制度体系建设作为一项系统工程,离不开必要的人才、资金、技术和政策等要素支持,加大要素支持有利于推进制度体系建设的进程。以农村土地承包经营权的确权颁证这一改革而言,在改革试验前期,由于航拍技术没有引入,承包地确权主要靠基层人员实测,每亩承包地确权的基本成本在40元/亩至上百元不等,虽中央和省市有部分补贴,但基层经费仍存在短缺,再加之基层人员不足,部分地区承包地块细碎,地形比较复杂,致使该项工作前期推进相对较缓。再如江苏城乡融合发展较好的苏州市,其承担了多项国家级综合改革试验内容,但根据调研情况来看,其改革成本主要由苏州市地方财政承担。虽然苏州市地方财政较好,政府行政效率高,但由于部分改革,如城乡居民医保均等化、农村土地承包权有偿退出、政府购买农业公益性服务等改革涉及较多资金以及相关政策支持,其城乡融合发展制度体系建设仍然面临要素支持不足的难题。因此,上级政府在完善城乡融合发展制度体系建设顶层设计的同时,必须要充分考察该项制度体系建设所需的各类要素支持,要加大对基层政府制度体系建设所需要素的支持,特别是在政策支持方面,要尽快启动相关法律法规的修订,对暂时不能进行修订或法律空白的问题,要争取给予基层改革一定的政策支持。对于基层地方政府而言,在立足本地现有要素的基础上,要积极寻求外部资源的支持,如对于一些理论争议较大的领域,要主动寻求专家学者的智力支持。对于一些可以吸引社会资本和组织参与的领域,要拓宽参与制度体系建设的渠道,鼓励他们积极参与,共同推进城乡融合制度体系的建设进程。

参考文献

[1] 马克思,恩格斯.马克思恩格斯选集:第四卷[M].北京:人民出版社,1958:371.

[2] 马克思,恩格斯.马克思恩格斯选集:第四卷[M].北京:人民出版社,1995:204.

[3] 景普秋,张复明.城乡一体化研究的进展与动态[J].城市规划,2003,27(6):30-35.

[4] 康永超.城乡融合视野下的城乡一体化[J].理论探索,2012(1):107-110.

[5] 李红玉.城乡融合型城镇化——中国新型城镇战略模式研究[J].学习与探索,2013(9):98-102.

[6] 陈世伟,陈金圣.城乡融合中的农民市民化:困境与出路[J].北京工业大学学报(社会科学版),2008(4):10-14.

[7] 江苏省人民政府官网.2018年全省基本公共服务建设百姓满意度大幅提高[EB/OL].[2019-09-09].http://www.jiangsu.gov.cn/

art/2019/9/9/art_34153_8707697.html.

[8] 全国人大常委会.中华人民共和国土地管理法(2019年修正)[S].2019年8月26日发布,2020年1月1日实施。

[9] 吕美晔.江苏新农村建设与农村社会事业发展情况分析[J].江苏大学学报(社会科学版),2015(6).

[10] 徐志明,高珊,吕美晔.深化国家级农村综合改革试验[J].群众,2019(4).

第十章 乡村振兴典型案例分析与比较

实施乡村振兴战略为"三农"工作指明了方向,为未来农业农村发展描绘出蓝图。乡村振兴是一项长期的工程,江苏各地乡村类型多样,推进乡村振兴战略必须因地制宜,充分考虑区位条件、资源禀赋、产业形态、发展基础等诸多支撑要素,分门别类推进,这就需要提升对乡村振兴的思想认识,对各地模式的适用性进行探讨总结,以期指导实践。路径模式是关于建设的基本思路、重点选择、主要路径以及主要做法等问题的概括。对乡村振兴模式的总结,是对现有理论的有益补充,既是解决"三农问题"、缩小城乡差距、打破二元结构的现实需要,也是促进农业、农村、农民全面发展的重要探索,是落实科学发展观、构建和谐社会的具体举措,是全面实现小康社会,推进实现工业化、城镇化、农业现代化进程,实现中华民族伟大复兴的有益探索。本部分选取以乡村工业带动的永联村、以文旅融合营建的东罗村、以文化助推的马庄村、以一产驱动的丁庄村、以集中居住牵引的高党村等典型,概述他们的发展历程,分析其成功实践经验,探索实现乡村振兴的关键路径。

第一节　模式相关理论与实践

乡村振兴模式是乡村振兴的途径、方法,即回答以什么样的方式发展农业经济,改善农村风貌,增加农民收入,促进农村社会进步。但是乡村振兴模式,不是一成不变的,因时因地而异。

一、模式研究的必要性

"模式"按照现代汉语词典的解释,是指某种事物的标准形式或使人可以照着做的标准样式。指抽象出来的逻辑工具或认识工具,是对获取的历史经验的内在逻辑联系进行的高度概括,是帮助人们对历史因果链上的各种事件,及其意义和关系进行理解的工具。在 Core J2EE Patterns 中,模式是用来描述所交流的问题及解决方案。模式表示了事物之间隐藏的规律关系,强调的是形式上规律,而非实质上的规律。简单地说,就是从不断重复出现的事件中发现和抽象出的规律,是解决问题的经验的总结。模式可以成功进行复制,提高过程效率,节约过程成本。费孝通认为:"各地农民居住的地域不同,条件有别,所开辟的生财之道必定多种多样,因而形成了农村经济发展的不同模式。"费孝通在对苏南农村和温州农村的经验考察基础上提出了"模式"这一概念,并总结出"苏南模式""温州模式""珠江模式"等农村发展模式。其总结模式所依据的基本构成要素主要有:地域、历史、文化传统、发展路径和本地特色。其经验的总结,更加侧重于经济结构的变化与发展,是综合了历史文化、资源禀赋、发展思路等多种因素发展的结果。

1. 乡村建设的长期性决定了需要一定的发展经验和建设模式指导

国家乡村振兴战略规划(2018—2022)对乡村振兴的目标作了具体规划,到 2020 年,乡村振兴的制度框架和政策体系基本形成,各地区各部门乡村振兴的思路举措得以确立,全面建成小康社会的目标如期实现。到2022年,乡村振兴的制度框架和政策体系初步健全。到2035年,乡村振兴取得决定性进展,农业农村现代化基本实现。到2050年,乡村全面振兴,农业强、农村美、农民富全面实现。足以证明乡村振兴工作的艰巨性和复杂性,这些任务的长期性决定了乡村振兴需要几十年的艰苦奋斗。

2. 地域广阔的特点决定了乡村振兴所呈现的多样性需要科学的模式进行指导

我国国家地域广阔、人口众多,各地的经济基础、交通状况、资源禀赋、人文环境、农民素质等都存在巨大的差别,这些因素决定了乡村振兴不可能同步,也不应该采取一刀切的政策,更不能用统一的标准去衡量乡村振兴的成效。因此,政府既要提出总体要求,统一谋划、统一指导,又要从实际出发,尊重各地探索和选择符合自身特点的发展模式,这就需要对乡村建设的模式进行研究,在总结模式普适性的基础上进行科学借鉴。

3. 对乡村建设思想认识的不足决定了需要对乡村振兴模式进行研究

乡村振兴离不开村庄整治、旧房改造。有些地方为了快速出政绩,很容易把乡村建设等同于新村建设,不顾农民意愿大拆大建,赶农民上楼,搞形象工程,其结果必然会背离乡村建设的初衷。这种认识和做法既不符合中央的精神,又不符合农民的意愿,造成了人力、物力资源的浪费和推进乡村振兴时机的延误。因此,我们要透过现象分析各地发展模式的本质,不是比葫芦画瓢的照搬照抄的表面做法,而是要在中央和上级党组织与政府的正确领导下,有计划、有步骤、有重点、有实效地进行模式借鉴。

二、乡村发展模式相关研究梳理

乡村振兴是新农村建设的升级版,自我国开展新农村建设以来,有关于模式的研究日益受到学术界的重大关注,为乡村建设提供了重要的理论支撑。通过对相关研究成果的梳理,大致可以分为以下几类。

1. 以地域为标准的乡村建设模式

这种模式研究多是在新农村建设模式研究的初期开展,直接取自地方政府材料的成功案例。以温立新的研究为代表,在其《国内外新农村建设现状的分析》一文中,总结出六种新农村建设模式,分别为浙江模式、赣州模式、遵义模式、湛江模式、云浮模式、德庆模式等。

2. 以产业划分新农村建设模式

胡玮认为共有 11 个关键因素决定着我国社会主义新农村的发展模式,以能人、人才、土地、劳力和资金等为主。通过对典型案例的分析研究,总结了七种比较典型的发展模式,即:工业企业带动模式、商业贸易带动模式、特色农业模式、旅游休闲产业带动模式、劳务输出带动模式、小城镇建设带动模式和生态农业模式。张利库《可资借鉴的八种新农村发展模式》中总结出八种社会主义新农村建设模式:工业企业带动型、特色产业带动型、畜牧养殖带动型、休闲产业带动型、商贸流通带动型、旅游产业带动型、合作组织带动型、劳务经济带动型。孙君、王佛全在《典型案例——社会主义新农村建设模式参考》一书中,通过一批建设社会主义新农村基础较好的村庄作为示范村,详尽介绍他们的建设概况、规划和实施方案,涉及国内外典型的案例,还分析了创建生态文明新村的对策。曲福田(2010 年)以生产现状和资源禀赋差异将江苏省的农村建设模式划分为生态农业带动型、工业带动型、城乡统筹带动型、自主创业带动型、新型经营主体带动型五种建设模式。

3. 基于主体力量差异的乡村振兴模式

根据乡村振兴过程中政府、村庄与社会的作用差异,划分为政府主导模式、社会推动模式、内生力量模式、能人带动模式。政府主导型乡村振兴指国家或地方政府通过政策引导、规划先行、示范推进的形式推动乡村建设。社会推动型指社会精英、企业、NGO 和其他社会组织以外部力量形式,以不同的方式,从不同的切入点、不同的层面深入到乡村建设,促进农村文化复兴、社区精神营造和产业经济发展。内生力量型指村民根据自身生活以及经济发展需要自发建设,也可能通过成立集体组织,集聚村庄内部人财地等资源,制定乡村行为规范,形成社会共同体,是一种利用自身优势促进乡村自主发展的建设模式。能人带动型是指发挥"能人"的带头作用,鼓励有能力的大户投入乡村建设,通过民营企业家的示范带头作用,带活农村经济,促进一方发展。

4. 基于城乡统筹视角带动的乡村发展模式

从城乡统筹发展的视角可将新农村建设模式划分为以城带乡型、以乡入城型、城乡互融型、以镇带乡型四种模式。

以城带乡型,通过城市、乡镇整体空间布局的优化调整,使城乡基础设施共享,达到城乡自然聚集的分布形式,从而带动乡村经济的发展。以乡入城型,主要指对"市中村""城中村"的改造和建设。城乡互融型,在一些引起劳动密集型企业、服务业和其他非农产业发展迅速的地区,工业、房屋租赁、耕地等形式还都存在,形成一种城乡自然融合促进农村发展的模式。以镇带乡型,就是按统筹城乡发展的要求,引导农民向城镇集聚,加速资本和产业转移,促进农民就业和空间转移,加快建设城镇型农村,形成新型的城镇体系和城乡产业结构。

第二节 乡村振兴典型案例剖析

为更好地探索新时期乡村振兴的新途径,推动乡村全面振兴和经济社会高质量发展,本部分围绕乡村振兴的五大工程,以产业发展为视角,分别列举江苏省各具发展特色、发展路径与模式不一的乡村典型进行解剖,总结其做法和经验。

之所以从产业视角出发,主要基于如下考虑:农村地区经济发展必须

第十章　乡村振兴典型案例分析与比较

有产业作支撑,培植产业发展优势是乡村振兴的经济基础。只有大力培植,发展能带动地方资源开发、促进地方经济发展的富民优势产业,才能带动农民增收,建设环境优美、设施完善的农村,逐步实现产业兴旺、乡风文明、村容整洁、治理有效、生活富裕的乡村振兴建设目标。新时期培植新优势产业的范畴随着科技及经济社会的发展会不断扩大,尤其是在发展特色农业产业、农村加工业、乡村休闲旅游业、文化产业等方面,都是培育的着力点和增长点。

一、案例1　丁庄村——特色产业驱动

特色产业驱动模式是指一个乡或村,依据所在地区独特的优势,围绕一个特色产品或产业链,实行专业化生产经营,以一村一业发展壮大来带动乡村综合发展的一种乡村建设模式。

1. 基本情况

丁庄村位于革命老区、国家5A级风景区、道教圣地——句容市茅山镇,以葡萄种植为特色产业,是全省闻名的葡萄专业村。丁庄交通便捷,东距扬溧高速出口3公里,北距沪宁高速6公里,句茅景观大道穿越行政村。丁庄历史文化悠久,村地域总面积11.18平方公里,辖24个自然村,居民1 389户,人口3 524人,耕地面积11 584亩,水域面积915亩,村集体资产82万元。全村的通电、通水、路道硬化、绿化、亮化率达100%,网络电信实现全覆盖,建有1家行政村公共服务中心、1家卫生院、18处垃圾中转站、4处公厕、4处文化活动场地、2家银行储蓄所、12个小商店及农资服务站、13个活动室,配有校车,每个自然村各有一个停车点。

丁庄葡萄起源于1989年全国劳模方继生先生试种的2亩巨峰葡萄,经过二十多年的持续发展,如今丁庄村及周边葡萄共种植20 000亩,有夏黑、美人指、金手指、白罗莎、阳光玫瑰等早中晚熟40多个品种,产业融合发展迅速。近年来,丁庄村更加重视产业的转型升级,通过打造葡萄特色文化、举办葡萄节等活动,大力发展观光、休闲、旅游、采摘,葡萄产业经济

快速发展。丁庄葡萄先后通过无公害、绿色认证,荣获江苏省著名商标、国家地理标志产品,年产量达2.7万吨,实现销售额2.7亿元。丁庄先后被评为全国"一村一品"示范村、江苏省级生态示范村、江苏省科普示范村、省电子商务示范村。

2. 主要做法与成效

(1) 创建葡萄小镇,完善产业基础。

完善生产设施。葡萄小镇是句容市丁庄葡萄现代农业产业园核心区,总规划面积1万亩,目前累计投资2亿元,已建成包含丁庄葡萄社员服务中心、葡萄文化主题馆、葡萄交易展示中心、电商交易中心、仓储冷藏中心、葡萄检测中心、葡萄分解中心、游客接待中心、农民培训中心和南京农业大学丁庄葡萄研究所等功能的综合服务平台。围绕标准化生产,和南方葡萄首席专家陶建明教授合作,建成南京农业大学丁庄葡萄研究所和30亩标准化生产基地。围绕新技术推广,引进了枝条粉碎机、开沟施肥一体机等机械,实现葡萄生产机械化;与电信公司合作,引入物联网技术,实现了对葡萄田水、温、光的精准管控和智能监控、智能灌溉、农产品生产全记录等。先后建成9个标准化葡萄园,积极引导农户提高葡萄生产标准。

完善旅游配套设施。规划面积4平方公里,对区域内建筑外墙进行出新彩绘,完成道路两侧绿化、亮化、美化工程。建成葡松林乐园、农耕文化体验区和爱情主题园、南京农业大学葡萄试验区等旅游配套景点。按照"三路两巷一湖"总体规划,完成丁庄葡萄小镇核心区的污水管网、天然气管道、强弱电杆线下地节点景观和村史馆等工程建设。

(2) 整合资源优势,做大做强产业。

强化政策支撑。先后出台《关于优化调整桑葚产业结构的实施意见》《关于鼓励和扶持现代农业与乡村旅游发展的实施意见》《茅山镇国家农业公园与葡萄特色小镇建设的实施意见》《关于全面启动乡村振兴战略,推进农业农村现代化的实施意见》等文件,有力推动了产业结构优化,促进了现代农业转型发展。

保持品牌优势。实行"五统一"管理模式,指导服务园区的葡萄生产,实现千家万户"小生产"与千变万化"大市场"的无缝对接。统一种植标准,确保葡萄品质,实现葡萄价格提升,2017年"阳光玫瑰"价格卖到30元一斤;统一生产资料,降低生产成本,葡萄用药价格相对市场降低20%,有机肥料采购价格比原先优惠30%~50%;统一品牌包装,进一步提高产品的附加值;统一市场销售,发展电子商务,帮助合作社更多的中小种植户葡萄销售盈利;统一技术指导,不断提高葡萄种植水平和品种的更新换代。

发挥人才优势。构建了三级人才培养机制:与日本农协会合作,签订"葡二代"培养机制,吸引一大批年轻人返乡创业,从事葡萄产业;与南京农业大学、镇江农科院合作,通过理论教学、现场教学、试验区跟班作业等多种形式,培养一批葡萄种植专家;成立"营农指导员"队伍,提供葡萄种植技术的同时,还提供市场服务、管理服务、困难帮助等,让每一个葡萄种植户都不掉队,让每一亩葡萄都能卖出好价钱。

壮大规模优势。提高农业适度规模水平,壮大新型经营主体队伍。目前,全村共有各类农民专业合作社27家,家庭农场102家,家庭农场经营规模突破1万亩,老方葡萄合作社、丁庄葡萄合作社先后荣获"全国五好合作社"称号,二丫专业合作社获得"江苏省五好示范合作社"称号,友华家庭农场和满日家庭农场获得"镇江市示范家庭农场"称号。

(3) 推动融合发展,提升产业价值链。

注重发挥资本效能。在发展葡萄产业的基础上,注重引进农产品加工企业。该村先后引进了东方紫酒业、茅宝葛园、义利康酵素、葡萄田园综合体等农旅融合项目,有效提高葡萄等农产品的附加值。围绕提高农产品附加值和乡村旅游,引导丁庄葡萄种植大户依托葡萄产业发展一户一品项目,先后通过自主加工、代加工等模式,形成葡萄籽油、葡萄饼干、葡萄面条等十大产品,深受游客的欢迎。

精心培育全域旅游品牌。深度挖掘山水农林风光和历史人文资源,不断完善基础设施建设,构建全域旅游大格局。大力推动十大庄园、十大家庭农场、十大旅游产品和十大节庆活动"四个十"工程建设,有效地促进全镇旅游产业发展升级,葡萄小镇形象更加美观具体。连续举办了九届葡萄节和首届音乐节等节庆活动,中央电视台、江苏电视台、新华网、新华日报、FM89.7、微信微博平台等多种媒体对节庆活动进行了宣传报道,大大提高了茅山镇的知名度和美誉度。坚持"走出去"战略,加强旅游品牌营销,积极参加全国全域旅游春季发布会和南京旅游推介会,有效提升全域旅游品牌知名度和影响力。

(4)创新销售渠道,增加农民收益。

多渠道促进葡萄营销。多次赴上海、南京、无锡等地考察合作,加强丁庄葡萄在经济发达城市的营销推广力度。目前,已经与南京苏果超市、苏宁易购、上海华润集团、无锡金科地产、京东生鲜等企业达成了合作协议,完善了联社销售体系。同时重点通过供货销售、专柜销售、试吃推介、品牌宣传等方式,推动丁庄葡萄进军高档销售市场。2018年园区葡萄提前半个月基本销售完毕,农户亩均收益超过2万元。

用好新媒体助力销售。合作联社大力推广"互联网+农业",建立"手机、淘宝、微信、网站"四位一体电子销售平台,注册了"丁庄葡萄"区域公共品牌,将"丁庄葡萄"作为母品牌,原有每家的品牌作为子品牌,统筹体现在包装盒上。根据统一的品质标准,进行装箱销售。联合顺丰公司解决了鲜食水果运输难的问题,葡萄最远可以销售到新疆。2018年电子商务突破100万斤。

3. 简评

对绝大多数农村来说,政策、资金、人才、资源、区位优势缺乏,农业是唯一的支柱产业,因此,这一模式与途径,也是绝大多数乡村推进乡村振兴的绝佳参考。丁庄村葡萄产业的发展成功的一个重要因素:坚持规划引领,逐步提升发展质量。全村早在2015年就制定了"一核两轴三区"的农业产业发展总体布局,将园区打造成集采摘、观光、游乐、运动、养生、度假等多功能于一体的农业旅游休闲特色小镇。并在此后的发展过程中,成立了万亩葡萄合作联社,加强与日本农协和镇江农科院合作,成立示范基地,推广葡萄最先进的品种和最标准化种植模式;成立葡萄试验区,推广了物联网技术、温室智能大棚栽培、机械化推广等作业方式,提高产品质量,保证葡萄品种始终领先于国内同行水平。

二、案例2 永联村——乡村工业拉动

乡村工业拉动模式是以当地基础条件为出发点,以发展工业企业为契机,通过工业企业的发展壮大带动农村政治、经济、设施、教育、文化、卫生等事业的综合发展,同时,乡村在土地、劳动力等资源整合的基础上又进一步促进工业企业的发展,使工业企业与乡村融为一体、和谐发展的一种新农村发展模式。

1. 基本情况

永联村位于江苏省张家港市南丰镇,村域面积12平方公里,拥有村民11 761人。村域内河网密布,小桥流水相映,亭台楼榭独自成趣,景色秀美宜人,是国家级生态村,农民集中居住区——永联小镇,是国家"4A"级景区、江苏省五星级乡村旅游示范区,连续五届被评为"全国文明村",还是全国民主法治示范村,村党委两次被中组部树为"先进基层党组织"。2017年,全村实现销售收入403亿元,利税78亿元,村级可用财力1.56亿元,在全国60万个行政村中,经济总量前三,上缴税款前二,村里家家有住房、人人有工作、个个有福利,2017年村民年人均纯收入43 688元。

2. 主要做法与成效

(1)以"工业兴村",带动农业现代化。改革开放以来,永联村党支部一班人坚持"农是一碗饭,副是一桌菜,工业致富来得快"的理念,陆续创办花砖厂、玉石厂、枕套厂,带领全村走上"以工兴村"的道路。随后抓住机遇,与供销社合资创办了沙洲县永联轧钢厂,走专业化、规模化的工业发展道路,成为"华夏第一钢村"。2008年以来,加快走多元化道路,形成了钢铁、重工、物流、建设、金融投资、旅游餐饮6个产业板块。伴随工业化的进程,整合利用闲散宅基地,集中归并土地,按照城镇化、现代化标准建起了可供2万人居住的农民集中居住区——永联小镇。与此同时,大力发展生态、高效、设施、休闲农业,在村民自愿的基础上,按每亩每年1300元的标准,将村民手中8000亩耕地的承包经营权统一流转到村集体,由村经济合作社因地制宜、统一规模,先后建成了占地4000亩的苗木基地、3000亩的粮食基地、400亩的花卉果蔬基地、100亩的特种水产基地、500亩的江南农耕文化园,构成了现代农业产业体系。

(2) 打造花园工厂,建设田园小镇。在建设发展过程中,永联村积极响应各级党委、政府"绿色发展、循环发展、低碳发展"的号召,提出了"建设花园式工厂,争当冶金行业节能环保标杆"的发展目标,几年来累计投入45亿元,积极淘汰落后,新建节能环保项目,从粗放型发展向集约型发展迈进。先后关停了2条半连轧生产线,以及能耗较高的风机、水泵等设备,吨钢综合能耗逐年降低。永联小镇导入江南水乡的建筑文化,把粉墙黛瓦、小桥流水等江南建筑元素,艺术地表现在现代建筑中,努力打造百年之后永联的"周庄"。全村12平方公里的村域内,绿化覆盖率达42%,并导入了雕塑、道旗、宣传长廊等公共文化艺术,有效提升了村庄形象。

(3) 加强精神文明建设,提升村民素质。永联村倡导勤劳致富、共建共享,加快培育有实干精神、懂生产技术、讲团结奉献的新型农民。创业之初,结合村庄地势低洼的实际,将"挖塘养鱼"作为致富的突破口,通过补贴等政策激发村民热情,克服"无米之炊、不予批复"等困难创办轧钢厂,带领永联村一跃成为全县十大富裕村之一。倡导由苦身子向苦脑子转变,由富口袋向富脑袋转变,大力培育有文化、能就业、讲文明的市民。在加强基础教育、开展技能培训的同时,大力引入城市先进文化成果,建设了联峰广场、文化活动中心、永联戏楼等场所,水幕电影、音乐喷泉等设施,在村民中组建了舞蹈队、锣鼓队、折扇队、合唱队等团体。把村民的文明行为与经济利益挂钩,设立"文明家庭奖",把社会公德、家庭美德、计划生育、交通法规等要求,制定成百分制考核条款,实施年度考核,年底按每年每人1 000元标准,把扣分情况作为"文明家庭奖"的折扣率,使永联村民不管走到哪里,都能成为最好管、最自觉、最文明的人。

(4) 多元共治,各司其职。目前全村12平方公里村域范围内,形成了永联景区管理领导小组、永合社区、永联村经济合作社、永钢集团、社会组织等五个乡村治理主体。这五个治理主体,相互联系,又各自独立。永联景区管理领导小组,隶属于南丰镇政府,负责统筹协调南丰镇在永联村派驻的公安、交通、消防、司法、城管、卫监和工商等行政机构和人员,担负永联村区域内公共事务管理和服务职能;永合社区,以永联小镇的居民为主体设立,是一个社区自治组织,同时承担计划生育、民事调解、征兵服役等职能,同样隶属于南丰镇政府;永联村经济合作社,是永联村村民以集体土地、集体资产、集体资本为纽带的经济联合体,主要职能是确保集体土地、集体资产、集体资本的保值增值,实现所属成员利益的最大化;永钢集团,是永联村区域内的民营企业,股份制企业,采用现代企业管理制度,独立经营,自负盈亏;社会组织,主要有张家港惠邻社会工作服务中心、张家港市永联惠民服务中心、永联志愿者联合会,永联为民基金会,永联社会文明建设联合会等,是政府公共服务供给体系和基层民主治理体系的有益补充。

(5) 共建共享,共同富裕。永联村先后设定"奖农补副""并队扩村""集体持股""按户分配""充分就业"等制度,全体村民共享企业发展成果、土地流转成果、集体福利成果。在村办企业改制的过程中,在"彻底转、转彻底",还要"回头看"的大背景下,永联村在以土地为纽带的基础上,又创造性地建立了以资本为纽带的农村集体组织形式,给全体村民保留了企业25%的股权,村民可以通过二次分配每年获得人均7 000元的收益。1995年起,先后5次"并队扩村",并坚持"进了永联门,就是永联人,凡是永联人,待遇人人都平等"的原则,带动周边村民共同致富。与此,村里通过村企业、鼓励创业、成立劳务派遣公司、发展乡村旅游等多样化的手段,促进村民就业,全村除了重病和重度伤残村民之外,没有赋闲在家的村民。

3. 简要评述

工业引领乡村振兴,需要有发展工业企业的基本要素,如土地、资源、信息、技术、资金和能力强威望高的村庄领导人。推广和发展该模式,首先不能忽视农业的发展,农业是工业发展的基础,可以为工业发展积累资金,通过工业的发展壮大带动一、二、三产业的发展;其次要注意环境保护和可持续发展,一些村庄片面强调工业发展,造成了严重的环境污染,教训是深刻的;再次,要不断加强精神文明建设,协调推进经济社会各项建设事业,既要生产发展,也要乡风文明、民主和谐。

三、案例3 东罗村——文旅融合营建

文旅融合营建模式是指以农村地区为特色,以农民为经营主体,以旅游资源为依托,以旅游活动为内容,通过农村旅游促进乡村建设的一种模式。

1. 基本情况

缸顾乡东罗村位于兴化市西北部,平望湖边,邻近兴化市千垛菜花景区和水上森林公园景区,水陆交通便利,生态资源禀赋优渥,区位优势明显。东罗村共有10个村民小组,413农户,总人口1 516人,总劳动力771个,外出务工劳力569人,约占总劳力的73%。全村土地总面积3 602亩,其中耕地1 330亩,水面1 372亩,林果面积900亩。2017年东罗村人均

纯收入20 330元,外出务工收入为农户家庭主要收入来源。2017年东罗村集体经济收入(含西罗)合计246.78万元,其中:集体养殖水面发包收入40.15万元,各级财政补助198.78万元,其他收入7.85万元,村集体没有经营性收入。

东罗村是兴化市多年打造的老典型。该村2007年成为新农村建设试点村,2011年确定为省级康居示范村,2014年前后入选江苏省美丽乡村建设试点村,2017年又成为全省首批45个特色田园乡村建设试点之一。村庄环境建设基础相对较好。村庄整体南旧北新,紧邻平望湖的南部为旧庄台,以不规整老旧房屋为主。北部为近十年来规划建设的新住宅区,均为二层楼别墅,美观整齐。特色田园乡村规划建设的主战场,正是位于该村南部的旧庄台。

东罗村为纯农区,村里除几户个体商户外,没有其他工商业。农业生产项目主要包括:水稻种植370亩,果园915亩,桑园70亩,水产养殖面积700亩。

东罗村的千亩果园是其现代观光农业的主要亮点之一。借"千垛菜花"景点的显赫名声,东罗村的千亩果园取名"千垛果园"。本村村民罗保全是千垛果园的打造者。罗保全于2004年起承包水面养殖鱼蟹,后又从事农村道路建筑工程承包,2010年罗保全流转本村农户承包地600亩投资建果园。几年来,果园经营面积和栽培品种不断扩大,目前共有葡萄725亩,水蜜桃120亩,梨50亩,大棚草莓20亩。除水蜜桃外,其余水果采取吸引游客来果园采摘的方式营销,就目前栽培品种,全年采摘期可长达7个月,果园长期聘用本地约60个劳动力进行日常管理,2017年果园经营毛收入900多万元、净收入200多万元。

2017年10月启动的"千垛田园综合体"项目建设,也对东罗村的发展产生重大影响。该项目包括东罗、西罗、东旺南、东旺北、西旺5个自然村,计划总投资7亿元,主要用于为"千垛菜花"景点配套的停车场、廊桥、天桥等项目建设。

　　根据兴化市发展规划，东罗村所在的缸顾乡等兴化西北部7个乡镇为湿地保护区，面积约560平方公里。保护区内不允许兴办工业，重点发展观光旅游业。根据兴化市最新的区划调整，缸顾、李中、西郊三个乡镇将合并为"千垛镇"，不仅为了借用"千垛菜花"景点更进一步远扬美名，更是为了整合三个乡镇的自然景观和行政资源，包括即将实施的平望湖综合整治，退渔还湖，生态开发，打造更大更美更强的乡村旅游区块。

　　2. 主要做法与成效

　　(1) 规划先行，加速项目落地。东罗村特色田园乡村试点建设于2017年7月启动，整个建设工程规划项目分为"前期工作""基础设施""公共设施""环境提升""产业工程"五大类、35项。截至2018年7月底统计，列入项目清单的35个项目中，已完成22个，累计完成投资7 834万元，占计划投资总额的87.88%[①]。完成的具体建设项目包括：①"前期工作"：前期项目规划设计、落地项目建筑设计、咨询类和测绘及工程监理等；②"基础设施"建设工程：桥梁建设、强弱电入地工程、燃气管道铺设、污水处理设施建设及管网铺设；③"公共设施"建设工程：村史馆、村民食堂、大礼堂改造、养老服务中心、游客中心、停车场、滨水民宿、经济民宿组团、公厕建设等；④"环境提升"工程：村庄房屋外立面及屋面改造、村庄入口处广场及景观大道打造、景观河道两侧环境提升、中心广场及周边环境提升、小岛景观打造等；⑤"产业发展"工程：农业招商平台搭建、高效设施农业建设、生态稻田示范区建设、千垛果园改造提升、生态养殖区建设、农业互联中心、老街文化区改造及内部装修等。

　　(2) 坚持针灸式改造，美化乡村环境。万科在东罗村试点建设中，采取微整形、针灸式改造方式，对老庄台长期闲置房屋进行收储改造，对破

---

　　① 2018年7月30日兴化市田园办汇报材料。

败空关危房收储拆除后搭建村民食堂、农民服务中心、村史展览馆等公共文化服务类建筑，新建建筑充分吸收了当地民居的建筑元素和风格，与村庄整体建筑融为一体，营建手法和效果得到社会各界的广泛认同。年久失修、早已废弃不用的大礼堂，经万科团队修旧如旧原则下的修复，如今已成为东罗村举办村民大讲堂、地方文化表演和村民集会场所，成为丰富群众文化、倡导乡风文明、传播方针政策的宣传窗口与阵地。

（3）突出农业品牌创建，提升村庄知名度。兴化是农业大县、粮食生产大县、连续十二年的"全国粮食生产标兵县"，但"兴化大米"缺少宣传推介，缺少营销手段，缺少知名品牌。万科认识到，乡村振兴，产业兴旺是重点。因此，万科将兴化大米作为农业品牌创建和市场营销首选品种。一方面，万科与当地粮食公司合作，选用获得全国金奖大米品种"南粳9108"，建立标准化示范生产基地，实行品种、育秧、栽插、施肥、植保、收储、加工、包装八个统一，产前、产中、产后全程规范化管理，确保大米品质。另一方面，万科邀请台湾知名农业推广团队合作，推出"八十八仓"特色农产品创意品牌。"八十八仓"取自"米仓"的汉字拆解，形象而寓意深刻。2017年底，万科便推出该品牌两个系列产品："兴化大米"和"大麦若叶青汁"礼品包装，并借助于万科商住业主客户资源优势，实行订单销售，大幅度地提高产品附加值。2018年，万科营建团队与东罗粮食种植大户开展合作，按有机栽培方式试种了170亩五彩（黑紫黄绿红）稻米，根据合作协议，万科除按每亩1500元的价格收购稻谷外，稻种、有机肥、农药、育秧、机械作业等也均由万科提供和负担，农户仅需承担水稻的日常田间管理。

（4）注重民宿投资特色，增强吸引力。从目前来看，特色民宿经营，将是万科参与东罗特色田园乡村建设投资回报的主要渠道。特色民宿建筑群建于东罗村临湖的一座面积15亩的小岛上，由石拱桥与村落聚居区相连，房屋设计上既注重敞亮、舒适，又融合了当地乡土建筑的特色元素，坡面青瓦、风情小院。一期24间客房以农业的二十四节气为主题设计,具有浓郁的农耕文化气息。面对5 000余亩辽阔的平望湖水面,民宿建筑群与滨水风景浑然一体,水乡韵味十足。客房装修工程即将完成,不久便可对外营业。

(5) 挖掘传统工艺文化,丰富村民文化生活。万科通过排查摸底,鼓励、支持与协助几户村民恢复榨油、酿酒等传统手工艺,开展特色个体经营活动,既增加农户家庭收入,又增添了农村旅游资源。2018年兴化千垛菜花节期间,万科团队深入挖掘里下河地区民间传统文化,与当地村民合作打造了"碧水东罗民俗节",以锣鼓书、茅山号子、板凳龙、舞花船等兴化特色民俗串联表演,绳编、草编、剪纸、糖画、吹糖人、小笼包、萝卜丝墩子等非遗手工艺、特色小吃集中展示,全力配合提升兴化全域旅游影响力。万科还帮助东罗村重新制定体现现代文化精神需求的村民公约,热心组织丰富多彩的文艺活动,定期组织播放电影、棋牌娱乐、书法练习等,大大丰富了村民文化生活。2018年春节期间,万科营建团队还与东罗村委会共同举办"让爱回家"村民春节联谊活动,让每年只回家一趟的外出务工村民、留守老人、孩子欢聚一堂。

3. 简要评述

采用这种模式应具有三个条件:交通便利,距离城市较近,靠近消费市场;有怡人的自然环境,有一定的农业发展基础;能满足城市游客食住行基本要求的基础设施。休闲产业带动首先要以城镇社区建设的理念来改造传统的村落,建设整洁优美的农村社区;其次要大力发展基础公共服务,大力推进城乡一体化的公共交通、供水供电、垃圾和污水处理、通信网络、连锁超市和劳动就业服务等体系的建设;再次要形成富裕舒适的田园生活,积极推进农村改路、改水、改厕和危房改造,继承农村和睦亲近的邻里关系和优良纯朴的传统文化,保留山水交融的田园风光和安静舒适的居住环境,使现代、文明的生活方式与农村田园牧歌式的传统生活方式得到有机的融合。只有这样才能吸引都市人群的到来,也最能体现乡村独特魅力。

东罗村综合营建,坚持政府引导、村民主体、市场参与的原则:兴化市政府指定国资平台公司(兴化市文化旅游公司)与万科成立的项目公司合作,村集体经济组织以村集体土地使用权作价入股项目公司。各方职责清晰:万科集团负责整体方案的规划设计、工程项目的承建;缸顾乡负责与市级层面、万科公司以及各承建单位的协调对接,向上争取项目资金,拆迁收储户的签约、腾空,项目建设外围矛盾的协调;东罗村负责矛盾协调、搬迁户腾空安置、规划区土地规划调整;市政府各相关部门负责规划区域内房屋丈量评估、强弱电建设、污水管网铺设等工作。

四、案例4 马庄村——文化产业助推

文化助推模式是在具有特殊人文遗产的村庄,或者通过古村落的保护工作,使得传统建筑、传统村落空间形式得以延续、保留,以保护促发展,带动古村休闲旅游业的推进;或者对传统技艺进行保护挖掘,建设保护发展机制,促进创意文化事业的发展,以文化产业促进农民增收和村庄建设。

1. 基本情况

马庄村隶属徐州市贾汪区潘安湖街道办事处,地处徐州市东北郊25公里处,西邻104国道7公里、京福高速公路3公里,东靠206国道5公里,南濒京杭大运河4公里、京沪高速铁路徐州站18公里、观音机场50公里,地理位置优越。村域面积4.9平方公里,耕地3100亩,辖3个自然村,人口2863人,2017年人均纯收入1.86万元,村级集体收入180万元。多年来,马庄村党委持续深化农村精神文明建设,以乡村文化建设提升农民精神风貌,推动各项事业协调发展,呈现引人瞩目的精神文明建设新典范的"马庄现象",马庄也借此挣来了名气,也挣来了票子。马庄村先后荣获"全国文明村""中国十佳小康村""中国民俗文化村""全国民主法治示

范村""全国造林绿化千佳村""全国基层民兵预备役工作单位""全国军民共建社会主义精神文明先进单位""全国小康建设示范单位""全国计划生育工作先进单位""全国五四运动红旗团支部",江苏省"先进基层党组织""文明村标兵""生态村""卫生村""全民国防教育先进单位",徐州市"十大魅力乡村""社会主义新农村建设十佳示范村",贾汪区"综合实力十强村"等荣誉称号。2017年12月,入围2017名村影响力排行榜300佳第145位。2018年10月8日,经地方推荐和专家审核,农业农村部拟将马庄村推介为2018年中国美丽休闲乡村。2019年7月28日,马庄村入选首批全国乡村旅游重点村名单。

2. 主要做法与成效

文化马庄是马庄村在新农村建设中创造的一个有效的发展模式。马庄文化,提升了村民的综合素质,营造出繁荣民主、祥和幸福的今天。几十年来,马庄村一直坚持"文化立村,文化育人"的理念,"以文养文,文化育人"的理念,就是用先进的文化带动全村的发展。

(1) 突出文化引领,提升村民精气神。20世纪80年代末,马庄村走上了一条村集体经济发展壮大,村民共同富裕的道路。随着腰包逐渐鼓起来,村民的素质却开始走下坡路,酗酒滋事、聚众赌博等不良现象时有发生。面对这样的局面,村党委意识到,有钱不能算富,不思进取、小富即安不是马庄人,必须让村民有精神层面更高的追求。1988年,马庄村组建了苏北第一支农民铜管乐队,漂洋过海演出,多次荣获奖项。农民乐团利用自身优势,在宣传党的路线方针政策方面,编排了一系列接地气、正能量的作品,用乡亲们喜闻乐见、通俗易懂的表演形式,把节目送到乡村社区、田间地头,把党的声音传递下去,深受广大党员群众的喜爱。乐团的发展带动全村文化事业的发展,升旗仪式、周末舞会、农民运动会等搞得红红火火,使群众在自编自演的群众文化中受到潜移默化的教育。建成神农广场,改扩建村文化礼堂、村史馆、新时代文明实践服务大厅等,大力宣讲好人事迹、最美家风家训。开播"金马之声",常态化宣传党的方针政策、倡导文明新风,弘扬正能量。注重家风建设,开展"马庄村最美家庭"系列典型评选,涌现出一大批"优秀村干部""好婆婆""好媳妇""最美家庭"等先进典型评选,使党员群众学有榜样,做有标尺,获评全国文明村。

(2) 重构生态空间,优化人居环境。全村坚定"绿色发展"理念,下决心改变村周围煤矿环绕、环境较差的面貌,挖土造田、挖湖造景、植树增绿、修路建岛,在全市采煤塌陷地最严重区域上建起了国家4A级景区潘安湖湿地公园,使生态伤疤变身城市景观,重构了一个生态系统,马庄村也因此驶上了发展快车道。依托潘安湖景区做好旅游开发,建成马庄村文创综合体、马庄村香包文化大院、潘安湖婚礼小镇、马庄采摘园等休闲观光旅游项目。依托省第二批特色田园乡村项目建设,大力实施环境综合提升,着力优化人居环境,投入7000万元对全村进行全面深入地净化、美化,实施乡村绿化、美化和路网提升工程。建成全国首座太阳能沼气综合利用工程,村民用上了环保、节能、安全、卫生的新能源,实现清洁能源全覆盖。

(3) 挖掘资源优势,促进富民增收。因地制宜发展村域经济,利用景区资源优势,大力发展观光农业、农家乐等旅游经济,开发"吃农家饭、摘农家菜、住农家房、认农家田"新型农家乐模式,建成仿古建筑农家乐50余座,与田园景观农业体验区、乡村休闲垂钓区、绿色蔬菜瓜果采摘区等融合,形成一体化综合性农家乐体验中心,年接待来村考察学习、游览观光游客达20万人次,带动集体经济实现快速发展,村民实现增收致富,旅游品牌效应初步显现。同时,该村大力发展国家"非遗"中药香包制作传承,建成香包文化产业基地。以王秀英等为代表的非物质文化遗产传承人,开发推介香包主题客栈、香包广场、香包文化长廊、香包雕塑、民俗手工坊等系列产品,提高了村经济收入,丰富了村民精神文化生活。

3. 简要评述

文化建设有利于乡村经济社会的稳定发展,推动文化复兴的伟大进程,还可以丰富乡村居民的文化服务,帮助乡村居民树立文化自信。马庄的成功主要基于六个坚持:坚持用党员的形象影响人,坚持用先进的文化教育人,坚持依法治村规范人,坚持用竞争的机制激励人,坚持用党的宗旨服务人,坚持马庄精神鼓舞人。马庄村农民乐团自编自排一些群众喜闻乐见的节目,让群众更易接受党的路线方针政策等教育。打造马庄庙会等特色民俗文化项目,建成香包文化产业基地等,使民俗文化成为强村富民的基石。在此基础上,坚持"绿水青山就是金山银山"的发展理念,修复采煤塌陷地,打造垂钓休闲娱乐场所等,千方百计把生态资源转变为致富的聚宝盆。

五、案例 5 高党村——集中居住牵引

农民集中居住即打破农村原有村界,将一些分散的或即将消亡的自然村进行整合,统一规划、统一要求、统一调整产业布局、统一建设新的居民住房与服务设施,组建新的农民生产与生活空间,构建新的居住模式、服务管理方式与产业格局。这一模式,顺应了农民群众对美好生活的向往与需求,促进了农村空间的有效利用。

1. 基本情况

高党村位于故黄河南岸古渡口,徐州市睢宁县姚集镇东北部,是睢宁县实施"全域规划"以来第一个建成的农民集中居住区。2015 年,高党村在睢宁 400 个行政村中,率先启动新型农民集中居住区建设,拆除 720 亩旧村,复垦 500 亩耕地,建成占地 220 亩,安置居民 660 户、2 400 多人。新的高党村用三年时间走出了一条以党的建设为统领、以土地综合改革为牵引、以"互联网+三农"为特色的乡村振兴之路。目前,水、电、网络、有线电视、路道硬化、村庄绿化、路灯亮化覆盖率达 100%。建有综合服务中心、省级示范幼儿园、老年服务中心、乡学院、省级示范卫生室、文体活动中心、休闲公园

等。建有生态污水处理厂,实现了灌溉和池塘补水的再利用。建有1500立方米沼气站一座,沼气管网全部入户。2017年该村入选全国美丽乡村示范村,2019入选首批江苏省乡村旅游重点村、国家森林乡村。

2. 主要做法与成效

(1) 推进集中居住,整合公共空间。高党村通过集中居住的空间治理模式,实现了村集体经济壮大和低收入农户脱贫增收。通过集中居住,新增耕地500亩,加上原有的70亩河滩地,每年增加集体经营收入90万元;集体流转1500亩土地,每年增加集体经营收入200万元;通过租赁标准厂房,市场化运作沼气池、光伏发电等措施,每年增加集体收入17万元;通过发展民宿、农家乐、旅游等带动集体增收68万元。通过加入土地股份合作社,低收入户以土地参与入股,风险由合作社承担,股民还可以根据合作社收益情况进行分红。通过特色乡村建设,引导2户低收入户发展民宿,1户低收入户发展农家乐,估算年户均可增收约1万~2万元。通过低收入户就近就业,安排14名低收入户到高标准厂房务工,人均年收入约2.6万元;吸纳23名低收入户到村级合作社内打工,人均年收入1.2万元左右;吸纳4名低收入户负责小区环卫物业保洁,人均年收入1.5万元左右。2018年,集体资产大幅增加,集中居住增加商业街门面房、村部、村史馆、高标准厂房、幼儿园、卫生院等村集体资产价值达到2409万元,使集体经济年收入达到350万元以上。

(2) 加强土地综合改革,促进三产融合。高党村结合实际做优一产,先后实施稻虾共养、优质猕猴桃基地、向日葵花海及育种基地、园艺草皮基地等一批优质农业项目,2018年产值预计突破1000万元。利用在小区内规划建设集体所有的标准厂房,招引徐州威斯汀服装厂进驻,发展甜油坊、老酒坊等传统产业,2018年二产产值预计达到1.2亿元。按照全域旅游的发展思路,以农旅融合为突破,以繁荣社区商业为重点,以发展农村电商为特色,努力打造徐州东部新兴的乡村旅游目的地。商业街共有门面73家,实际运营比例超过70%,发展各类电商110家,打造优质民宿14家,建成高党家庭农场并投入使用,2018年上半年已经实现销售额超600万元,预计全年三产产值可达到800万元。

(3) 丰富文化活动,塑造文明新风。高党村充分发扬村级民主议事,制定《高党村规民约十条》,倡导文明新风;鼓励群众自发成立村级艺术团,在茶余饭后组织排练文艺节目,打造一批体现乡风文明的精品节目,丰富群众的精神文化生活;建设高党文体活动中心,篮球场、足球场让更多的大人孩子将注意力从"手机、电脑"转移到运动健身上来;先后开展十星级文明户、乡贤先锋、美德少年、孝贤榜样等系列评选活动,引导群众养成良好生活习惯,培育文明村风、良好家风、淳朴民风。

(4) 坚持党群统领,提升治理能力与水平。高党村集中居住后,按照"街巷无界、党群合一、规模适度、无缝覆盖"的原则,把党组织建在网格上,构建起以党建为引领的党群合一网格化管理体系,将660户划分为4个一级网格和17个二级网格,分别与4个党支部和17个党小组对应,并不断提升治理社会化、智能化、专业化水平,将网格打造成发现风险的第一感知触角、化解矛盾的第一前沿阵地、便民利民的第一服务窗口、多元参与的第一共治平台。注重强化法治宣传教育,建立村级矛盾纠纷调解中心,通过设立巡回法庭、检察工作室、法律服务中心等,让矛盾纠纷就地化解,做到大事不出镇小事不出村,维护好社会稳定。实施市场化物业管理,建设覆盖整个小区的监控网络,村级治安管理条件显著改善。

3. 简要评述

高党村之所以能够从传统的经济薄弱村发展成为人人向往的美丽乡村,主要有以下几点启示:一是营造宜居生态环境。该村顺应民意建设集中居住区,积极打造宜居环境。村内三级道路全部硬化,公共交通通达到村,"两网协同"的实施、垃圾分类处理厂的建设彻底改变了过去"垃圾靠风刮,污水靠蒸发"的问题,村民环保意识也随之逐渐增强。二是完善社区治理体系。在乡村管理上高党村打造"党建+社会治理+居民自治"乡村网格化管理模式,使每一个网格都成为覆盖党的建设、综合治理、社区管理、文明创建等职能的活力单元。与此同时,积极探索"三委四会"决策执行机制,通过成立住户代表大会协助管理新小区各项事务,逐渐培养"新居民"的社区意识。三是健全公共服务网络。高党村采取职能下移、服务下沉的途径,依托智慧乡村、智慧党建、智慧阅读、智慧医疗平台,统筹办好社区各项社会事业,实现了村民办事便利化。

第三节　乡村振兴模式比较与讨论

从以上案例看出,不同地区推进乡村振兴的侧重点存在差异性,这是由地区发展现实条件所决定的,但他们的目标是一致的,始终坚持以乡村振兴的二十字方针为引领,很好地解决了乡村发展中的资金来源问题、城市与乡村的融合问题以及建设中硬件设施与软件条件协同性问题。

一、不同模式的共同经验

以上典型乡村振兴的模式,虽然在发展路径上各有侧重,但都以乡村经济发展,增加农民福祉,实现乡村振兴为目的,其共性有:

1. 精英引领是乡村振兴的重要条件

精英主要指一个组织当中的优秀分子;精英引领是指组织发展过程中,杰出人才的领导作用。领导者是组织文化的缔造者、推动者、指挥者。以上提到的典型村皆是如此。永联村之所以能够脱颖而出,让其从苏南地区最小、最穷的村庄发展成为全国 60 万个行政村中的佼佼者,最核心的经验就在于"选准一个好书记,建设一个好班子,落实党的好政策"。是因为带头人都有着科学的、高境界的价值观:奉事业、国家、信誉至上,以奉献为荣、群体为高,以人为本、以服务制胜、视创新为生命。他们采用了现代企业的管理方式,及时构建了各自的文化体系。概括地说,他们的发展体现出四种精神:"团结群众,共谋发展"的团队精神、"艰苦创业,百折不挠"的拼搏精神、"敢为人先,与时俱进"的创新精神、"以人为本,为民造福"的奉献精神。当然,不可否认,一个强大的领导团队往往直接影响和左右着"能人"作用的发挥,是农村发展模式得以发挥长期绩效的关键所在。

2. 因地制宜发展优势产业是乡村振兴的立足点

因地制宜,就是按照各地区具体情况而采取适当的措施,找出适合本地特色的方法、道路来。上述几个乡村建设典型无不是立足本村特点,对乡村进行统一部署,统筹规划,整体推进,用科学的理念指导乡村建设。只有做到因地制宜,才不会去追求固定和千篇一律的模式。在审时度势、灵活适应、动态调整的原则指导下,就能使乡村振兴呈现五彩缤纷、多姿多彩的发展局面。必须指出,模式是不能全然照搬照用的,现实也没有固定和千篇一律的模式可寻,任何模式都需要具备诸多因素条件,而诸多因素条件是动态性改变和不断发展的。

3. 尊重民愿、依靠群众是乡村振兴的关键

乡村振兴必须明确的一个事实是:村庄不仅是农民的居住地,也是农民生产生活的重要场所,农民是乡村历史的创造者,是美丽乡村的主人。以上案例均表明,乡村振兴要尊重农民意愿,充分发挥农民群众在乡村振兴中的主体作用,通过典型示范,带着大家看,帮着大家干,以实实在在的成效打动农民,激发大家创新创业的热情和勇气。在政府编制规划方面,需要全面把握农民对美丽乡村建设的主要诉求,如农民是否有进入新社区集中居住的意愿和需求,对农村环卫设施建设、乡村道路改造、农田水利建设等方面的具体要求。在项目建设方面,政府主要对项目进行认证分析、全程监控,要保障农民对于项目的知情权、参与权、决策权,尤其对于涉及宅基地、承包经营权等农户切身利益的项目,要强化民主议事程序,在建设过程中要切实保障农民利益。如永联村加强网格信息采集和

居民动态管理等服务,激活社区居民利益诉求,引导居民参与公共事务,通过分楼道、分类别管理方式,将半熟人社区变为家人社区和主人社区,实现社区居民自治。如丁庄葡萄在发展过程中始终以农民的利益为出发点和落脚点,通过电子商务、葡萄节、市场推广等多种途径,助力农户标准化生产和销售;和义利康酵素合作,保底收购残次果,给农户吃"定心丸"。

4. 发展经济、农民增收是乡村振兴的初衷

上述典型村都是以发展农村经济,促进农民增收为落脚点,牢固树立以人民为中心的思想,想农民之所想、急农民之所急,通过培育农业特色,提高综合生产能力,突出二三产业促进农业发展,使村民生活富裕、安居乐业。增加农民收入,就要从多种发展模式中、多种途径中去寻求突破;既要在农业、农村挖掘潜力,更要从经济社会发展的全局寻找出路;既要从当前出发,采取显效快的增收措施,又要着眼长远寻求解决农民增收的治本之策,建立农民增收的长效机制。

二、相关模式的地区适应性

以上案例模式的形成,不是一日之功,凭空创造出来的。选择什么样的乡村振兴模式,需要考虑客观条件的限制和地区发展的差异性,必须把区位、经济发展水平、劳动力素质、资源产业、社会文化传统等因素综合考虑在内,否则容易犯教条主义和经验主义的错误。

表 乡村振兴模式选择的影响因素

因素	说明	模式举例
区位因素	地域位置对于区域发展方向有独特和持续的影响,直接影响到生产和消费,从而影响到产业布局。	市郊农村一般生态环境和观光休闲方面优势较突出,可以选择休闲产业带动乡村发展。
经济发展水平	一般来说,经济发展水平越高的地区,乡村建设的起点越高;经济发展水平较低的地区,工业支持农业的能力较弱。	发达地区可以选择城乡统筹带动型乡建模式,欠发达地区可以选择产业兴村或劳务带动型模式。

(续表)

因素	说明	模式举例
劳动力因素	劳动力素质直接影响农村经济发展水平和产业构成,影响农村的消费结构和生产结构。	农村劳动力素质较高的地区,一般生产力发展水平较高,可以选择科技兴村型建设模式。
资源产业因素	自然资源直接影响到农村产业的规模、产业结构和经济效益,是乡村建设"产业兴旺"的重要因素。	每个地区特有的资源依托、发展规模、经济效益和市场占有率,发展到一定阶段就会成为优势产业,可以选择以特色产业发展为标志的乡村建设模式。
社会文化因素	各地文化风俗的不同会有不同的建设模式选择。	在一些有经商传统、观念开放、农民容易接受外来先进文化的地区,可以选择商贸流通带动乡村建设,反之,可以选择生态农业带动模式。

这些因素既有农村内部的,也有农村外部的,可见乡村振兴不可能是孤立进行的,乡村振兴需要内外部力量共同牵引。

1. 特色产业带动模式

这类村庄农业生产资源丰富,同时较少接受城镇、城市非农产业要素的转移,非农产业比重低。具有生产某种特色产品的历史传统村庄,依据"一村一业、一村一品"的原则,围绕特色产品或特色产业链,实现专业合作化,形成产业集群。同时,结合旅游配套服务设施建设以及景观设施建设发展乡村旅游,实现三资产业联动发展。其中特色产业包括农业、林业、牧业、渔业以及传统手工业文化。特色产业带动型新农村建设要注意:熟悉市场规则,把握市场运行趋势和规律,通过发挥自身优势和发展特色产业,来提升产业的产量和知名度;要定位准确,把握特点,形成自己的特色;政府不能越位、错位,要树立服务意识,避免过分干预市场;重视示范带头作用,有先有后,区分重点,分步实施;大力发展订单农业和产业一体化组织;重视农业技术推广和自主创新,以特色促品牌。

2. 著名景区依托模式

区域国家自然保护区或历史文化古迹游客量较大,具有良好的生态环境以及丰富的自然资源。位于景区周边或景区地域内的乡村,应作为景区的附属接待和服务点存在,以民俗风味、农业特色鲜明的旅游项目、餐饮和娱乐活动为主,建设风情村庄。乡村自身拥有独特的景观资源或浓郁的乡村民族特色的,应全力完善交通、食宿等配套基础设施建设,使村民具备基本的旅游意识和服务意识,为游客提供特色旅游产品和农副产品,促进农村经济的发展。发展旅游业首先需要有可以挖掘的旅游资源,包括自然资源和人文资源,其次是要有便利的交通条件,另外也要有与旅游相配套的娱乐、住宿、餐饮等基础设施。

3. 乡村度假休闲模式

位于城镇周边的乡村,区位优势明显,交通便利,应依托乡村得天独厚的自然环境以及特色农业资源,以传统农业生产生活为基础,以家庭为具体接待单位,开展一系列农家活动,体验农家的休闲生活以及农业劳作的乐趣。同时,要注意加强对农民从业者的培训,提高服务人员素质,注重文化内涵的挖掘,提升产品的品位。以农业和农村为载体,利用农业生产活动、农村自然环境和农村特有的乡土文化吸引游客,通过集观赏、娱乐、体验、知识教育于一体的休闲产业带动新农村建设。这种模式包括建立农业生态园、养殖场、采摘园、农产品物流配送中心、学农教育基地、农艺园、民俗村等,以达到把乡村的发展与休闲产业的发展融为一体的目的。

4. 工业经济带动型

这种模式需要以工业经济实力为基础,并且整合农村的土地、人力等资源,实现共同发展。发展工业型新农村是发展农村经济的关键,也是一个增加农民收入、促进平衡发展的主要手段。这种模式需要有发展工业的基本要素,如土地、资源、技术、资金和能力强威望高的领导人。推广和发展该模式必须注意几个问题:第一,不能忽略农业的发展,因为农业是工业发展的基础;第二,在发展过程中要注意环境保护和可持续发展,如果只强调工业发展,造成了严重的环境污染,后果是很严重的;第三,要不断加强精神文明建设,协调推进农村社会各项建设事业,既要生产发展,也要乡风文明、民主和谐,既要发展物质文明也要发展精神文明。

5. 能人带动模式

地区一般应具备以下条件:有企业家主动参与乡村建设,倾情回报社会;企业要具备一定的实力;企业可以选择合适的产业,全面转变农村面貌带动农村建设。

三、乡村振兴应该处理好几个关系

结合对江苏省乡村振兴典型案例的剖析与比较,虽然这些村庄取得了一定的成绩,但一些实质性问题仍然需要面对,这也是下一步改进的重点:

1. 政府资金与社会资金的关系

美丽乡村建设资金需求量很大,单纯依靠政府资金很难在短时间内改善农村人居环境,而且也不可持续,无法复制推广。必须要发挥市场配置资源决定性作用,以财政奖补资金为引导,鼓励吸引工商资本、银行信贷、民间资本参与美丽乡村建设,解决投入需求与可能的矛盾。要积极引导企业参与美丽乡村建设,实现互利共赢;创新农村金融体制,引导金融资本进入美丽乡村建设;盘活农村存量资源,使农村有限的资源得到整合和优化。

2. 城市建设与乡村发展的关系

各地对乡村振兴中的土地问题进行了积极的探索,但大多着眼于农村的村庄改造,整理节约了一些土地,却把土地指标置换到城市搞房地产开发赚钱。农民好像住进新房很开心,但城市继续进行土地扩张、生产要素没有向农村转移。农民就近就业无改善等根本性问题没有得到很好的解决。而且,通过置换土地指标获益的土地出让金,并没有全部用于乡村建设的投入,这不但没有向农村转移生产要素,还从农民身上拿钱流向城市,所谓的城乡统筹是逆向错误的,不能促进乡村振兴事业。

3. 硬件建设与软件建设的关系

乡村的振兴,不仅体现在住宅、村庄等固有物质的舒适、洁净和宜居,同时表现为百姓精神状态上的积极、进取和人的生存环境的和谐、生态。美丽乡村建设,既包括村容村貌整洁之美、生产发展生活宽裕,也应包含村风文明和谐之美、村民文明文化之美、管理创新之美。要在完善村庄基础设施、增强服务功能的同时,努力深化农村改革,创新农村公共服务运行维护机制、政府购买服务机制、新型社区治理机制和农村产权交易流转机制等。要注重物质与精神的同步发展,深化挖掘利用当地的历史古迹、传统习俗、风土人情,使乡村建设注入人文内涵,展现独特的魅力,提升展现乡村的文化品位。要丰富农村居民的精神生活,使美丽乡村真正成为居民的精神家园和生活乐园。

第四节 经验总结及未来走向

乡村振兴战略是党中央在新时代为满足农民对美好生活的新需求做出的重大部署,以农业农村现代化为根基,以农民的全面发展为宗旨,以农村的繁荣兴旺为目标。乡村振兴需要实现美丽乡村的再创造、再发展,把乡村建设成大家向往的美丽家园。应当坚持规划引领、因地因村制宜,分类规划指导,不断探索符合乡村实际的发展道路。一是推进产业发展。依据自然条件和实际经济发展水平,选择适宜的产业,可以是种植业、养殖业,或是农副产品加工业,也可以是观光休闲农业与乡村旅游产业。二是做好环境治理。加大环境监管与整治力度,推进产业转型升级,努力实现乡村农业绿色化和全域洁净化。三是加强文化建设。增加政府在乡村文化建设方面的投入力度,鼓励各方面人才走进乡村创新创业,积极倡导和践行文明乡风。四是重点构建"自治、法治、德治"相结合的治理体系。以自治消化矛盾、以法治定分止争、以德治春风化雨,走出一条充满活力、和谐有序的善治乡村之路。五是推进生活富裕。坚持政府指导,为各村制定适宜的集体经济发展规划,不断创新村集体经济发展的有效模式,推进成果共享,确保所有村集体成员受益,实现生活富裕。

未来乡村振兴可持续发展的路径,在整体架构上,应在政策引导、社会引导和内生动力等多方共同参与下完成,逐步形成自上而下的引导和自下而上的推动相结合的建设机制,发挥各自的优势并能得到相互补充。以上各类典型的实践为未来乡村发展提供经验,通过构建"自下而上"与"自上而下"相结合的参与路径,促进更多的角色参与,完善乡村建设体系和治理体系。在主导力量上,应坚持政府、村民与社会力量共同参与,政府的角色是加强对乡村建设的规划引领,完善政策和法规体系,引导更多社会资本参与;社会力量以资金、技术等方式介入村庄建设,引导乡村形成社会共同体,推动农村凝聚意识;内生力量听取农民诉求明确方向,进而实现村庄建设的可持续发展。

参考文献

[1] 江苏省发展和改革委员会.江苏省实施乡村振兴战略典型案例[G].2018年12月编.

[2] 陆益龙.村庄特质与乡村振兴道路的多样性[J].北京大学学报(哲学社会科学版),2009(5).

[3] 于红娟.河北省新农村建设模式研究[D].河北农业大学硕士论文,2012.

第十一章 发达国家乡村振兴典型经验与启示

欧、美、日等国在20世纪大多经历了工业化、城市化先行,乡村一度滞后的时期。之后各国以"乡村改进""新镇村建设""乡村更新""新农村建设""新村运动"等名义实施了乡村振兴的共同方略。在一、二、三产业融合发展、生态环境建设、乡村文化建设、乡村社会治理、提高农民收入等方面取得很大成就。在科技、金融、人才等方面采取了多元支撑。本章主要介绍国外乡村振兴的典型经验,也讨论其挫折和教训,以期获得对我国的启示。

第一节 发达国家乡村振兴的背景与历程

发达国家伴随工业化、城镇化发展,乡村相对落后成为普遍问题。一度城乡差别拉大,大量农村劳动力与人口流失,农村经济凋敝。为寻求农产品的供给和城乡社会的稳定,许多国家以不同的路径实施乡村振兴方略。

一、发达国家乡村振兴的三个阶段

发达国家的乡村振兴一般都经历了乡村基础建设、生产力发展方式转变、乡村文化转变三个阶段。三个阶段并非截然分开,大部分历程在并列交叉中推进。

1. 乡村基础设施建设阶段

发达国家通过改善乡村交通、水电、电讯设施,提高乡村生活生产水平。美国早在1909年,罗斯福总统召开"乡村生活会议"拉开"乡村改进"的序幕,半个世纪后做到了"道路通、给水通、排水通、电力通、电讯通、煤气通、热力通和土地平整"的"七通一平"。荷兰从20世纪20年代起步"土地整理",几十年中逐步完善水、电、路等建设。英国在"二战"后开展"新镇村建设",德国从60年代起着力"乡村更新",法国从1995年开始"领土整治",日本在1967年、1978年、1995年发起三次"新农村建设",韩国在20世纪70—80年代兴起"新村运动",皆先后完成了乡村的基础建设。[①]

2. 乡村生产力发展方式转变阶段

发达国家通过一系列政策和项目,从单一的农业转向乡村工业、商贸业、旅游业,形成稳固的"基本盘"。当城乡食品有了足够的保障后,转向质量兴农,绿色兴农,使农业成为"美好产业",使农村成为城乡共享的生态家园。发达国家不少知名跨国公司的总部、基地设在农村,带动生产力发展方式的转变。乡村多元价值的共生共长仅靠各个小区域的独自努力难以做到,于是在较大区域统筹、整合,欧盟在20世纪90年代提出整体发展的共同规划和政策。

3. 乡村文化转变阶段

开展"农村启蒙",兴建图书馆、文化会馆。同时保存古宅、古井、古物件、古教堂,挖掘、传习本地的绝技绝艺,形成文化产业,使农民的文化素质、专业技能、精神面貌发生变化。联合国粮农组织策划保护世界农业文化遗产,各国争相上榜,引以为荣。乡土人文魅力的彰显令城市居民眷恋

---

① 赵广帅、刘珉、高静:《日本生态村与韩国新村运动对中国乡村振兴的启示》,《世界农业》2018年第12期。

故土,下乡寻根,城乡居民产生共同的祖源认同和心理归属。①

以上三个阶段只表示其出现的初始时间有先后,大部分历程是在并列、交叉推进,择缺而补的。美国2008年爆发次贷危机出现经济衰退,奥巴马政府为挽危局提出乡村振兴,发行国债,用156亿美元修建乡村高速公路,铺设宽带和4G无线网络,覆盖98%的农村,取得较好效果。

二、发达国家城乡关系的变迁与现状

欧、日、美各国都力求城乡关系协调,具体措施因国情而制宜。普遍重视土地确权合理利用,推进城市公共服务下乡。

1. 欧、日、美城乡关系的异同

世界各国在城市化进程中大多经历过城进乡退的困境,处理城乡关系有同有异。

英国作为工业革命的发源地,乡村在历史上是"苦难"的代名词。政府用工业积累强力推动乡村的发展,从19世纪末霍华德的田园城市规划,到"二战"期间以大伦敦为代表的区域规划,到"二战"后的新镇村建设,一脉相承。1947年英国颁发《城乡规划法》,给每个城镇与乡村划出界线,解决土地占用引发的矛盾,使规划布局、购置土地有法可循。英国的集镇从村庄发展而来,一个村庄能否发展成集镇,首先考虑它是否具备支持乡村腹地进一步发展的潜力,其次考虑它是否有适合发展工业的土地以及便捷的公路、充足的水源。经济、社会皆可持续发展的小城镇带动周边乡村,避免了少数大都市对乡村的"恶性吸血",使"待输血"乡村与"可供血"城镇近在咫尺,人员和资本在城乡进退自如。

德国在"乡村更新"中明确农村与城市"不同类但等值",强调乡村不是城市的复制品,确保乡村自身的优势、潜质。乡村更新时间很长,通过以时间换质量,使乡村保持活力与特色。塞道尔基金会倡导"城乡等值

---

① 王林龙、余洋婷、吴水荣:《国外乡村振兴发展经验与启示》,《世界农业》2018年第12期。

化",先在巴伐利亚州试验,按照村镇整体规划,重构乡村产业结构,呵护生态环境,传承传统文明,后来在全国推开。村镇建设倾向于内向挖潜,当一个镇需要新增建设用地时,首先在建成区内寻找潜在的可用地或是可以拆除改建之处,尽量减少不必要的扩张。

南欧的法国、意大利尊重农耕传统,坚守乡村价值,农民的收入水平和农村生活环境品质令城市人艳羡。两国十分重视以农副产品为原料的传统手工业的代际传承和增值溢价,以此消化农业剩余劳动力。妇女、老人纯手工制作的工艺品可卖出善价,皆乐守家园。①

日本乡村曾经长期差于城市,现今却显现反向的城乡差别。为解决"农村过疏",政府实施"村镇综合建设示范工程",称为"造村运动",大幅提高农民的收入,减少人口向城市的涌流。到20世纪70年代末,城乡差距基本消除,有大量非农产业和人口进入农村。1985年日本农村区域的第三产业和第二产业的从业人数分别达到43.5%和33.6%,均高于第一产业,民心植根乡土,在乡间安居乐业。政府从2009年开始对去乡村生活3年者每年给予200万日元津贴,鼓励在乡间创业。②

美国与欧、日不同,在工业化的同时实现了农业现代化,农村没有发生明显的衰落。美国在21世纪城市化进程突飞猛进,但政府出台多部法律确保耕地面积不被城市化蚕食,划定耕地总量红线不变。美国没有传统意义上的村庄,农户在乡村各自的土地上分散居住。乡村开发建设由联邦政府和地方政府共同负担,联邦政府投资建设连接城乡之间和乡村之间的公路,地方政府建设垃圾处理厂、污水处理厂、供水厂等,开发商负责做好乡镇社区内的交通、水电、通信等配套生活设施。农民用政府的补贴从事机械化生产,其经济收入和生活质量一直不低于都市居民。政府

---

① 宁满秀、袁祥洲、王林萍等:《乡村振兴:国际经验与中国实践——中国国外农业经济研究会2018年年会暨学术研讨会综述》,《中国农村经济》2019年第1期。
② 吴昊:《日本乡村人居环境建设对中国乡村建设的启示》,《世界农业》2018年第10期。

还制定针对性的投资和技术移民政策,将全球各地与农业相关的人才和财力吸引到美国农村。[1]

2. 土地确权与合理利用

土地确权是稳定城乡关系、提升乡村价值的关键,关系到耕地保护、划转置换、农田流转、开发权益归属、生态保护主体认定等诸多方面。英国以农场主使用权为核心;美国以家庭农场产权保障为重点;日本以地租自由化为准,土地所有权和经营权分离;俄罗斯解散国有农场和集体农庄,实现土地产权私有化。美、欧、日皆制定了相当完备的土地权利法律,建有权利义务明确、可操作性很强的土地管理制度,各级政府有农村地籍管理档案,发生土地纠纷有仲裁机构依法调停。通过土地产权的保护,赋予农民有保障、可预期的土地使用权;并通过社会化服务,实现土地确权效用长远化、最大化。[2]

3. 城市公共服务下乡

原先仅在城市才有的公共服务,在财政支持下走向农村。日本"城乡共济"涉及医疗、养老、护理、公共援助、儿童津贴诸多方面。近十多年随着信息化社会的到来,发达国家投资改善农村的信息基础设施,支持制造商以优惠的价格和周到的服务鼓励农民购买信息产品及网络设备。软件开发商开发了一系列适合农村的应用软件,集成于袖珍计算机上,以各种便携式产品供给农民使用。

欧、日、美对城乡关系的处理因历史背景不同而各有差异,共同之处是都力求缩小差距,实现城乡和谐。现在发达国家基本不存在城乡二元结构的问题,城镇和农村总体上呈现一体化发展态势。[3]

---

[1] 贾俊虎:《乡村振兴战略实施过程中的借鉴》,《改革与开放》2018 年第 2 期。
[2] 钟文晶、谢琳、罗必良:《美国土地确权登记管理及其对中国的启示》,《世界农业》2018 年第 9 期。
[3] 孔繁涛、朱孟帅、韩书庆等:《国内外农业信息化比较研究》,《世界农业》2016 年第 10 期。

第二节　发达国家乡村振兴的主要做法

振兴乡村是发达国家在工业化、城市化之后的共同路径,并没有统一的模式,都是从本国的自然禀赋、历史人文、社会经济的具体情况出发,采取适合本国国情的举措。相互之间有借鉴,但没有机械的效仿,表现出各自不同的差异性,各国各地千殊万类,各具特色。

一、发达国家乡村产业融合发展

发达国家把农业作为乡村振兴的主业,在此基础上发展农产品加工业、商贸业、乡村旅游业,并力求一二三产业的融合,形成产业链。

1. 发展特色农业

无论欧、美、日,都把农业作为乡村振兴的主业。"二战"后日本农业萎缩,为了打牢农业基础,1961 年日本颁布《农业基本法》,鼓励各展其长。大分县首创"一村一品"。县知事平松守彦引导农民寻找本地资源的闪光点,开发令人自豪的产品,全县 58 个村分别培育出 300 多种特色产品,香菇和麦烧酒风靡日本,还远销亚、欧、美多国。该县边远山区的旧大山町,没有平地种水稻,也无草原放牧,靠栽植青梅、板栗创出独家品牌。大分县居民收入连续多年位于九州地区第一位,闻名于世界。① 日本按照各地自然状况培育了各具特色的农产品基地,如水稻基地、水产品基地、牛产业基地等。欧盟成立之初制定共同的农业政策,要求各国依据不同的气候、山川和产业传统确定种植、养殖、林业的重点。

2. 发展农产品加工业

发达国家自 20 世纪中叶以来,从农产品的粗加工转向农产品深加工

---

① 喻小雨、崔迎春:《过疏背景下日本乡村内源式发展研究》,《世界农业》2018 年第 12 期。

增值,农产品加工产值普遍是农业产值的 3 倍以上。欧美农场主的收入中,取自地头农业的占两成,取自加工销售的占八成。美国农产品加工在世界领先,其玉米产量占世界总产量的 40%,绝大部分用来直接加工,生产出 3 500 多种产品,应用于食品、医药、纺织、能源等领域。日本将稻米、玉米、畜产品、水产品等加工成"功能食品",改善食品结构,增强国民体质。以色列的果品、蔬菜、药材、花卉皆在产地精细加工,劳动生产率是日本的 3 倍,土地生产率全球最高,是美国的 5 倍。发达国家水果蔬菜的加工转化,达总产量的 40%,而我国仅为 8%。世界果蔬鲜食与加工的比例为 70∶30,我国为 95∶5。许多国家加工环节日益细化,利用米糠生产米糠营养素、米糠蛋白质,利用麦麸开发戊聚糖、谷胱甘肽等高附加值产品,增值 10~60 倍,从而拥有加工品牌。以面粉品种为例,美国有 100 多个,英国有 70 多个,日本有 60 多个。我国农产品加工起步晚,经追赶有较大进展,目前与发达国家仍有约 20 年差距。[①]

3. 发展乡村旅游业

发达国家的农场主熟谙农产品市场,因销售业、物流业发达,故大多交给销售商去做。唯独乡村旅游业,主体一直是农场主和农民,由他们组成的民间旅游协会负责管理和推介。最早将农业与旅游业结合的是西班牙,19 世纪就在乡村的古城堡开办旅社、饭店,在庄园布置设施,供骑马、滑翔、登山、垂钓、泛舟、采摘、酿酒、参加番茄大战、观看斗牛之用。全国 4% 的农业人口创造的农业旅游产值超过"靠阳光与沙滩卖钱"的海滨旅游。欧、美、澳、加自 20 世纪中叶以来都有许多乡村旅游的亮丽景观。在法国,不是每个人都向往巴黎生活,而是城市家庭都向往乡村生活,生日、婚礼、小孩洗礼、亲友聚会,都喜欢去农庄进行。每年 7—8 月,巴黎居民

---

① 李含悦、张润清:《基于国际经验的农业产业化联合体研究》,《世界农业》2018 年第 12 期。

大多下乡度假,街上以外国人居多。日本通过"造町"运动打造乡村旅游点,汤布院町人口不足1万人,每年有380万国内外游客前来旅游。不少农民会说外语,农家民宿吸引城市居民和外国人前来旅行度假,已从经济行为变成农民与宾客之间交往的社会行为。新西兰、爱尔兰乡村都有空巢家庭经营农牧场旅游,用意主要不在赚钱,而是过上有人陪伴的生活,享受各方宾客来往不绝的乐趣。①

欧美国家注意处理农业生产与乡村旅游的关系,鼓励农场主以副业的形态做旅游,不得借旅游之名改变农牧场的原本用途。农场主要从事农业生产,旅游服务只是兼营,防止将农业生产表演化,失去真实朴素的魅力。意大利至2018年有1.5万家从事乡村"农旅融合"项目开发的专业机构,强调当地的原生态风貌,不让模仿都市建筑和外地名胜古迹,冲淡本土氛围。控制非农资本和城市专业旅游从业人员移民下乡,保持当地农民的乡村旅游主体的地位。法国"农场客栈"管理条例规定:食品、旅游采购品必须以本农庄种植养殖的动植物为主,购买农庄之外的材料必须向有关部门提交资料,从制度上保证本土风味,也减少农庄之间的同质化竞争。②

国外也有学者做过研究,认为乡村旅游与经济增长之间并非都有相关性。美国的农村经济学者Deller分析了1900—2000年乡村贫困率变化数据,发现乡村旅游在解决贫困发生率变化方面的作用很小。还有学者指出,过分发展乡村旅游有"资源挤出""福利漏损"等负面效应。③

4. 一二三产融合发展

发达国家农村的一二三产,大多交叉融合,形成上下游产业链,以产

---

① 冯勇、刘志颐、吴瑞成:《乡村振兴国际经验比较与启示》,《世界农业》2019年第1期。
② 罗自刚:《国外乡村振兴:价值取向与策略选择——我国实施乡村振兴战略的一个借鉴》,《农业科学研究》2018年第12期。
③ 李莹:《欧美乡村旅游产业化与经济增长关系研究》,《世界农业》2018年第10期。

业化的方式联动推进。日本、荷兰的农业资源禀赋与我国相似,但农业现代化程度高于我国,其共同的经验在于农业的产业化。日本提出所谓"六次产业"(1、2、3 相加之和或相乘之积都等于6),实施三次产业的多种叠加、互馈。三重县伊贺市郊区的一家农场建成了"田园综合体",向城市市民开放,中心是休闲娱乐区,四边是农业生产区、餐饮住宿区、购物区,向市民提供新鲜的农产品及加工品,是集农村旅游休闲、农事体验、农事教育于一体的市民农园。[①]

荷兰农业资源贫乏,人口密度比我国高,以不足世界 0.07% 的耕地,不足世界 0.02% 的人口,创造了农产品出口占世界 9% 的奇迹,出口额超过 500 亿美元,仅次于美国,居世界第二,原因是在农业产业链的基础上建构了产业集群,"食品谷""绿港"是其代表。"食品谷"内除大片品种优良的粮、蔬、果外,还汇集了国际优秀的食品加工企业,高端的食品研发机构,是欧洲最具权威的农产品和食品研发、检测、鉴定中心。"绿港"是政府主导的涵盖园艺业各个环节的综合性园艺区,其中有多个专门从事花卉园艺的大中型企业,有世界顶尖的花卉研究机构,有从育种到栽培管理的各类专家和技艺精湛的园艺工人,有剪切、包装、运输的机械化流水线,有将鲜切花销往全球的拍卖机构和销售队伍。荷兰的大部分花卉、果蔬原来通过拍卖市场完成分销,近几年随着网络技术的兴起,拍卖交易减少,许多园艺产品改为网上交易,可在短时间内直达大型超市和零售商处,销量不减反增。[②]

二、发达国家乡村生态环境建设

西方国家经过反思乡村生态环境的破坏,在整治农业面源污染、处理农村垃圾方面采取多种举措。先后出现了节水农业、生态农业、循环农

---

① 刘建芳:《田园综合体商业模式创新的国际经验及启示》,《世界农业》2018 年第 9 期。
② 赵霞、姜丽娜:《荷兰现代化农业对中国农村一二三产业融合的启示》,《世界农业》2017 年第 11 期。

业、有机农业、低碳农业、能源农业、精准农业等多种新型农业形态。

西方国家在经历乡村生态环境破坏的痛苦反思后,自20世纪50年代以来加强乡村生态环境的保护、修复。美国生态隐患较多,加利福尼亚州运用公共政策绿化山川田野,号称全美解决"生态贫困"的第一州。德、法、英、比等国对农田立法保护,半个多世纪以来国土面积的90%一直是农田、草场和森林。欧盟1989年颁发治理农业面源污染的法案,后又出台详细条例,对施用化肥、农药作出限制性规定,开征"燃料税""过量施肥税",优化国土环境。西方各国的农业面源污染的防治、清洁水的保护都各具成效。

发达国家较早着手农村垃圾的处理,大多纳入市政管理,城乡统一运作,配有完善的监管体系。德国农村垃圾由政府统一收集、转运、处理,有多个层次的法规、条例对农村垃圾的分类、收集、处理进行约束。美国通过政企合作,由私人公司承包,政府设有基金会监督承包公司,制定严格的监管条例约束农村居民做好源头减量。日本法律规定搬运、中间处理、最终处置三个过程的标准要求,通过严厉的警告和罚款规范居民行为。韩国为了缓解垃圾围城,采取"按量付费"为垃圾瘦身,不遵守制度者最高罚款100万韩元。瑞士将城乡垃圾分为十多类,每类都有特定的专用袋和回收处,分类手册108页,对垃圾袋的容量以及如何封口都有规定。[①]

国外为了养护生态环境,分别从本国的实际出发创造了多种农业形态,现按照大体的时间顺序加以概述:

1. 节水农业

以色列降水少,沙漠多,国土高低差异大,水土流失严重,开建沟渠灌溉成本高昂。1952年开始投资铺设管道,运用滴灌、喷灌技术,节省了农田水利设施,高效利用了水资源,又节约了土地,扩大了种植面积,创造了

---

① 姚金鹏、郑国全:《中外农村垃圾治理模式综述》,《世界农业》2019年第2期。

旱地节水农业奇迹。

2. 生态农业

20世纪50年代以来,对乡村生态的保护和补救成为工业化国家绕不开的任务,生态农业应运而生。它吸取传统农业的宝贵经验,运用现代科技成果,根据当地的自然禀赋,协调农业生产与自然环境之间的矛盾,将土地、空气、水等组织到农业生产各环节,优化农业生产过程,降低对环境的损害,收获丰饶而健康的农牧渔产品。居民出于对乡土的热爱,往往自觉地呵护、养育生态环境,如法国的"花园村庄和城镇"活动就是村民的首创,得到政府的尊重与支持。①

3. 循环农业

循环农业起源于自古就有的农牧轮作,后来在生态农业的基础上使用多种循环利用的技术,内涵日益丰富。菲律宾玛雅农场在20世纪70年代用加工面粉后的麸皮喂养畜禽,畜禽粪便制沼气,沼渣肥田,沼液养鱼,以最小的生态成本和经济成本换取最大的产出。日本的爱东町等地将农业废弃物转化为有机肥或饲料很具成效。循环农业在短期内不能给生产者增高收益,政府鼓励科研部门开发循环技术,对采用循环技术的生产者给予财政补贴、税收优惠、低息贷款,使其在竞争中处于有利地位。②

4. 有机农业

最早提出有机农业的是美国的罗代尔私人农场,当时政府未关注,随着农业污染的加剧及消费者对健康食品的呼求,政府于1980年加以提倡,后出台《有机农业法规》补贴生产者。现在美国有机农产品市场规模居世界首位,只因其技术门槛高,经营风险大,有机食品销售量仅占全美食品行业市场份额的5.3%,种植面积难以扩大。③

---

① 栾江、田晓晖:《生态补偿的国际经验及启示》,《世界农业》2018年第6期。
② 何琼、杨敏丽:《国外循环农业对中国特色生态农业的启示》,《世界农业》2017年第2期。
③ 罗祎、陈文、马健:《美国有机农业的经验借鉴》,《世界农业》2018年第7期。

5. 低碳农业

农业是地球温室气体的排放源,同时具备碳汇功能。让农业及化肥、农药等工业减少碳排放,增加农林碳汇功能,成为努力方向。2003年英国政府白皮书《创建低碳经济》首次提出"低碳经济"概念。2007年美国环保协会和杜克大学联合发布《农林低碳经济应用》,是全球第一部关于低碳排放交易的核定标准和操作规程。美国农业大量消耗石油,碳排放年年超标,须向其他国家购买排碳指标。2012年美国政府投资太阳能、风能和地热发电,减少向国外购买。许多国家从交易机制、低碳技术等层面作出部署,力求将石化农业改变成"低能耗、低排放、低污染、高碳汇"的绿色农业。2009年欧洲多国制定了低碳农业战略。低碳农业在产量、价格上不具备市场竞争力,各国政府和国际社会正在发力支持。[1]

6. 能源农业

能源农业利用农作物将太阳能转化为有机能,再通过相应的科学技术将有机能转化成人类需要的能源。德国农业科学传统深厚,从20世纪中叶对油菜、甜菜、玉米、马铃薯作定向培育,从中提取甲烷、乙醇等绿色能源替代化石燃料。巴西盛产甘蔗,1975年以来用甘蔗汁提取酒精。全世界发现40多种能源植物,大多可在荒山野岭生长,既增加植被覆盖,又可提炼能源。[2]

7. 精准农业

20世纪90年代以来,美国将全球定位系统GPS、农田遥感监测系统RS、农田地理信息系统GIS、农业专家系统、智能化农机具系统加以集成,对农作物进行精细化自适应喷水、施肥、撒药。将玉米、小麦、大豆的生产每个操作单元的土壤和作物长势进行精准的观测、管理,最大限度地减少

---

[1] 郑恒:《低碳农业发展模式探析》,《农业经济问题》2011年第6期。
[2] 杜宁:《国内外能源植物的利用与开发》,《世界农业》2006年第4期。

化肥、农药及石油的使用。2010年以来精准农业与物联网相结合,年生产总值100万美元以上的农场精准农业技术的使用率达93%,50万～100万美元的农场精准农业技术使用率达85%。①

以上各种保护生态环境的农业形态交叉推进,正在全球扩大覆盖。这是乡村振兴的题中应有之义,也是对人类生态环境的大贡献。各国在力保农业生态安全的同时也十分重视食品安全,美国出台30多部法律法规,覆盖全部植物食品、动物食品、微生物食品以及食品添加剂的生产、销售、使用各环节。②

三、发达国家的乡村文化建设

20世纪中后期,发达国家将经济建设作为乡村之体,将文化建设作为乡村之魂,乡村文化升值渐行渐近。各国各地坚守本土的文化特质,以独树一帜为荣。欧盟各国把古城堡、古村落不只是当作旅游景区,而是作为软实力、城乡共同的心理归属。1982年3月法国66个村庄联合创建"法兰西最美丽村庄协会",宗旨是重塑村庄活力通向美好未来,避免弄成鄙俗的游乐园。申请入会者必须有官方认可的受保护景点,承诺限制工程建设以免破坏村庄风貌。评选程序十分严格,有27个质量标准,其中有硬件标准,也有立规立约净化乡风的标准,由当地市长和协会负责人率专家到村逐一对照,合格的村庄由协会负责人与村长签署协约,明确其文化权利和义务,授予匾牌挂于村口。埃吉桑是法国东北部一个只有1 600多名居民的久负盛名的葡萄酒村庄,2013年入选,房子有800年左右的历史,从未扩大规模,翻修也保持原貌,石砖铺就的道路依然是几百年前的模样,酒艺、店铺处处有历史文化印迹,民风淳朴祥和。意大利农民继承了文艺复兴伟人们的艺术品性,自信能够引领时尚,大部分葡萄酒瓶的设

---

① 杨晓北:《中美精准农业发展评价及路径选择》,《世界农业》2018年第9期。
② 罗鸣、才新义、李熙等:《美国农业产业体系发展经验及对中国的启示》,《世界农业》2019年第4期。

计与绘画来自种植葡萄的农民,奶酪制品也别出心裁,用手工做成花样翻新的工艺品。各国都执着于本国乡土文化的传承,芬兰有一家伊洛拉农场,每年安排幼儿园和小学的孩子们前来观看田间耕作和奶牛饲养,让孩子给家畜喂料,学习挤奶,在大棚里采摘,乘坐矮种马游览,让新婚夫妇用老式马车到教堂举行婚礼。男女老幼自我教化,向善向上。德国在20世纪50、60年代一度过分追求"新型村庄",意识到失误后马上扭转,只许有限度地改造老建筑,力保传统文化根脉。[①]

日本在"脱亚入欧"的过程中热衷于模仿欧洲文化,本土文化一度沉寂。20世纪后期越来越多的日本人认为要把原本属于本民族的文化留传给子孙后代。国家为防止"文化失传",颁布《文化财产保护法》,将乡村文化分为有形的物质文化和无形的精神文化。政府在每个村都确定几座、十几座古老的民居作为保护单位,财政资助修缮。许多村设有漂亮的美术馆、剧场,平时供村民绘画、歌舞、和服表演、俳句吟咏,年节、庆典、祭祀时举行仪式。将工艺技术上或表演艺术上有"绝技""绝艺"的老技师、老艺人奉为"人间国宝",政府拨专项资金录制其艺术,保存其作品,资助其培养传人。经过近几十年的抢救、激活,几近濒危的乡村戏剧、乐舞、曲艺,如"能""文乐""讲谈""狂言"重获新生,日益活跃。乡间贤达还出面招请从本乡去都市和境外的退休老人回村养老或小住,有些学者、艺术家把家室书斋从国内外城市搬回故乡定居,体验沧桑兴替,启发写作、创作灵感,成为一方文化达人,有远近弟子追随左右。由于乡村的民族文化气氛浓郁,许多小学、初中有城镇的孩子前来"留学",家长认为在此可以锻炼意志,继承文脉。

举办民俗节庆活动是许多国家繁荣乡村文化的妙招。爱尔兰自19世纪以来每年举办人气鼎沸的"葡萄酒节""炸糕节""炸鱼节""肉馅菜

---

① 史玉丁:《发展人类学视角下传统村落文化的保护与活化》,《世界农业》2018年第7期。

卷节",邀请城乡亲友共聚同乐。美国许多农庄别出心裁设定"西红柿节""甜洋葱节""蓝莓节""山核桃节""土豆装袋节",互邀互乐。"汉堡之乡"的威斯康星州1998年烹制出2.5吨的巨型汉堡包,轰动远近,载入了吉尼斯世界纪录。韩国到处有各辟町畦的"泡菜节""人参节""鱼子酱节""蝴蝶节""钓鱼节""漂流节""拔河节",多达800个,一年多节,竞相热闹。①

联合国粮农组织为了传承农业文化,2002年发起"全球重要农业文化遗产"保护项目,2018年已在21个国家确定50项,大多处于经济相对贫困地区。其富含智慧的农业生产系统,保障了当地居民历来的基本福祉,拥有深厚的历史淀积和丰富的文化多样性,历久弥新。农民凭此可以使农事活动、农田村落、传统习俗转变为生态与文化旅游的资源,润泽城乡人心。韩国多类型挖掘、保护、申报,先后有青山岛板石梯田农作系统、济州岛石墙农业系统、锦山郡人参种植系统、河东郡野生茶文化系统、南海郡竹堰渔业系统、济州岛海女渔业系统等12项获联合国授牌。对每个已授牌项目或正在申报的项目,进行多维度开发。围绕人参,传承开发了参汤、炸人参、人参糖、人参酒、红参原液、红参丸、人参洁面皂等产品,并拍出影视剧片向国内外推介。河东郡野生茶有1200年历史,是韩国最悠久的农业文化遗产,当地小学开设茶文化课程,传授茶文化价值、礼仪,外地来此的人士亦沉浸其中。②

乡村文化对城市文明以至国民精神产生了积极影响。韩国在"新农村运动"中倡导"勤勉,自助,团结,奉献",渗透到城市,在全国确立起"民族自立,身土不二,事业报国"的国民精神。

四、发达国家乡村的治理方式

发达国家乡村普遍采取政府主导、村民参与、合作组织、行业协会、社

---

① 胡珉琦:《乡村建设的艺术在于生活》,《中国科学报》2016年4月15日,第4版。
② 闵庆文:《用文化遗产打开农村贫困死结》,《中国科学报》2018年12月28日,第2版。

会协同的治理方式。

1. 政府主导是前提

政府主导体现在政治倡导、规划指导、立法保证、政策部署、财政投入等方面。日本由中央政府起主导作用，德国由联邦、州、社区三个公共行政管理层级通过项目组、联合会联结村民进行组织管理。欧盟多国则由地方社区驱动，形成"引领＋"模式。政府主导乡村振兴是每个国家每级政府无可推卸的责任，但许多政府深知村民才是振兴的主体。英国在实施《城乡规划法》之初就赋予村民参与乡村建设设计的权力，让其阐述对本乡村的深刻理解，配合规划设计师使建设更具个性。①

2. 农民合作组织是核心

发达国家的乡村社区大多是自治型，村民自动发起且广泛参加农民合作组织，使乡村治理植根于乡土，发自于民心。世界公认的第一个农民合作社是1844年成立的英国罗虚代尔公平先锋社，合作不是生产资料合并，而是生产与销售的分工合作，一起走向市场。合作社很快风靡全英，政府在1852年颁布法律文件，对乡间自发出现的农民合作社给予法律保护，凡是涉农的法规及事务治理，须经过农民合作组织的有关程序才能生效。瑞典的农民合作社以行业划分，有养殖、粮食、林业、奶制品、牲畜屠宰等15个行业，农民交纳股金，合作社提供技术信息和市场信息，双方按协议办事。意大利农村在19世纪后期自发组织了比合作社合作内容更加丰富的农民协会，后来发展成与工业企业联合会有同样地位的、全国性的农业企业联合会，在20个大区有分会，为农民会员提供税收事务、雇佣事务、法律援助、技术培训、价格协调等服务。德国18个联邦州有超过300个农民协会的分支机构，协会将会员的意见反映至立法及行政机关，

---

① 林巧、聂迎利、杨小薇等：《英国现代农业发展特征及现行政策规划》，《世界农业》2018年第12期。

在政府与农业企业及农户之间沟通协调,减少政府的事务。欧洲各国的农民协会都是欧盟农民协会的成员,代表各国农民与邻国农业组织磋商、协调。现在英、法、德、意等国的农民的组织化程度都在80%以上。[①]

美国农民协会由农牧场主自发成立,起初没有政府批准和注册登记,1922年通过的《卡帕—沃尔斯坦德法》确立了农民协会的合法地位,凡从事农产品生产的农场主、牧场主、奶农、水果供应商,都可以采取股份合作或其他组织形式,在州际及国际贸易中销售他们经营的产品。法案明确合作组织的业务范围及开展活动的方式,保证其能够免于反垄断诉讼。此后颁布的《合作社销售法案》《联邦信用社法案》,为合作组织的生产、销售、融资等事务继续提供详细的法律保障。美国大多数州政府均有合作社基本法和相关的专业合作社法,积累了大量的合作社案件判例。[②]

日本的先天资源禀赋不足,多为小规模家庭经营,普遍渴望社会化服务,20世纪初就出现农民协同组合,简称农协,在一个世纪中逐步形成涵盖全国的立体网络:每个市町村都设有基层农协,每个道府县都组成联合会,再组成全国的联合会。农协以保本的低价为农户提供一系列社会化服务。聘请多种专业的营农指导员,指导农户制订种植养殖规划。产前、产中、产后的培训、服务具体而多样,帮助农户选种、育苗、田间管理、收割。农用生产资料及诸多农业设施,如农机、温室大棚、农资仓库、冷藏库等,大多由农协帮助购置,农户的大部分产品由农协贩卖。农协还为农户搭建农地流转的信息平台,接通转进转出双方的信息,包括流转价格、流转形式、谈判费用等,在一定程度上起到审核的作用,避免因信息不对称而造成农地流转收益损失和权利剥夺。不少的农协兼具生产、营销、金融三种服务功能,各环节的利润大部分留在农协由成员分享。日本农协堪

[①] 郭家栋:《国外农民合作社政策支持的经验与借鉴》,《世界农业》2017年第11期。
[②] 向朝阳、胡越、万蕾:《新型职业农民组织发展:来自美国的经验启示》,《世界农业》2019年第2期。

称为农民提供"从生产到生活,从摇篮到坟墓"的全方位服务,99%的农户都加入农协,超过欧美的比例。然而日本农协近几年出现弊端:基层农协减少,高层农协权力膨胀,舞弊潜行,有待观察。①

3. 行业协会是纽带

农民协会是地方性的综合性组织,经费主要是会员交纳会费,具有私人性。行业协会则是政府为推进产业发展而建立的行业性的跨地区机构,经费来自农牧场主交纳的税费,具有半官方性质,接受政府的监管,同时代表农牧民的利益与政府沟通。美国近年来与多个国家贸易摩擦加大,导致农产品出口受挫,多个农业行业协会都在与政府交涉。法国、意大利等国皆有小麦生产者总会、葡萄酒联合会、奶制品行业中心、水果蔬菜行业技术中心、农产品加工协会、农业合作联盟等,斡旋于各种涉农行业与政府之间。行业协会与农民合作组织纵横交错互馈互动,处理种种纠葛,形成有序治理。

4. 社会协同是保障

国外乡村之外的社会精英掌握着乡村社区不能企及的学术权威、技术权威、法律权威、宗教权威,乡村贤达与之结交,在乡村治理中解疑释惑,指点迷津,也可在乡村之外出面调停纠纷。

五、发达国家的农民收入与生活

发达国家通过立法、规划保障农民生活,通过农业补贴增加农民收入,通过改善生活设施提高生活质量。但有些农业补贴扭曲国际农产品市场,高福利拖累经济发展,国际社会呼吁改革。

1. 立法、规划保障农民的生活

这是发达国家的普遍经验。美国从独立到现在的 200 多年中,由一个落后的农业国发展到农业强国,重要原因是先后制定了几百个农业法

---

① 严金泉、曾六福、马建伟等:《集落营农:小农的一种出路》,《世界农业》2018 年第 7 期。

律,对农业税收、土地使用、土地所有权、信贷、生资供应、产品运输、加工企业等作出明确的规定。全国实行土地资源市场化,除江、河、湖、海等归联邦所有外,其余绝大多数都归农民私有,受法律保护。日本在1961年颁布《农业基本法》,随后修订出台6部相关法律法规,依法建立养老制度,农民获得与城镇职工一样的退休保障。依法完善乡村医疗、教育制度,加大农村医疗设施、中小学教育设施的投入。农民素质提高后从事新产业,显著提高了工资收入和消费水平。

2. 农业补贴增加农民收入

农业利润远低于社会平均利润,农产品是准公共产品,国家实施农业补贴理所应当。美国1933年实行农产品最低收购价,保障生产者不受农产品价格波动而遭受损失。联邦政府在农产品加工、销售、国际贸易以及生产条件等方面长期提供了大量的补贴,有直接补贴、投入物补贴、营销支持、税收补贴等六大类,涵盖玉米、大豆、高粱、稻、麦、棉、糖、奶、果等20多种大宗产品。2000年美国农民净收入中47%来自直接补贴。美国生产大宗农产品的农场,如果严格按照生产成本核算体系来计算,基本上处于亏损状态。政府"托底"使美国一直保持农产品出口第一大国的地位。这样做饱受国际争议:高额补贴低价外销使发展中国家农民收入下降,引发粮价动荡甚至政治动荡。为了履行WTO乌拉圭回合农业协议的承诺,美国将黄箱政策绿箱化:事先设定参考价格,当市场实际价格低于参考价格时,启动与生产不挂钩的价格损失风险保障政策。经过调整的美国农业补贴仍在扭曲国际农产品市场。在其国内,政府补贴只给予美国籍的农民,被农场主雇佣的非美籍劳工收入菲薄。美国有500万左右来自中南美洲的农场雇工(其中8%是17岁以下的童工),生活是艰辛的。①

　　欧盟对农民补贴原按固定面积和产量进行,分为按种植面积补贴、按休耕补贴、按环境保护补贴等。老欧盟国家农民的总收入中,由欧盟及各国财政给予的补贴,大多超过农民自身生产经营的收入。欧盟2004、2007年两次东扩后,东欧国家大量的半自给自足的小农进入欧盟,多处于脆弱的贫困区。据2007年调查,斯洛伐克、匈牙利、罗马尼亚、保加利亚、拉脱维亚、斯洛文尼亚、立陶宛、爱沙尼亚等国皆有40%以上的农户处于自给半自给状态。欧盟2013年公布有差异的小农户补贴计划,不再是按面积平均补贴,而是对生产效率较高的耕地给予较高的补贴,对生产效率低的耕地给予较低的补贴。补贴向整合地块扩大规模者倾斜,向绿色生产者倾斜,向从事现代农业服务者倾斜,帮助小农对接市场。②

　　日本为了保护农民的利益,在1960年代对大米实行收入补偿制度,对猪肉、牛肉及蚕茧实行稳定价格制度,对甘薯、马铃薯、甜菜实行最低价格制度,对蔬菜、水果、蛋类实行价格平准基金制度,对牛奶、大豆等实行差价补贴制度。后为兑现WTO谈判的承诺,也将对农产品价格支持政策转向收入支付政策。2000年制定了《对山区、半山区地区等的直接支持制度》,对区位劣势地区的农户进行直接补贴。国家财政支持农业农村的资金超过农业GDP的总额,2012年日本农业补贴占农民收入的比重达55.9%,这一比例是经合组织成员国平均水平的3倍。2013年日本农民的农产品收入和经营性收入仅占其总收入的27.9%,远低于财政保障提供的福利。③

---

　　① 李腾飞、周鹏升:《美国现代农业体系的发展趋势及其政策启示》,《世界农业》2018年第7期。
　　② 宋莉莉、马晓春:《发达国家促进农民增收的政策及启示》,《中国农业科技导报》2015年第4期。
　　③ 温涛、王汉杰:《发达国家农民增收经济政策的比较及启示》,《江西财经大学学报》2015年第6期。

3. 生活设施提升生活质量

发达国家通过政府投资为主,社会力量、农民组织为辅,改善农村生活设施。在"老欧盟",所有的农村集中供水,集中排放污水,集中处理生活垃圾、粪便,统一设置标准消防栓。近几年农村社区内的道路发展出现新趋势:减少道路长度、宽度、硬化度,增加自行车道和人行小道,方便农民绿色出行,健身步行,亲近大自然。

农民养老在发达国家几经调整。日本乡村的空巢家庭一度较多,子女在家侍候老人已不可能。日本曾开设专门的养老机构,但发现弊端,于是政府贴钱推行社区养老服务,使老人在自己家中就能享受到专业的医疗护理和生活料理服务。

发达国家的农民从生产到生活都得到政府的优厚补贴,其消费水平及生活质量不亚于城市居民。1995年日本乡村冰箱、洗衣机的普及率已与城市持平,彩电和汽车的普及率还分别高出城市0.7和20.1个百分点。1998年日本农户户均收入和农民人均收入分别高于城市职工22.8%和4.6%。[①]

值得注意的是,欧洲国家20世纪50年代起普遍建立了普惠性高福利制度,在促进城乡社会公平方面发挥了积极作用,但甄别性不够,奖勤罚懒作用不足,财政负担过重,希腊等国深陷债务危机,现正在着手深层次改革。德国是西方福利制度的发源地,21世纪以来高福利成为拖累经济发展的包袱,通过改革逐步减轻高福利的负担,德国成为国际金融危机后率先复苏的欧洲国家。[②]

[①] 曹斌:《日本乡村振兴的实践与启示》,《经济日报》2019年6月12日,第10版。
[②] 顾清扬:《不应盲目追求西方福利制度》,《人民日报》2019年7月12日,第17版。

第三节　发达国家对乡村振兴的多元支撑

农业受自然界多种因素影响很大,在任何国家都是弱质性产业。发达国家对农业和乡村振兴普遍施行科技、金融、人才等多元支撑。

一、科技支撑

发达国家依凭财政实力,长期以来对农业科技研发、试验、推广、情报、设施等作出全面力挺,在20世纪六七十年代基本实现了农业机械化、规模化、集约化。美国是世界上农业科技水平最高的国家,1887年《哈奇法案》规定建立了全国性农业研究站系统。从1960年代以来,农业科研投资占GDP的2.6%以上,居各国之首。2013年美国生猪出栏量3 000头以上的养殖场占比超过80%,而同等规模的中国养殖大户占比为3%,国内猪肉价格比美国高出一倍。日本人多地少,大力发展生物科学技术、小机械耕作,为资源禀赋不足的类似国家树立了农业现代化的典范。美、日、欧多国皆建立了科研、教育、推广三位一体的体系。[①]

随着信息技术的崛起,农业信息化在发达国家兴起。美国走在最先,政府出资实施农业网络建设,构建了国家农业统计局、经济研究局、农业市场服务局、外国农业局、农业展望委员会五大信息机构,国家、地区、州三级农业信息网,在1980年代推出适合农户用的PC和农业局域网,形成健全的农业信息体系。美国农业信息化的强度已高于工业的81%,建成2 000个农业信息网络系统,覆盖所有的州,还连通加拿大、墨西哥的20个省、州及欧洲的12个国家。21世纪以来美国运用互联网、云计算、物联

---

① 杨志勇、倪军:《美国和日本农业技术进步路线对中国的启示》,《世界农业》2012年第1期。

网技术，发展"智慧农业"，领先于世界。美国的农业情报机构在各国中最多，有 780 家，形成以联邦政府为中心，贯穿州、县的农业情报网，定期发布农业生产、食品偏好、各类农资及农产品价格等信息。①

2019 年初美国国家科学院、工程院发布报告，预示了 2030 年前农业发展的五个方向：一是以系统认知实现农业科技突破，现代农业已很难依靠某一点的技术突破实现整体提升，而是多维度整体推进。二是以新一代传感器技术对物理环境、生物性状作监控，运用纳米技术和生物传感器对病原体在跨越土壤、动植物的运动过程中进行监控，达到"防治未病"。三是用大数据、人工智能、机器学习、区块链技术，实现对农业的智慧管控。四是以基因工程和精准育种技术快速提高农作物抗病抗旱能力及农产品的营养价值。五是以微生物技术处理土壤、植物、动物、微生物之间的关系，增强农业的弹性和可持续性。②

然而国际上许多国家并不认可美国的农业，指其弊端：一是能耗巨大，1990 年后 20 年粮食产量增加 1 倍，农业能耗增加 3 倍，假如各国都那样，全球石油储备将在 15 年内告罄；二是化肥、杀虫剂、除草剂使用过量，致使土壤退化，水流污染；三是农、畜品种比较单一，玉米斑病、疯牛病几番大面积爆发；四是转基因隐患难测，社会深受威胁。

日本农林水产省在 1993 年推出农业信息技术全国联机网络，农民可以通过电话、电脑、手机及时处理各种信息。日本农业面临从业人口老龄化、农业成本升高的挑战，近几年开始发展无人化农业。各家创业公司和农机企业纷纷研发小型无人机、无人驾驶农机、小型农用机器人等智能设备，逐步代替传统的人力操作。小型无人机可以考察、分析农作物长势，喷洒农药、化肥，防止鸟兽害。截至 2018 年底在农林水产航空协会登记

---

① 谭利伟、王应宽：《发达国家农业信息化特点》，《农业信息化》2015 年第 2 期。
② 汤怀志：《美国科学家眼中的农业五大方向》，《中国科学报》2019 年 5 月 15 日，第 4 版。

的小型无人机有1 500架,计划到2022年将无人机喷洒农药的面积从2018年的2万公顷扩大到100万公顷。无人驾驶农机可用于水稻耕作、旱地耕作、蔬菜栽培、畜牧业等。无人化农业机械的推广将使日本农业提高效率降低成本,吸引个人和企业从事农业生产,提升农业的国际竞争力。①

德国是欧洲农业信息化的典范,建有大型农业遥感技术系统,农户可以在室内操控远程农田的操作。2001年17万农户中有7500户使用电脑和互联网。德国近几年对农业信息化的投资显著增长,联邦政府从2016年起投资60亿欧元建设农业在线网络系统,建成后将成为仅次于美国的全球第二大农业信息系统。德国尤其重视运用生物技术,增加生物识别率和多样性,更利于生态环境的改善。其他欧盟国家的农业科技各具特色。据国际组织统计,发达国家2017年农业科技对农业生产的贡献率达75%以上,我国为57.5%。②

二、金融支撑

发达国家运用无息、低息的长期信贷支持农村,运用广覆盖、高赔付的农业保险支持农业,运用期货交易平抑农产品价格大幅涨跌,皆取得成效。

1. 无息、低息的长期农村信贷

无息、低息农村信贷在美、欧、日都有。美国农业信贷体系由政策性信贷、商业性信贷、合作性信贷构成,各类信贷机构分工协作合力支农。商业信贷和合作信贷为农场提供日常生产经营性的中短期贷款,联邦信贷协会为农场提供长期不动产低息抵押贷款。农业信贷产品丰富,从农用耕地购置到基础设施建设,到农产品储存、销售,以及水土资源保护等

---

① 刘军国:《日本开始发展无人化农业》,《人民日报》2019年5月22日,第16版。
② 官波、陈婷婷、罗治情等:《发达国家农业信息服务体系建设经验及启示》,《世界农业》2018年第10期。

皆在其中。对年轻、新型、小型家庭农场的专项贷款特别优惠。政府建有合理的农贷补偿担保机制：为具有潜力但资源有限的农场主提供85%～95%的合作性或商业性信贷担保；对合作性或商业性信贷机构给予财政性利差补贴；减征或免征合作性信贷机构的相关赋税；商业银行涉农贷款额度达到贷款总额的25%以上也可获得赋税降减。①

荷兰的土地生产率居全球第一，得益于完善的金融支持。银行的农业事业部，设立乳制品、农业投入品等多个研究小组，对每个细分产业作研判，为客户提供产业链中所有环节的服务，包括贷款产品、项目融资、大宗商品交易融资、资本市场、收购兼并等。当客户成长壮大超出其服务能力时，移交总行作重点支持。

由于农民无法提供合格的抵押品和有效的资信证明，国外乡村大多出现过金融抑制现象。鉴于此，发达国家通过微型金融的方式发展普惠金融。美国新城镇开发之初，有2 187个农村区域没有银行网点，通过建立社区银行的微型金融，满足农村资金需求。美国五分之一的乡村只有社区银行，但资产总额占全部银行业的比重却高达40%，为60%的规模在100万美元以下的农户、农场提供金融服务。②

2. 广覆盖、高赔付率的农业保险

发达国家大多确立了可靠的农业保险。农业灾害损失大多面积广，金额大，私营保险公司难以单独承担其巨大风险，美国联邦政府农作物保险公司负责设计和管理，委托私营保险公司销售。从1995年到2004年的10年中，美国农作物保险行业的赔付率为95%。截至2013年美国农业保险项目涵盖的农作物超过100个品种，参与各种农业保险的农用地面积占全部农用地面积的比率为89%。农场主的投保费用，政府给予

---

① 王吉恒、吴东宇：《家庭农场金融支持的美国经验及借鉴》，《世界农业》2019年第1期。
② 吴盛光：《金融支持乡村振兴的国外经验与启示》，《华北金融》2018年第5期。

50%～80%的补贴。因有保险的护航,美国农场得以高效而持续稳定地增长。芝加哥西南方向有一座19世纪建立的斯图尔特农场,现在传到兄弟俩经营,皆毕业于伊利诺伊大学,有农学经济学学位,8 000英亩土地轮种玉米大豆。该农场有50多种现代化农业作业设备,田野中均匀安装了气象设施,与互联网、全球卫星气象系统连接,斯图尔特兄弟用手机可随时检测农田温湿度,决定要做的工作。①

3. 期货农业平抑农产品价格大幅涨跌

美国是农产品期货市场的起源地,发展成熟,种类丰富,几乎涵盖整个农业领域。联邦政府从1924年起确立了《期货管理法》《商品期货现代法》等多部法案,要求农业部农场服务局作为农场的担保机构,利用期货套期保值杠杆参与农产品期货市场交易。政府对购买期权的农场主给予权利金支出补贴,对参与期货的农场主给予贷款利率优惠。合作社是农场主进行套期保值的中介组织,80%的农场主与合作社签订远期合约,由合作社在期货市场上进行套保避险,并将获得的收益最大限度地返还农场主。近十几年来基于网络的期货交易可以充分发现价格,有效实现贸易两端的合理利润。②

三、人才支撑

发达国家十分重视人力资本,造就农村人才。美国从1850年起,联邦政府向每个州赠送3万英亩土地建农业大学,每个县都有农业大学的延伸机构。2014—2018年每年向农村培养项目支出8 500亿美元,由联邦、州、地方政府三级支付。公立大学农学院是培训农村人才的基地,面向大学生、研究生,也面向从事生产技术管理和农业投资方向的人才。农业院校不仅负责科研和教学,还负责推广,每个教师按照50%、25%和

---

① 刘轶、董捷:《国外农业保险运行体系的经验与启示》,《世界农业》2017年第1期。
② 张秀青:《美国农业保险与期货市场》,《中国金融》2015年第13期。

25％的比例承担科研、教学和推广的工作。各州立大学农学院院长兼任州农业推广站站长,依据本州的情况对技术推广进行规划,每年农闲时间组织教授去农牧场、果园对场主和农民提供咨询,培训指导,推广新的研究成果。学校规定大学生、研究生必须有一定的时间在农场或农业企业工作,必须帮助解决一个实际问题,才能拿到国家认可的毕业文凭和专业技能鉴定证书。参加公立人才培养机构的受训人无须缴纳学费,考核合格者还可获得培训补助。奥巴马政府发现农村贫困人口的主要原因是孩子缺少良好的教育,故投资改善农村中小学条件,对中专以上学农学医的贫困生提供贷款,鼓励在农村社区勤工俭学加以偿还。[①]

德国将农业从业资格法律化,准入门槛非常高,须经过5个等级认定。农场主的子女从农业学校毕业之后,先进入其他农场或农业企业实习,经过全国农业职业统考,取得学徒证书,成为初级农民,但非合格的职业农民,不能继承农场。如要继承农场,要进入公立农业院校学习3年,经过1年的专科深造,通过结业考试考核,取得农业师傅证书,方具备参与经营农场或农业企业的资格。如欲担任技术指导,须得进入农业专科院校再度深造2年,获得国家颁发的技术员证书。如欲领衔农场或农业企业,还得进入高等公立农业院校高级班进修,取得欧盟颁发的农业工程师证书,获得德国政府和欧盟提供的补贴,方可主持农场或农业企业。2010年德国69％的农业企业管理层都拥有职业进修学历,31％拥有中等职业教育学历,22％拥有专业资格证书或师傅证书。[②]

日本为解决农业"后继无人",对农村教育多年持续大规模投入。文部科学省按初等、中等、高等进行正规教育。从娃娃抓起,在小学、中学的课程就安排农业基本常识,使每个国民都初知农业。中等教育分为普通

---

① 鲁超、韦正林:《从美国未来农民组织看美国经验》,《世界农业》2019年第1期。
② 高鸣、武昀寰、邱楠:《乡村振兴战略下农村人才培养:国际经验视角》,《世界农业》2018年第8期。

高中农业教育和专业化农业教育,培养对象是即将从事农业生产经营活动的自营农业者和农业技术人员。高等教育在大学里培养农业科研领域的主力军。农林水产省则负责培训职业农民,形式多样,各都道府县都有农业职业大学、农业实践园、农业青年俱乐部、农协培训班,内容多为技术推广。许多地方启动了"女性农业经营者培养事业""女子农业开发项目",不少女士获得"农业士"称号,主办各种企业。日本政府还多批次将青年农民送往欧美学习先进的技术和管理,形成了国外研修制度。

四、跨国合作与跨领域研究

欧盟在推行共同的农业政策中发现,农业问题和生态环境问题都具有全球性,需要收集、解析广阔的地理、气候、文化、社会经济环境下的数据,制订可复制的解决方案。2014年启动"地平线2020"联合行动计划,安排19亿欧元与非欧盟国家在农业、食品、生物技术、水资源、能源、通信等领域开展合作,提高欧洲层面乃至洲际层面的整合能力。鉴于农业科学技术的综合性要求非常之高,单科独门的科学往往知识失灵,孤立的技术也会失效。于是在农学、畜牧学、遗传学、土壤学、水文学、海洋学、气候学等学科的结合部进行跨学科的综合研究,从单一的技术研发转向耕作栽培技术、生物技术、信息技术、纳米技术等多边缘交叉的"会聚技术"。随着国际贸易的日益频繁以及气候的变化,新生的和重新出现的害虫和病源生物正在严重危害动植物乃至人类的健康。原先的防治方法远远不够,欧盟组织科研队伍运用大数据开发综合性方法和工具加以监测、预防和控制,同时还加强各领域的基础研究,如害虫和病原体的生物学、生态学,宿主和病原体相互作用等,并建立动植物流行病模型,为农业可持续发展和农业农村现代化以及人的群体健康作贡献。[①]

[①] 张莉、李滋睿、张敬毅等:《欧盟农业研究与创新的战略路径分析》,《世界农业》2019年第2期。

第四节　发达国家乡村振兴对我国的启示

中华人民共和国成立以来,我国在农村工作上有得有失,而发达国家振兴乡村的探索也有正有误。我们应牢记"人多地少,大国小农"的基本国情,慎重借鉴国外经验,警惕其教训,从长计议,因地制宜采取乡村振兴的政策举措。

一、乡村振兴是紧迫的任务,又是长期的历程

乡村振兴事关我国全面实现现代化的伟业,任务紧迫,又是一个长期的历程,现在才刚开局谋划,2018年是乡村振兴的元年。中华人民共和国成立以来农村工作有得有失,应该记住一度急于求成而欲速不达的史实,也要吸取国外农村生产关系大幅振荡的教训。前苏联曾经把集体农庄上升为全民所有制,后来不得不宣布解散,还原为土地私有制。我国20世纪50年代的农村在几年中很快从初级社到高级社到人民公社,后来遭遇困难,调整为"三级所有,队为基础",还是不能发展生产力,故而推行家庭联产承包责任制,同时作出"统分结合,双层经营"的安排。而30多年来集体经营的层面大多不温不火,农村"空壳合作社"频现,部分已成套利工具。怎样提供新的制度框架理顺农村集体经济组织与农户的关系以及与村两委会的关系,怎样推进农村基层组织的政治职能、经济职能、公共服务职能相分离,怎样创造条件推进乡村政企分设,既是当今亟需解决的问题,也是漫长的历史进程,不可按兵不动,也不可乱折腾。

二、吸取国外乡村振兴的经验和教训

世界各国的乡村振兴在探索中都有成败得失。许多成功的经验可以参考,但不能忘记我们"人多地少,大国小农"的基本国情而照搬照套,借鉴应十分慎重。美国对农场主高额补贴,对外低价倾销,与我国国策相

悖,只能拒绝。日本远郊的乡村合并,是汽车、农机大量普及使时空压缩,我国的远郊乡村汽车、农机尚未普及,若大举村庄合并,远田无法耕作,势将抛荒。国外还有些教训值得我们警惕,如日本农户的土地规模小,农产品成本高,在国际市场缺乏竞争力,其原因之一是对乡村旅游过度扶持,农民不愿意流转土地,欲以园艺化吸引游客。这种状况在我国也已出现,有的地方为了园艺化把土地切割得很零碎,使农产品成本及价格升高,同时农民不愿流转土地,犯了与日本相同的毛病。

三、城乡关系因国家、地区差异而大不相同

城乡关系是趋于失衡还是缓和,对乡村振兴具有决定性影响。乡村振兴需要在城镇化和城乡融合发展的大格局下推进,需要经历城镇和乡村的同向变革和重构。农村脱贫是消除绝对贫困,2020年必须完成,但相对贫困仍将存在,有待逐步改善。消除城乡差距是一个历史过程,应有足够的历史耐性和韧劲,不宜照套发达国家做过早的承诺。我国2016年共有59.6万个行政村,城乡一体化在每个县、乡(镇)都不可能有统一的模式,只能靠各地独立探索同当地经济水平相适应、同风土人情相协调的做法。每项政策每条经验,都应明确其适用区域,不可生搬硬套。江苏与其他省份的差异,苏南、苏中、苏北的差异,各市县近郊和中远郊的差异,应仔细分辨,鼓励各乡各村从自身实际出发开拓乡村振兴的多可能空间。

四、处理好政府、村民、社会组织的关系

政府是乡村振兴的主导,但不是政府包办。村民是乡村振兴的主体,村民自治是乡村长治久安的根本路径。合作社、农民协会、行业组织的多元协同及城市资本下乡,皆须探路。

1. 政府主导,财政补贴贯穿始终,但不是政府包办

我国近几年来财政对乡村建设的投入有大幅增加,但与对城市的投入相比仍有落差。据统计,在2013—2016年间,城市建设财政性资金为47 735亿元,占比70%;县城为11 585亿元,占比17%;建制镇为4 420亿

元,占比6.5%;乡建设财政资金为284亿元,村为4 146亿元,乡村共占比6.5%。算下来,城镇的财政资金投入是乡村的14.4倍。① 乡村振兴的核心意义在于实现社会的公平正义,弥补农村不均衡、不充分的缺失,相信今后财政对乡村两级的投入会不断加大。但财政对"三农"投入又不可能完全向发达国家看齐,发达国家工业化、城市化水平比我国高,农业人口比我国少,农业支持的内容几乎包罗万象,按照我国现实的国情,采用与发达国家相同的农业补贴政策显然是做不到的。市县及乡村行政即便有财力,也不能滥用财政补贴搭花架,拼政绩。财政应为扶贫兜底,但决不可为投资兜底。财政投资万一失败,若影响到农村的基本保障,就会出现不堪设想的乱象。国内有些乡镇投资工业相当勇猛,后果待察。有些地方农村旅游的民宿价格相当于五星级宾馆,搭建的游客服务设施在农业发达国家都罕见,还在获得政府的财政支持,显然不妥。政府主导乡村振兴不等于可以过度干预乡村经济事务,还是要强化市场对农村经济的决定性作用。建设多功能乡村需要政府从教、科、文、卫、金融、环境保护等多方面给予支撑,尽早全面覆盖,但也得视政府财力的许可分清缓急,不能指望事事一步到位。宜由农业农村部与相关部门统筹谋划,有序推进。

2. 村民是乡村振兴的主体

乡村振兴的根本是农民的振兴,乡村现代化说到底是农民的现代化。农民不能现代化,就谈不上乡村现代化。村民自治是乡村长治久安的根本路径,应让村民成为乡村振兴所有项目的自觉参与者和真正收益人。由于我国"政社合一"的体制在行政村一级从未取消,"政经不分"长期存在,行政村的干部对村民的控制力一直很强。当村庄社会与我国特有的、历久深远的宗法关系紧密结合时,村庄领袖对村民的控制力就更为强大,

---

① 张玉林:《新世纪以来城乡关系的变革及其对乡村振兴的警示》,《中国农业大学学报》2019年第3期。

乡村振兴的主体即村民的作用就难以发挥。不少乡村能人宁愿走出乡村，到异地他乡吃苦受累，觉得按市场规则办事顺心，也不愿留在本乡村与地方干部纠缠，不愿为宗法关系所累，生怕付出过多的交易费用，枉费口舌而无济于事。欲吸引离乡创业有成的村民回乡开业，须得创新"政经分开"的新机制，劝导乡村干部适当让度一些权力，营造良好的、合乎市场规则的经营环境。加强农村基层党的领导与发挥村民的主体作用应是辩证的统一。

3. 合作社、农民协会、行业组织多元协同

从国际经验看，农民素质的提高，农民的现代化，主要不是靠由上而下的教育和"他组织"，而是靠政府方针政策的引导，靠农民自身的实干、创造和"自组织"。农业合作社在国外都是农民的"自组织"，我国20世纪50年代的农业合作社和人民公社是政府主持的"他组织"。年老的农民对当年的土地、农具、耕牛"归大堆"，对信用合作社集中农户资金后却不放贷，记忆犹新。改革开放以来的农民合作社与20世纪50年代的合作社已有本质上的不同，而与国外的农民合作社类似，但许多农民疑虑难除，生怕自己的财产权利又被"收上去"。这是大多数入社的农民不关心合作社，致使一部分成为"空壳社"，大部分难以扩展的心理原因。对农业合作社，农业部门管认定，工商部门管注册，没人管合作社的市场退出，只有生没有死，有其名无其实，农民不满意。各种农民合作社怎样取得农民的信任，怎样由单一的村干部主持转变为村干部与乡村能人共同主持，通过交叉兼职过渡到各自分工负责，皆待探索。苏南苏中的村级集体经济实力比较雄厚，但"政经合一""政企不分"的状况依然存在，面临改革。村级集体经济强大的地方，可否将公有经济与私有经济按股份相混合，公有经济控股，但不主持经营管理，而是负责监督，由第二股东的私有持股的能人负责经营管理，走出一条像广东万科公司那样公有控股，民资经营之路。在条件具备的地方，建立生产、供销、金融综合性合作社，利润归农，增强

凝聚力。苏北集体股的去留是个难点,股权设置宜以量化到户的个人股为主,设置多大比例的集体股,应尊重农民群众的选择自主决定。农民协会、行业组织目前许多地方尚未建立或不健全,怎样与合作社分工协同,尚须探路。

4. 城市资本下乡的利弊分析与控制

纵览世界各国,找不到哪个国家是以城市资本主导农业农村。美欧农村居住着大量非农业人口,不是下乡务农,而是从事农业产业化。我国有科技型企业家下乡投资种养,在向农民作出榜样后,不宜长时期大面积占用土地,应及时转还给农民种养,自身转向加工,让农户就近兼业。现在农业产业化的高端上浮于城市,乡村的工贸合作社很少。江苏目前还缺少通过产加销合作而分享农业产业链增值的强大平台。欲在农村实现农业产业化,须培育以农村资本为主的产业链,或者开创有农村资本参与股份的农工贸股份公司。农业产业链后端的精细加工环节,势将长时期内继续留在城市,但可以通过政策引导下沉到农业产区,方便农民进入产业链。中低端的加工环节应尽快下乡进村,教会农民,再逐步向高端进发。值得警惕的是,十多年来一直有城市资本打着富乡、支农、生态、养生等旗号下乡圈地,建别墅群、大广场、洋标志,陷入不城不乡的尴尬境地。一些项目再投无力,欲丢不忍,也无人接盘,成烂尾工程,地荒水荒,于乡村振兴无益有损。城市资本下乡租地的出价远高于农户之间土地流转价,也使得种田大户无力流进土地,难以形成规模。此事亟待调查整治。

五、发扬创新精神开创富有中国特色的乡村振兴之路

我国的乡村振兴与国外的乡村振兴具有共性,但由于历史和国情的不同也有显著的个性。无论在产业、生态、人才、文化、组织各方面,都有一些问题在国外找不到参照系,没有可资借鉴的国际样本,只有靠我们自己发扬创新精神上下求索。农村集体经济组织和农村集体产权的变革,国外没有这回事,只能在自己的土地上"摸着石头过河"。农村集体经济组织、农村集体产权自20世纪50年代中叶以来一直就有,几经变迁,至今尚在摸索之中。怎样理顺农村集体经济组织与村两委会的关系,怎样推进农村基层组织的政治职能、公共服务职能、经济职能相分离,怎样保证集体经济组织独立进行经济活动的自主权,怎样创造条件推进村级政经分设,都只有依靠千百万个乡村的草根创新,依靠专家学者的研判和政府的顶层设计。农村集体产权制度改革,是一项前无古人外无他人的课题,相对于土地制度改革,至今没有清晰的路径可循。① 对此,须发扬当年安徽小岗村包产到户、苏南乡镇企业异军突起后又民营化的历史首创精神,创榛辟莽,走出自己的路。

江苏的农村工作在全国有过几度领先:以工补农、以城带乡在全国做得较早;苏南是乡镇企业的发源地;全省乡镇企业转制为民营企业在全国带了好头。江苏的农村集体产权在全国确立早,实力厚,经历各种纠葛,处理措施较多,苏南苏中苏北各有不同的尝试。江苏有条件更有责任在农村集体组织和集体产权的变革方面先走一步,为开创富有中国特色的乡村振兴之路作出新的贡献。

参考文献

[1] 安虎森,郭莹莹.国外乡村振兴理论及其对我国的启示[J].开发研究,2019(3).

[2] 邱春林.国外乡村振兴经验及其对中国乡村振兴战略实施的启示——以亚洲的韩国、日本为例[J].天津行政学院学报,2019(1).

[3] 颜小云.基于国外经验浅谈我国乡村振兴战略的实施[J].南方论

---

① 王方.《探索乡村振兴实践多重可能性》,《中国科学报》208年12月14日,第2版.

刊,2018(11).

[4] 王平,王密兰.乡村振兴战略:时代背景、国外经验及实现路径[J].怀化学院学报,2018(9).

[5] 齐镭.国外的乡村振兴[J].新湘评论,2018(11).

[6] 熊小林.聚焦乡村振兴战略 探究农业农村现代化方略——"乡村振兴战略研讨会"会议综述[J].中国农村经济,2018(2).

后 记

乡村振兴战略是党的十九大提出的一项重大战略,它对于实现农业农村现代化具有十分重要的现实意义。为贯彻落实党中央的重大决策部署,2018年初中央发布一号文件《中共中央国务院关于实施乡村振兴战略的意见》,并于同年9月发布《乡村振兴战略规划(2018—2022年)》。江苏省委、省政府于2018年4月发布一号文件《中共江苏省委江苏省人民政府关于贯彻落实乡村振兴战略的实施意见》,同年11月发布《江苏乡村振兴规划(2018—2022)》。这些重要文件的发布为江苏乡村振兴战略的实施指明了方向。

农村发展研究所长期从事"三农"问题的研究,研究领域涉及经济、政治、文化、社会、生态等各个方面。自1997年农村发展研究所成立以来,全所科研人员承担了一大批国家自然科学基金、国家和省社会科学基金课题以及各级政府委托的横向课题,对"三农"问题尤其是江苏"三农"问题有了较深的研究,产生了一大批较有影响的理论研究和决策咨询研究成果。在江苏省社会科学院2018年第一批重点学科评选中,"农村经济学"有幸被评为重点学科之一。

江苏作为沿海发达地区,农业农村发展走在了全国前列,其中的一些做法和经验,值得全国其他地方学习和借鉴。为正确理解和有效实施乡村振兴战略,也为了推动江苏省社会科学院学科建设,农村发展研究所组织全所主要科研人员,完成了本书稿的写作,作为江苏省社会科学院重点学科"农村经济学"的一项阶段性成果。各章分工如下,第一章徐志明,第二章张立冬,第三章刘明轩,第四章高珊,第五章顾纯磊,第六章周春芳、徐志明,第七章赵锦春,第八章曹明霞,第九章吕美晔,第十章金高峰,第十一章姜亦华。最后由徐志明、张立冬负责统稿。

乡村振兴战略是一个多领域交叉的全局性、综合性战略,涉及的内容非常广泛。本书不可能对其中所有问题都有研究,尤其对其中的人才振兴等虽有所涉及,但囿于经费与时间,并没有展开全面深入的研究,加上战略提出和实施的时间不长,我们对乡村振兴战略的把握还十分有限,在此恳请广大同行和读者给予批评指正。

徐志明

2020 年 4 月 28 日